Christian Bommarius

Im Rausch des Aufruhrs

1923 ist das Jahr der Hyperinflation, in der Angestellte die Geldscheine eines Wochenlohns mit der Schubkarre transportieren. 1923 ist das Jahr der Besetzung des Ruhrgebiets und einer heftigen Streikwelle. 1923 ist das Jahr radikaler Gegensätze zwischen bitterer Armut einerseits und einer orchideenhaft blühenden Unterhaltungskultur. 1923 ist in seiner Ambivalenz das Ende der Nachkriegszeit und der Auftakt zu den Goldenen Zwanziger Jahren der Weimarer Republik.

Mit großer Leichtigkeit fügt Christian Bommarius eine Vielzahl meisterhaft erzählter Geschichten und Porträts zum Panorama dieses Jahres der Extreme zusammen.

Christian Bommarius, 1958 geboren, lebt in Berlin. Der Jurist und Journalist arbeitete viele Jahre für Zeitungen, unter anderem als Chefkommentator der »Berliner Zeitung«. Zu diesem Buch hat ihnen eine Bemerkung Stefan Zweigs inspiriert: »Nichts hat das deutsche Volk … so erbittert, so hasswütig, so hitlerreif gemacht wie die Inflation.« Bommarius ist Träger des Otto-Brenner-Preises, 2018 wurde er mit dem Heinrich-Mann-Preis ausgezeichnet.

Christian Bommarius

IM RAUSCH DES AUFRUHRS

Deutschland 1923

dtv

Für Kristin

MIX
Papier | Fördert gute Waldnutzung
FSC® C083411

Taschenbuchausgabe 2023

Umschlaggestaltung: BÜRO JORGE SCHMIDT, München
Umschlagmotiv: ullstein bild
Satz: Fotosatz Amann, Memmingen
Gesetzt aus der Dante MT Pro
Druck und Bindung: CPI books, GmbH, Leck
Printed in Germany · ISBN 978-3-423-35202-4

Und lächelnd warteten im Hintergrund dieselben, die das deutsche Volk in dieses Chaos getrieben, mit der Uhr in der Hand: »Je schlimmer im Land, desto besser für uns.« Sie wussten, dass ihre Stunde kommen würde.

Stefan Zweig, Die Welt von Gestern –
Erinnerungen eines Europäers (1942)

Wer ist dieses Ausrufezeichen der Not?
Welch' Abgesandter vom Tode?
Man weiß nicht – ist es der Hungertod?
Oder die neueste Linie der Mode?

Marcellus Schiffer, Die Linie der Mode, Chanson (1923)

Inhalt

JANUAR

Das Romanische Café in der Nähe der Gedächtniskirche ist Treffpunkt der Künstler und Intellektuellen. Die Arrivierten sitzen in einem Nebenraum, dem »Bassin für Schwimmer« mit etwa 20 Tischen, alle anderen werden in den Hauptraum verwiesen, dem »Bassin für Nichtschwimmer« mit 70 Tischen.

Auf die Besetzung des Ruhrgebiets durch französische und belgische Truppen reagiert die Reichsregierung mit einem Aufruf zum passiven Widerstand. Dabei bleibt es nicht. Es kommt zu zahlreichen Sabotageakten.

Mit diesem Monat beginnt das wildeste Jahr der Weimarer Republik. Deutschland ist mit seinen Reparationszahlungen in Verzug. Frankreich und Belgien revanchieren sich mit der Besetzung des Ruhrgebiets. Dafür wiederum revanchiert sich die Reichsregierung mit dem Aufruf zum passiven Widerstand. Den Zechenbesitzern wird die Lieferung von Kohle und Koks an Frankreich und Belgien verboten. Protestkundgebungen der Deutschen, Streiks und Sabotage, drakonische Strafen der Franzosen und Belgier und Ausweisungen unbeugsamer Oberbürgermeister dort. Die Deutschen beklagen die Härte der Besatzungsmächte, sie haben offenbar vergessen, mit welcher Brutalität sie während des Krieges in den besetzten Gebieten vorgegangen sind. Die Franzosen beschweren sich über den Bruch des Versailler Vertrags, über ihre eigentliche Intention schweigen sie – die Vergeltung für die Brutalität der Deutschen.

Mit der Ruhrkrise verschärft sich die wirtschaftliche Lage des Deutschen Reichs. Es ist bei seiner eigenen Bevölkerung durch die Kriegsanleihen hoch verschuldet, die Reparationsverpflichtungen sind exorbitant, im Gegenzug für den passiven Widerstand muss die Regierung die Löhne für die Arbeiter weiterzahlen. Sie bringt immer mehr Geld in Umlauf, die Preise explodieren. Schon mit Beginn des Krieges hatte die Inflation eingesetzt. Nach Kriegsende hat sich der Wertverfall der Reichsmark beschleunigt. Jetzt ist sie in freiem Fall: Im Januar 1917 hatte ein Kilo Roggenbrot 34 Pfennig gekostet, im Dezember 1920 stieg der Preis auf 2 Mark, im Dezember 1922 auf 163 Mark 15. Zum Beginn dieses Jahres springt der Brotpreis auf 250 Mark.

Der neue Mensch ist da. Seine Produktion war angekündigt. Aber die Sowjetunion, die sich zur Herstellung des neuen Menschen verpflichtet hat, gibt es erst seit ein paar Stunden – seit Ende des eben vergangenen Jahres –, und in dieser kurzen Zeit war selbst den entschlossensten Führern der Weltrevolution die Planerfüllung nicht möglich. Sie wären ohnehin zu spät gekommen.

Der neue Mensch ist längst geboren. Er treibt sich seit einiger Zeit im westlichen Europa und in den Vereinigten Staaten herum, ein Schreckgespenst, zumindest für die Männer. Denn der neue Mensch ist eine Frau. Sie ist jung, selbstbewusst, fährt Auto, raucht in der Öffentlichkeit, trägt Bubikopf, Smoking und Monokel, verhöhnt die Bourgeoisie, der sie selbst angehört, und vergnügt sich mit männlichen und weiblichen Geliebten: »Chacun à son goût. Jeder nach seinem Geschmack.«

Vor einigen Monaten hat ihr der französische Schriftsteller Victor Margueritte zum Eingang in die Literatur verholfen: Die junge Monique Lerbier, Tochter eines Fabrikanten, sprengt die Fesseln der korrupten bürgerlichen Gesellschaft, bricht mit ihrer Familie, stürzt sich ins Leben der Boheme mit Opium, Koks, freier Liebe und dem ganzen Pipapo. Zugleich reüssiert sie als umsichtige Geschäftsfrau. Der Titel des Romans gibt dem neuen Menschen – jedenfalls dem neuen Frauentyp der Epoche – seinen Namen: »La Garçonne«. Ist es Pornographie, eine Verführung der Jugend, eine Anleitung zum Unsittlichsein? In jedem Fall ist »La Garçonne« ein Skandalroman. Und es ist der größte Bestseller des Jahrzehnts, der in zwölf Sprachen übersetzt werden wird, in diesem Jahr auch ins Deutsche.

Natürlich, die Deutschen! Sie lieben die Franzosen noch inniger als die Franzosen die Deutschen. Deshalb lieben die Deutschen den Roman, der angeblich die Ehre Frankreichs beschmutzt wie kein Buch zuvor. Und das durch einen französischen Schriftsteller, den Sohn eines Generals, der 1870 bei Sedan sein Leben für die Ehre Frankreichs ließ. Victor Margueritte ist nicht nur ein Verfechter der Gleichberechtigung, er ist auch Pazifist und – nur wenige Jahre nach dem Triumph Frankreichs über das deutsche Kaiserreich – Anhänger eines geeinten Europas. Für so einen ist kein Platz in der Légion d'honneur. Am 1. Januar 1923 wird Victor Margueritte »pour grave faute contre l'honneur, wegen schwerer Verfehlungen gegen die Ehre« aus der Ehrenlegion ausgeschlossen.

In der Neujahrsnacht brennt das Goetheanum, das Zentrum der Anthroposophie, in Dornach bei Basel. Um zwölf Uhr, als alle Glocken zum neuen Jahr läuten, brechen die Flammen zwischen den beiden Kuppeln hervor. Eine Künstlerin hat am frühen Abend ein rätselhaftes Geräusch gehört, wie von einem Sturmwind zwischen den Wänden. Sie wurde ausgelacht, denn es ist windstill an diesem Abend. Doch berichten später alle Anwesenden von ihrer Empfindung, seit Stunden habe etwas Schweres in der Luft gelastet. Bei ihrem Auftritt, sagt die Künstlerin, habe sie das Gefühl gehabt, dass alle ihre Bemühungen, gegen das Dunkle, Drückende zu kämpfen, vergeblich gewesen seien.

Aus dem Feuermeer dringt das Tönen der Orgel, jedes der im Holzbau verwendeten verschiedenen Metalle leuchtet im Verglühen in einer anderen Farbe auf. Die Säulen, die die Kuppeln tragen, brennen wie Fackeln. Das farbige Glas der Fenster birst und schmilzt. Zehn Jahre nach seiner Grundsteinlegung verwandeln unbekannte Brandstifter, vermutlich Kritiker der Lehre Rudolf Steiners, das Goetheanum in Asche, nur der Sockelbau, auf Wunsch des Bauherrn aus Beton gegossen, bleibt stehen. Kurt Tucholsky höhnt: »Sein ›Steinereanum‹ in der Schweiz haben sie ihm in Brand gesteckt, eine Tat, die durchaus widerwärtig ist. Es soll ein edler, kuppelgekrönter Bau gewesen sein, der wirkte wie aus Stein. Er war aber aus Holz und Gips, wie die ganze Lehre.« Tucholsky kann natürlich nicht ahnen, wie viel Feuer und Flamme das Jahr noch zu bieten hat.

Neujahr, noch einmal, in Berlin. Das Jahr ist wenige Stunden alt, und Marcellus Schiffer fühlt sich am Ende. Sein Résumé des vergangenen Jahres: Ein paar – nebbich – Erfolge mit Chansontexten im Kabarett Trude Hesterbergs, der »Wilden Bühne« im Keller des »Theaters des Westens«. Ein paar Novellen, ein paar Stücke, ein paar Mappen mit Zeichnungen, ein paar neue Bekannte. C'est tout! Demgegenüber: Glaube an Menschen, die nur blutleere, krankhaft verzerrte Puppen waren. Glaube an einen Freund, der die Freundschaft hinterrücks verhöhnte. Dazu die herrschsüchtige Mutter, die ihn am letzten Tag des Jahres mehrere Male aus dem Zimmer warf.

Vor allem aber Marguerite Lion, Margo, hysterischer Backfisch ohne Selbstbeherrschung. Die Eifersucht, mit der sie ihn verfolgt, die Szenen, die sie ihm fast täglich macht, die Selbstmorddrohungen – unerträglich. Es heißt, die Tochter eines französischen Geschäftsmanns habe Schiffer in einem Modesalon kennengelernt. Seitdem ist sie sein Schatten, der ihn auf Schritt und Tritt zitternd vor Eifersucht begleitet.

Marcellus Schiffer kann nicht mehr. Er schreibt, er habe sie noch gern, aber eine Begegnung? Ausgeschlossen. Und was wird mit der »Wilden Bühne«? Trude Hesterbergs letztes Honorar im vergangenen Jahr – 75 000 Mark – hat für einige Paar Strümpfe und eine Wollweste gereicht. Das lohnt die

Mühe nicht. Der Dank der Hesterberg, dieser literarisch angehauchten Hure, sei Ausnutzen, schreibt Marcellus Schiffer, solange sie einen brauche. Sein Motto für das kommende Jahr lautet immerhin: »Versuchen wir's noch mal. Vielleicht wird's diesmal besser.« Er glaubt natürlich nicht daran. Er glaubt nur an Enttäuschungen, ein beinharter Melancholiker, der das Leben als Quelle von Langeweile und Überdruss betrachtet. Aber nicht einmal darin wird ihn das Jahr vor Enttäuschungen bewahren. Marcellus Schiffer wird demnächst einer der am lautesten gefeierten Autoren des Berliner Kabaretts, dank eines Chansons, das ihn schlagartig bekannt machen, und vor allem dank einer französischen Sängerin, die durch das Lied berühmt werden wird: Margo Lion.

Am 2. Januar nimmt der 25 Jahre alte Dr. Joseph Goebbels in einer Filiale der Dresdner Bank in Köln seine Arbeit auf. Allerdings unter Protest. Der promovierte Philologe sieht seine Zukunft nicht hinter einem Bankschalter, umgeben von verzweifelten Kleinsparern, die in der Inflation ihre Ersparnisse verloren haben, und von skrupellosen, durch Devisengeschäfte reich gewordenen Spekulanten. Der junge Mann aus Rheydt, der noch immer bei seinen Eltern lebt, fordert vom Schicksal eine Karriere als Schriftsteller oder Journalist. Seit Jahren ohne Erfolg.

Weil er ein Krüppel ist und hinkt, hatte schon die Armee im Weltkrieg für ihn keine Verwendung. Weil es begabtere Schriftsteller und Journalisten gibt als den dritten Sohn des Prokuristen der Vereinigten Dochtfabriken GmbH (Rheydt), muss er seinen Lebensunterhalt anders verdienen. Morgens fährt er jetzt also mit dem Zug um halb sechs von Rheydt nach Köln, abends gegen acht Uhr zurück.

Zwar findet er nach kurzer Zeit ein Zimmer. Aber sein »klägliches Gehalt« reicht kaum für die Miete, ohne die Lebensmittelpakete und Geldanweisungen aus Rheydt käme Dr. Goebbels nicht über die Runden. Er hat studiert und den Doktor gemacht – das soll keiner vergessen, weshalb er seinen Namen nie ohne Titel schreibt –, aber ein armer Teufel ist er geblieben. Da soll einer nicht depressiv werden. Dr. Goebbels ist depressiv. Jetzt wird er auch noch zum Verräter seiner Ideale. Denn Dr. Goebbels tritt in seinem Rheydter Bekanntenkreis vehement für die Rückbesinnung auf die »deutsche Seele« ein und für die Abkehr vom »wüsten Tanz um das Goldene Kalb«. Aber wo ist Dr. Goebbels gelandet? Mitten im »Tempel des Materialismus«, in der Dresdner Bank, auf der Tanzfläche vor dem Goldenen Kalb. Seine Freundin, die jüdische Rheydter Lehrerin Else Janke, hatte es gut gemeint, als sie ihm über einen entfernten Verwandten die Stelle verschaffte.

Joseph Roth traut seinen Augen nicht. Er sitzt im »Romanischen Café« an der Gedächtniskirche, dem angesagtesten Boheme-Kaffeehaus Berlins, also Deutschlands, seit das »Café des Westens« am Kurfürstendamm, auch bekannt als »Café Größenwahn«, umgezogen ist und nun von der Boheme verschmäht wird. Käme Gottfried Benn hier zur Tür herein, Otto Dix, Alfred Döblin, Max Liebermann oder Franz Werfel, würde Roth vermutlich nicht einmal den Blick von seinem unvermeidlichen Weinglas heben, alte Bekannte, manche von ihnen Stammgäste wie er. Aber es tritt auf: Richard der Rote! Richard, noch vor einigen Jahren als Zeitungskellner im »Café des Westens« unbeschränkter Beherrscher des gesamten in- und ausländischen Lesestoffs, nimmt Platz an einem Tisch des »Romanischen Cafés« und lässt sich wie selbstverständlich von einem anderen Zeitungskellner die Blätter reichen, das »Wiener Journal«, das »Prager Tagblatt«, sogar die »La-Plata-Zeitung«.

Aber was ist das schon für ein Kellner. Kein Vergleich mit dem rothaarigen Richard, als er noch im »Café des Westens«

über die Zeitungen herrschte. Sein körperliches Missratensein glich Rangunterschiede aus »und stellte den Zeitungsträger mindestens in die Reihe der gerade gewachsenen Zeitungsschreiber«. Roths Blick rutscht auf dem geraden, langweilig abschüssigen Rücken des Zeitungskellners des »Romanischen Cafés« herunter: »Seine Existenz als Literaturträger ist nicht in allen Punkten gerechtfertigt.«

Wie anders, erinnert sich Roth melancholisch, war der rote Richard. Er sah Generationen von Literaten kommen und gehen. Sie verschwanden in Gefängnissen und Ministerstühlen. Sie wurden Revolutionäre und Attachés. Und alle blieben sie ihm Geld schuldig (Joseph Roth sehr wahrscheinlich auch). Richard wusste, wo ihre Texte nachgedruckt wurden, und er erzählte es ihnen. Und wenn sie unbekannt waren – er förderte sie. Roth erinnert sich jener Nacht, als das alte »Café des Westens« geschlossen wurde und Richard unter den Gästen Unterschriften sammelte. Dieses Einfangen der Unsterblichkeit in ein Stammbuch, schreibt Roth, war Richards letzte Handlung im Dienst der Literatur.

Nicht ganz. Am Samstag, dem 24. Juni vergangenen Jahres, hat sich Richard noch einmal als Dienstleister bewährt. Am Morgen jenes Tages war Außenminister Walther Rathenau zu seinem Chauffeur ins Kabriolett gestiegen. Er wollte sich von seiner Villa in Berlin-Grunewald ins Auswärtige Amt in der Wilhelmstraße bringen lassen. Zwei Mitglieder der rechtsextremen, antisemitischen »Organisation Consul« (O. C.) hatten aus ihrem Wagen fünf Schüsse auf Rathenau abgegeben und eine Handgranate geworfen. Rathenau war am Tatort gestorben – es war einer von 354 politischen Morden durch Rechtsextreme bis Ende des Jahres 1922, kein anderer hat die Weimarer Republik derart aufgewühlt. Die Täter waren geflüchtet. Zehn Minuten nach dem Attentat war der rote Richard am Tatort vorbeigekommen. Er wusste, was in solchen Fällen zu tun ist. Richard informierte die Zeitungen. Wenn der ehemalige Zeitungskellner nicht gewesen wäre, hätten die Extrablätter eine Stunde länger auf sich warten lassen, spottet Roth über die sinnlose Aktualitätsgeilheit der Tagespresse. Später im Jahr wird Roth, der in diesen Tagen als Feuilletonkorrespondent der »Frankfurter Zeitung« beginnt, einen Roman veröffentlichen, dessen Aktualität unvergleichlich ist in der Geschichte der deutschen Literatur.

Apropos Walther Rathenau. Am 3. Januar betritt um 22.30 Uhr im »Großen Schauspielhaus« in Berlin die Bühne Maximilian Harden, wie gewohnt in Smoking und weißer Seidenweste. Harden, bis vor einem Vierteljahr Herausgeber der international berühmten Zeitschrift »Die Zukunft« und bis zu ihrem Zerwürfnis ein Freund Rathenaus, hatte wenige Tage nach der Ermordung des Außenministers einem amerikanischen Bekannten geschrieben, die Bestialität der Mörderbande werde nun wohl auch ihn erreichen. Er hatte recht behalten. Am Nachmittag des 3. Juli 1922 hatte Harden den Brief in Grunewald in den Postkasten geworfen und sich eine Ausgabe der Tageszeitung »Le Temps« gekauft. Und während er im Weitergehen den Leitartikel überflog, hatten sich Mitglieder der »Organisation Consul« bemüht, neun Tage nach der Ermordung Rathenaus Hardens Prophezeiung wahrzumachen, waren über ihn hergefallen und hatten ihm mit einer eisernen Hantel auf den Kopf geschlagen, einmal, zweimal … insgesamt achtmal.

Zur Verwunderung des Opfers und der Attentäter hatte Harden überlebt. Im Prozess führte den Vorsitz ein junger Richter, Sohn eines Rabbiners im schlesischen Glogau, der an seine Herkunft nicht erinnert werden wollte, ein freundlicher Mann, der die Angeklagten höflich und voller Verständnis behandelte, wie es das Opfer verdient hätte, für das er aber keine Sympathie empfand. In drei Verhandlungstagen war es dem

Gericht gelungen, den Mordversuch in eine Beihilfe zur gefährlichen Körperverletzung umzudeuten, den gescheiterten Mördern Respekt zu bekunden und dem Juden Harden die Schuld an dem Anschlag nachzuweisen.

Dass Harden sich mit dem Hinweis verteidigt hatte, schon als junger Mann zum Christentum konvertiert zu sein, hatte weder bei den Angeklagten noch bei den Richtern verfangen, und auch sein Ausruf, die Deutschen gingen zugrunde durch die Solidarität mit den Mördern, durfte kein Verständnis erwarten. Denn verhandelt wurde kein Mordversuch, sondern die Beihilfe zu einer mehr oder weniger gefährlichen Körperverletzung. Der Prozessbeobachter Kurt Tucholsky hatte das erwartungsgemäß milde Urteil mit den Worten kommentiert: »Reißt dieser Justiz die falsche Binde herunter! Wir haben keine Justiz mehr. Il y avait des juges à Berlin.«

Warum die Aufregung? Harden ist ein gebrochener Mann. Und er ist ein Mann von gestern. Als Wilhelm II. noch nicht in Doorn hockte, sondern in Berlin, war Harden sein wildester Feind. Seine »Zukunft«, die Woche für Woche mit einer Auflage von 24 000 Exemplaren erschien, war seine gefährliche Waffe, mit der er 30 Jahre lang auf den Kaiser unerbittlich eingedroschen hatte. Mit der Abdankung Wilhelms war auch Hardens Zeit vorbei. Die Auflage der »Zukunft« war rapide geschrumpft. Als Harden am 30. September 1922 die letzte Ausgabe hatte drucken lassen, hatte sie 343 Abonnenten. Ein Has Been, der im »Großen Schauspielhaus« über die Zukunft spricht, die er selbst nicht hat, ein Träumer mit der Vision eines geeinten Europas. Harden ist schon vergessen. Nur ein paar Rechtsextremisten gedenken seiner.

Die Hoffnung stirbt immer zuletzt, aber ihre Überlebenskunst im Haus Doorn in Holland ist dennoch beachtlich. Jedenfalls überdauert sie die ungezählten Bäume, die Wilhelm II. seit seiner Flucht ins niederländische Exil im November 1918 nach Andacht und Frühstück Morgen für Morgen gefällt und zersägt hat. Wilhelm II. sägt, erfüllt von der Hoffnung, dass das deutsche Volk ihn als Kaiser zurückholen werde. Bisher hat ihn kein Ruf erreicht.

Vor einigen Monaten hat Wilhelm den Deutschen seine Memoiren zu lesen gegeben, »Ereignisse und Gestalten 1878–1918«, in denen er sich von jeder Schuld am Weltkrieg freispricht. Das Buch verkauft sich glänzend, dennoch dringt kein Ruf nach Doorn, S. M. möge auf dem Thron wieder ihren Platz einnehmen; vielleicht, weil Wilhelm den Freispruch eher nach Lust und Laune begründet. Mal hat der österreichische Außenminister Graf Berchthold den Krieg angezettelt, um gemeinsam mit dem Vatikan, den Wittelsbachern, den Jesuiten, den Freimaurern und dem Weltjudentum das protestantische Hohenzollernreich zu stürzen. Dann sollen es die Anglo-Amerikaner – beherrscht vom Judentum – gewesen sein, die den Untergang Deutschlands beschlossen hatten. Nicht zu vergessen der intrigante, 1910 verstorbene britische Onkel, King Edward VII., der die Franzosen, Russen, Italiener, Japaner und Amerikaner mit seinen Engländern zusammengebracht hatte, um Deutschland durch Krieg und Revolution zu vernichten.

Die Deutschen lesen Wilhelms Memoiren – 260 000 verkaufte Exemplare in den ersten Monaten –, aber sie hören nicht auf ihn. Da hilft nur ein zweiter Versuch. Seit ein paar Tagen sitzt der alldeutsche Journalist Eugen Zimmermann mit Wilhelm zusammen, ein einflussreicher Vertreter des Hugenberg-Imperiums, der den Memoiren des Hohenzollern stilistischen Schliff gegeben hat. Die beiden planen den nächsten literarischen Coup. Der frühere Chef der Reichskanzlei stöhnt, Wilhelms Dichtkunst sei »sicherlich eine reine Freude für alle Gegner der Hohenzollern-Monarchie«. Der Hofstaat zittert.

Noch ein Blick auf Alfred Hugenberg. Er hat vor fast dreißig Jahren den Alldeutschen Verband gegründet, an der Seite des Kolonialhelden Carl Peters, dessen Ruf als »Hänge-Peters« noch Jahre nach dem Verlust der deutschen Kolonien die Einwohner Afrikas in Angst und Schrecken versetzt. Das Programm des Vereins ist nationalistisch, militaristisch, pangermanisch, expansionistisch, antisemitisch und rassistisch, also profiliert, und Hugenberg ist entschlossen, sich mit seinem Medienkonzern entsprechend Gehör zu verschaffen. Vor ein paar Jahren hat er den nationalkonservativen Scherl-Verlag gekauft und die zweitgrößte deutsche Nachrichtenagentur. Entstanden ist ein Medienkonglomerat aus Verlagen, Nachrichtendiensten, Werbeagenturen, Korrespondenzdiensten, Filmgesellschaften und zahlreichen Zeitungsbeteiligungen, mit dem der Reichstagsabgeordnete der Deutschnationalen Volkspartei (DNVP) die Hälfte der deutschen Presse kontrolliert.

Ein besonders attraktives Angebot macht der Konzern den Kunden der Provinzpresse: Er liefert Leitartikel, Nachrichten, Romane und Sportberichte, druckfertig in Pappstreifen gepresst, die in den Provinzdruckereien nur noch mithilfe der gewöhnlichen Metallgießmaschinen zu den fertigen Druckplatten verarbeitet werden mussten. Der Materndienst erspart dem Verlag hohe Kosten und den Redakteuren der Provinzpresse eine eigene Meinung. Der Service des Hugenberg-Konzerns ist konkurrenzlos billig, 350 Zeitungen in der gesamten Republik werden beliefert.

Unter den 500 Festangestellten des Konzerns und 90 Redakteuren ragt Major a. D. Adolf Stein heraus. Als Hauptschriftleiter und damit Chef des konzerneigenen Deutschen Pressedienstes steuert er die von Hugenberg gewünschten Verleumdungskampagnen gegen die Republik und deren Präsidenten Friedrich Ebert. Adolf Stein liefert Rufmord. Mal bestellt er ihn, mal legt er selbst Hand an. Woche für Woche veröffentlicht er als »Rumpelstilzchen« einen »Plauderbrief unter dem Strich« in bis zu 30 Zeitungen, humorig geschriebene Artikel aus dem Berliner Alltagsleben vom Wochenmarkt bis zum Straßenstrich, Berichte aus der Welt des Theaters, Nachrichten zur Wahl einer Schönheitskönigin, mal derb, mal pikant, immer mit monarchistisch pochendem Herz, immer gegen die korrupten Berliner Politiker und gegen die Meinungsdiktatur der volksfeindlichen Demokraten-, der System-, der Judenpresse. Adolf Stein macht das perfekt; er verdient doppelt so viel wie ein Chefredakteur des Hugenberg-Konzerns. Die Intellektuellen haben ihre Tucholskys, Jacobsohns, Kerrs, Roths und Ossietzkys, sie haben das »Berliner Tageblatt«, die »Berliner Börsen-Zeitung«, die »Weltbühne«, die »Frankfurter« und die »Vossische Zeitung«. Aber Alfred Hugenberg hat Adolf Stein – und ein paar andere –, und der hat jeden Tag Millionen Leser von Glücksburg bis Sonthofen. Tucholsky bedenkt die Zukunft Deutschlands und Europas, Stein sagt, wo es langgeht.

Anfang Januar geht es wieder einmal gegen die Franzosen: »Ein deutscher Verbindungsoffizier, der mir schon manchmal seine Not über diese seine jetzige Stellung geklagt hat, hatte heute Mittag dienstlich bei einem der Herren zu tun und fand ihn vor seinem Schreibtisch beim Ordnen großer Banknotenhaufen. Und grinsend erklärte Monsieur le Capitaine: ›Les affaires sont les affaires, Geschäft ist Geschäft, vor vier Tagen habe ich Dollars gekauft, soeben wieder losgeschlagen, hier diese 450 000 Mark sind der Erlös!‹ Und dieser Erlös wird nun gleich wieder in Effekten angelegt. Dann kommen wieder die Devisen an die Reihe. Für einen richtigen Franzosen gibt es stets drei erstrebte Dinge: das Weib, den Ruhm, die Rente. Dass er in seiner Berliner Ausgabe jetzt meist in unscheinbarem Zivil herumläuft, bedeutet aber doch nicht ganz, dass er nun nur noch dem dritten Ideale nachjagt. Auf der nächtlichen Pürsch ist er nach wie vor überall zu finden, wo die Großstadt schlammt, nur zahlt er höchst ungern bar, sondern entschädigt stattdessen das weibliche Friedrichstraßengesindel durch – Tipps. Er weiß immer viel früher als andere, wie die Entente sich darüber verständigen wird, wo man aus unserer Haut neue Riemen schneiden soll; darnach prophezeit er Steigen oder Fallen der Kurse und diese Tipps werden wie gute Wechsel weitergegeben. Die Friedrichstraßen-Diva kriegt dafür von ihrer Konfektioneuse vielleicht ein neues Kleid. Die Konfektioneuse von ihrem Börsen-Galan vielleicht drei Aktien Stöhr-Kammgarn. Eine schmutzige Hand wäscht immer die andere.«

Adolf Stein wird nicht nur von Hugenberg geschätzt, auch die Mitarbeiter des Konzerns wissen, was sie an ihm haben. Sie nennen ihn »Hugenbergs Landsknecht«.

Zumindest was die Loyalität der deutschen Reichspost betrifft, muss sich der abgedankte Kaiser keine Gedanken machen. Ende vergangenen Jahres hat der in Berlin arbeitende katalanische Journalist Eugeni Xammar vom Schicksal eines von Belgien abgeschickten, an »Monsieur l'Empireur (sic!) Allemagne« adressierten Briefes berichtet. Der Brief kam in Berlin an, und obwohl die Adresse unvollständig und auf Französisch war – noch dazu falsch geschrieben –, wurde er nicht zurückgesandt. Ganz im Gegenteil: Die Beamten machten sich die Mühe, die Adresse zu übersetzen und zu vervollständigen: Berlin C2, Schloss, die korrekte Anschrift für Postsendungen an den früheren kaiserlichen Hof. In den ehemaligen Räumlichkeiten der kaiserlichen Post ist seit Ausrufung der Republik ein Biologieinstitut untergebracht, und dessen Direktor hat das Dokument veröffentlicht, ein sehr aufschlussreiches Dokument, schreibt Xammar, für alle, die wissen wollen, wie es um die Gemütslage eines Gutteils der deutschen Bürokratie bestellt ist. Diese Bemerkung Xammars versteht nur, wer auch eine andere Anekdote kennt, die der Auslandskorrespondent erzählt. Die deutsche Postverwaltung hat kürzlich eine Postkarte mit folgendem Vermerk zurückgeschickt: »Anschrift unvollständig. Empfänger unbekannt.« Die Postkarte war an den Reichspräsidenten adressiert, die Anschrift beschränkte sich auf die Worte: »Reichspräsident Ebert«. Kurz und deutlich, aber unzureichend für die Postverwaltung.

Ihre Beamten sind vermutlich außerstande, im Sozialdemokraten Friedrich Ebert den Reichspräsidenten zu erkennen. Denn Stein und andere Autoren im Dienst des Hugenberg-Konzerns verhöhnen ihn regelmäßig als primitiven Proletarier »mit dem Horizont einer Käseglocke«, als »Sozialist schon als Sattlerlehrling, das gegebene Reichsoberhaupt schon als Brotwagenfahrer, Kneipwirt, Gerichtssaalreporter. Etliches wird man freilich verschweigen müssen …« Reichspräsident Ebert? Empfänger unbekannt.

George Grosz hat seit vergangenem Sommer in Russland nach dem neuen Menschen gesucht. Vor einem halben Jahr hatte er sich auf den Weg zu ihm gemacht, in Begleitung des dänischen Romanciers Martin Andersen Nexö, ermuntert vom kommunistischen Pressemagnaten Willi Münzenberg. Geplant war ein gemeinsames Reisebuch, mit Texten von Nexö, illustriert von Grosz. Aber sehr bald hatte Grosz erkannt: »Wir beide passten gar nicht zusammen.«

Es war nicht nur der Altersunterschied von 24 Jahren, der sie trennte. Nexö erschien dem jungen Grosz als versponnener Idealist, der der bolschewistischen Propaganda eher Glauben schenkte als seinen eigenen Augen. Ihm war entgangen, was Grosz genau registrierte: Willkür, Bürokratie, das Elend der Bevölkerung – »So war mein erster Eindruck der des Hungers«. Auf der einen Seite das Desinteresse der Arbeiter und Bauern an individualistischer Kunst, die schlichtem Agitprop jederzeit den Vorzug geben, auf der anderen Seite die neue Klassengesellschaft, in der der gebildete, kosmopolitische Volkskommissar für Bildung und Kultur im Waggon eines Sonderzugs von Moskau nach Leningrad kleine, kokette Schühchen mit Lackspitzen trägt, der ihm gegenübersitzende Volkskommissar proletarischer Herkunft aber unförmige Soldatenstiefel aus Filz.

War Nexö wirklich blind für die fürchterliche gesundheitliche Verfassung, in der Lenin zu ihnen gesprochen hatte? Grosz war sofort aufgefallen, dass Lenin beim Reden immer wieder den Faden verlor und ihm Worte leise zugerufen worden waren. Diese Sprachstörungen kannte Grosz von einer Tante, die einen Tumor im Gehirn hatte. Grosz hatte den moribunden Revolutionsführer gesehen, Nexö nur den Revolutionsführer. Sollte Nexö tatsächlich auch nicht bemerkt haben, was Grosz von Anfang an ahnte: Der junge, redselige Genosse, der sie auf der gesamten Reise begleitete, war ein Lockspitzel, der die ausländischen Gäste mit seinen abschätzigen Bemerkungen über die Revolution zu konterrevolutionären Äußerungen verleiten wollte. Nexö hatte solche machiavellistischen Tricks ausgeschlossen: »Wo bleibt denn da die Wahrheit?« »Die Wahrheit, mein lieber Martin«, hatte Grosz erwidert, »ist nach Lenin ein bürgerliches Vorurteil, also damit für einen gläubigen Genossen endgültig abgeschafft.«

Nach sechs Monaten sind die beiden ungleichen Reisegenossen nach Deutschland zurückgekehrt. Nexö hat sich in Allensbach am Bodensee niedergelassen und einen Hymnus auf den Sowjetmenschen und das marxistisch-leninistische Imperium verfasst: »Dem jungen Morgen zu! Schilderungen von einer Russlandreise«. Grosz ist nach Berlin gefahren und sofort aus der KPD ausgetreten: »Für die Politik des Übermenschen habe ich ein tiefes Misstrauen, keine Liebe.« Und damit das ein für alle Mal klar ist, schreibt er: »Man kann mich unterdrücken, man kann meine Arbeiten verbieten, man kann mich verhungern lassen oder körperlich bestrafen – meinen Geist kann man nicht unterdrücken.«

Das versucht der Generalstaatsanwalt beim Landgericht I in Berlin in einem Praxistest herauszufinden. In diesen Tagen liegt in den Buchhandlungen George Grosz' neues Werk aus, »Ecce homo«, eine Bildermappe mit 84 Schwarz-Weiß-Zeichnungen und 16 Farbaquarellen, Spiegel der Weimarer Gesellschaft, der die Verbrechen des Alltags und den Nachkriegsalltag als Verbrechen zeigt, Militaristen, brutale Luden, verschlissene Huren, Inflationsgewinnler, geile Spießer, keine individuellen Gesichter, sondern Visagen der Gesellschaft. »Ecce homo« ist ein Zitat aus dem Johannes-Evangelium, von Luther mit »Sehet, welch ein Mensch« übersetzt. Der römische Statthalter Pontius Pilatus soll es gerufen haben, der angesichts des gefolterten, dornenbekrönten Jesus keinen Grund gesehen hat, ihn kreuzigen zu lassen, wie es das Volk verlangte.

Es ist ein bei europäischen Künstlern beliebtes Motiv. Tizian, Rubens und Caravaggio haben es verwendet, aber Grosz' Ausgabe des »Ecce homo« zeigt als Titelbild nicht Christus, sondern einen Zuhälter mit Gangstervisage und eine Prostituierte mit leerem Gesicht. Dem Generalstaatsanwalt genügt ein Blick in den Verlagsprospekt und die Kenntnisnahme »außeramtlich gemachter Mitteilungen über den Inhalt des Werkes, das hier nicht vorliegt« für die Vermutung, dass »ein Einschreiten nach § 184 Strafgesetzbuch« angezeigt sei wegen Verletzung des Scham- und Sittlichkeitsgefühls des Betrachters. Denn nicht die Verhältnisse, sondern die Darstellung der Verhältnisse ist der Skandal. Der Generalstaatsanwalt fordert vom preußischen Minister für Wissenschaft, Kunst und Volksbildung ein Sachverständigengutachten. So beginnt in diesen Tagen der Ecce-homo-Skandal.

Er wird die Öffentlichkeit der Weimarer Republik länger als ein Jahr beschäftigen. Worum geht es genau – um das sittliche Empfinden der Gesellschaft oder um die Sittlichkeit des Künstlers? Weder noch, resümiert die »Deutsche Zeitung«, das größte nationalkonservative Blatt der Reichshauptstadt und natürlich Teil des Hugenberg-Konzerns. Sie erkennt in dem Fall ein grundsätzliches Problem, das offensichtlich auf dem Rechtsweg nicht zu lösen ist: »Grosz ist Rassejude. Zwischen unserer und der jüdischen Auffassung gähnt eine unüberbrückbare Kluft. Ihr Denken ist nicht unser Denken; ihr Handeln ist nicht unser Handeln, ihr Empfinden ist nicht das unsere, und vor allem: ihre Kunst ist nicht unsere Kunst!«

Wankt jetzt auch Gorki? In einer Zeit, in der alles Reaktionäre auf den Zusammenbruch der Sowjets hofft, sollte tatsächlich auch Maxim Gorki, das Jugenderlebnis einer ganzen Generation, der große Augenöffner, der den Blick lenkte in Kellerwerkstätten, Nachtasyle, nächtliche Häfen und über Steppen von unendlicher Weite, zum Gegner der Diktatur des Proletariats geworden sein? Sollte ausgerechnet er, wie die kapitalistische Presse berichtet, mit dem »Geschmeiß« der Hunderttausende Emigranten verkehren, das sich unter dem Vorwand, das Leben vor dem sowjetischen Terror zu retten, seit einiger Zeit mit dem Verkauf von Brillanten und gestohlenen Gemälden und mit Valutaschiebungen in Berlin breitmacht? Der Kommunist Egon Erwin Kisch kann es nicht glauben. Darum folgt der Journalist der Aufforderung – ob er sie von der Parteileitung in Deutschland oder aus Moskau erhalten hat, verrät er nicht –, im Januar zu Gorki ins märkische Saarow hinauszufahren und zu prüfen, ob der Schriftsteller die Treue einer Generation, die er erzogen hat, mit Untreue vergilt.

Kisch begegnet einem schmalen, langen Mann mit grauem Haar und grauem Schnurrbart, und er sieht in große müde Augen in einem mageren Gesicht. »Ich bin krank«, sagt Gorki gleich zu Beginn des Gesprächs, schreibt Kisch, »und deshalb musste ich aus Russland weg.« »Sie wollen nach Russland zurück, Alexej Maximowitsch?«, fragt Kisch. »Selbstverständlich,

ich gehöre nach Russland. Ich hoffe, bald nach Russland zurück zu können«, sagt Gorki, der nicht daran denkt, in den nächsten Jahren nach Russland zurückzukehren, denn die Krankheit, die ihn befallen hat, ist weniger Tuberkulose, sondern die Angst vor dem Terror Lenins. »Also ist es nicht wahr, was man in den Zeitungen schreibt«, fasst der junge Journalist hoffnungsfroh nach, »dass Sie ausgewiesen oder geflüchtet sind?« – »Nichts davon ist wahr. Die Sowjetleute sind meine Freunde.«

Allerdings hat Lenin seit einiger Zeit Zweifel an der Freundschaft Gorkis mit den Sowjetleuten, nachdem der berühmte Autor über einen Prozess in Moskau gegen verruchte Sozialrevolutionäre geschrieben hat: »Falls der Prozess gegen die Sozialrevolutionäre mit Hinrichtungen endet, so ist das der Beweis dafür, dass das Ganze ein schändlicher Mord war.« Lenin hatte ihm empfohlen, aus gesundheitlichen Gründen über seine Freundschaft zu den Sowjetleuten im Ausland nachzudenken. Entweder sagt also Gorki dem deutschen Journalisten nicht die Wahrheit oder Kisch nicht den Lesern, denen er die Gorki-Geschichte erst Jahre später in der »Roten Fahne« präsentiert. Der Reporter schreibt immer mal wieder, nichts sei erregender als die Wahrheit, aber im Grunde hält er sie für ein »bürgerliches Vorurteil«. Lenin dixit.

»Das Leben ist eine Rutschbahn.« (Frank Wedekind) Diese Erfahrung haben seit Ende des Krieges Millionen Deutsche gemacht, Witwen und Waisen, Kriegsversehrte, Arbeitslose, von der Inflation enteignete Rentner und Kleinsparer. Wer die Welt von unten kennt, kennt die Sehnsucht nach ganz oben. Die Sehnsucht haben viele, einer von ihnen ist der Bürstenmacher und Zeitungsverkäufer Max Klante, Kriegsheimkehrer, Tbc-krank und psychisch derangiert. Klante kennt nicht nur die Sehnsucht, sondern auch den ultimativen Weg, sie zu befriedigen – nicht nur seine eigene Sehnsucht, sondern aller Menschen, sofern sie seinem topsicheren Anlagesystem in Pferdewetten vertrauen. Zum Jahreswechsel 1920/21 hatte er deutschlandweit in Tageszeitungen inseriert: »Sehr geehrter Herr! In der heutigen teuren Zeit liegt es wohl auch in Ihrem Interesse, sich eine dauerhafte Nebeneinnahme zu verschaffen. Diese bieten wir Ihnen, wenn Sie uns für unser Weltunternehmen Geld leihen … Wir geben Anteilsscheine von 100 Mark bis 50 000 Mark heraus und zahlen für 100 Mark Einzahlung am 1. Februar 100 Mark, am 1. März 100 Mark, am 1. April 100 Mark, also 3 mal 100 Mark gleich 300 Mark zurück, das sind 200 Prozent Dividende … Für 10 000 Mark gibt es 30 000 Mark.«

Die Aktion war ein voller Erfolg, Klante, der Messias der unfehlbaren Pferdewette, der »Volksbeglücker« (Klante), war geboren. Unmittelbar vor Beginn der Rennsaison des Frühjahrs 1921 erschienen Prospekte mit dem Versprechen von 600 Prozent Jahresgewinn, allein durch Pferdewetten. Das Geld strömte in die Kassen des »KlanteKonzerns« – es strömte von den Konten der Kleinsparer und der Kriegswitwen, von Rechtsanwälten, Ärzten und sogar von Bankdirektoren –, und es strömte verdoppelt, verdreifacht, verfünffacht zurück. Auch Klante verdiente, bezog mit Frau und Sohn ein herrschaftliches Anwesen in Karlshorst, lebte mit Kammerdiener, ließ sich in drei Autos von zwei Chauffeuren fahren. Die Millionen der Kunden fluteten den »KlanteKonzern«, und eine Klante-Welle ging durchs Land. In fast allen größeren Städten öffneten Annahmestellen, im Dresdner Polizeipräsidium speziell eine für Polizeibeamte. Wo Klante erschien, empfing ihn der Ruf der dankbaren Kundschaft: »Heil Klante!«

Dann stockten die Gewinne, die Verluste wuchsen, es begann die Suche nach den Sündenböcken (»Großkapitalisten und jüdische Spekulanten«), die Anleger zogen ihr Geld zurück, das Finanzamt ordnete eine Betriebsprüfung an und beschlagnahmte zehn Millionen Mark in bar. Klante wurde verhaftet. Die Forderungen an Klante: 90 Millionen Mark. Doch selbst in Untersuchungshaft blieb Klante der Held der Kleinsparer, die ihm ihr Geld für lukrative Pferdewetten aufdrängen wollten und sich zu einer Demonstration vor dem Polizeipräsidium am Alexanderplatz versammelten: »Heil Klante!« Am 6. Januar 1923 verurteilt das Berliner Landgericht III den 40 Jahre alten Max Klante zu drei Jahren Freiheitsstrafe, 105 000 Mark Geldstrafe und fünf Jahren Ehrverlust wegen Betrugs, gewerbsmäßigen Glücksspiels und Vergehens gegen die Konkursverordnung. Auf den vier Berliner Pferderennbahnen erhält Klante lebenslanges Hausverbot.

Wo ist eigentlich die Berber? Am 13. Januar schiebt die Wiener Polizei die deutsche Nackttänzerin Anita Berber, Königin der Berliner Nacht, Hohepriesterin der Perversion, Morphinistin, Kokserin und Verputzerin einer Flasche Cognac am Tag, nach Budapest ab. Sie ist das erste deutsche Sexsymbol der Zwanzigerjahre, unübertroffen in ihrer Verruchtheit. Nicht Klerus und Moral vertreiben sie aus Wien, sondern ihre sehr persönliche Interpretation des Vertragsrechts. Seit dem Premierengastspiel am Abend des 14. November vergangenen Jahres im Großen Saal des Wiener Konzerthauses liegt ihr vor allem das männliche Publikum zu Füßen. Mit den »Tänzen des Lasters, des Grauens und der Ekstase« hat die »Skandaltänzerin« mit ihrem Partner Sebastian Droste – bürgerlich Willy Knobloch, bekennender Hedonist und ebenfalls ergebener Diener des Koks – nach Berlin auch das winterliche Wien gewissermaßen im Schneesturm erobert.

Die Berber macht keinen Skandal, sie ist der Skandal. Am Kurfürstendamm sind die Nackttänze des Balletts von Celly de Rheydt, geborene Anne Cécilie Marie Funk, seit einigen Jahren die Sensation. Das liegt nicht am Tanz. Keine der jungen Frauen zwischen 14 und 20 Jahren hat eine Ausbildung als Tänzerin, und Kritiker mokieren sich über die ungelenke Hopserei der Truppe. Aber in einer Stadt, die sich als Hauptstadt des Lasters gefällt, in der Nachtbars und Kabaretts, Bordelle und Kaschemmen das Cachet der Nachkriegs- und Inflationsgesellschaft bilden und vergnügungstobsüchtige Paare – Männer/Frauen, Männer/Männer, Frauen/Frauen – in den Tanzlokalen, berauscht von Koks und den Synkopen des Jazz, die Zeit vergessen, ist Nacktheit nicht nur Unverhülltheit, sondern gesteigertes Leben.

Wenn Maßlosigkeit das Maß aller Dinge ist, dann ist Anita Berber das It-Girl. Seit sie im Celly-de-Rheydt-Ballett angeheuert hat, ist sie die Attraktion der Truppe, inzwischen die Koryphäe des Berliner Nachtlebens. Sie ist nicht nur nackt, sie tanzt. Sie tanzt nicht nur, sie schlägt zu mit bloßer Faust, wenn ein männlicher Gast an der Nackttänzerin nur die Nacktheit, nicht die Tänzerin bemerkt. Mit ihrer schönen Freundin Susanne Wanowski, die in Schöneberg das Frauenlokal »La Garçonne« betreibt, tritt sie in der lesbischen Szene im Smoking mit Monokel und Melone auf und setzt einen Trend – mondäne Frauen gehen in Berlin à la Berber.

Mit ihrem Tanz- und Lebenspartner Sebastian Droste huldigt sie in den Tänzen »Kokain« und »Morphium« ihren berauschenden Göttern in Wien mit so großem Erfolg, dass sich die Veranstalter um sie reißen, auch das mit größtem Erfolg. Berber und Droste sagen in Wien mehrere Auftritte zur selben Zeit an verschiedenen Orten zu. Sie werden verklagt. Droste ist bereits in den ersten Januartagen wegen versuchten Betrugs ausgewiesen worden, jetzt folgt ihm Anita Berber. Die lokale Presse berichtet, Frau Berber werde als »lästige Ausländerin« des Landes verwiesen. Zum Verhängnis wird ihr nicht die Nacktheit, sondern das Allgemeine Bürgerliche Gesetzbuch. Ihre »Abschaffung«, schreibt die Presse, erfolge aus Gründen der öffentlichen Ordnung und Sicherheit, da Frau Berber nach allen Seiten hin Schulden mache und den Polizeibehörden und Gerichten schließlich auch einmal der Geduldsfaden reißt. Noch für dieses Jahr plant sie die Rückkehr nach Berlin.

Sie kann sich Zeit lassen. Die Berber hat schon überall getanzt, im »Wintergarten«, in Rudolf »Nelsons Theater«, in der »Rakete«, im »Toppkeller«, demnächst soll sie wieder in der »Weißen Maus« in der Berliner Friedrichstadt gastieren, gegenüber dem früheren »Chat Noir«, das seit dem Krieg aus patriotischen Gründen als »Schwarzer Kater« firmiert. Die »Weiße Maus« ist eine Luxuskaschemme mit 98 Plätzen, Abend für Abend gefüllt mit Geschäftsleuten aus der Provinz, Zuhältern und hungrigen Nutten. Nacktheit ist hier Routine, aber die Auftritte der Berber, die im Zorn über die verweigerte Anerkennung als Künstlerin gelegentlich auf einen Tisch springt und ihrer Wut über einem Herrengedeck im Wortsinn freien Lauf lässt, sind der Top Act des Programms. Darauf werden die Berber und ihr Publikum in der nächsten Zeit verzichten müssen.

Castans Panoptikum, legendäres Berliner Wachsfigurenkabinett, ist am Ende und kommt unter den Hammer. In den nächsten Wochen findet ausgerechnet in den Räumen der »Weißen Maus« die Versteigerung statt. Im Vorraum stehen 200 Wachsköpfe prominenter Verbrecher – von Karl Ludwig Sand, dem Mörder des Schriftstellers August von Kotzebue, bis zum Mordbrenner August Sternickel, dessen Kapitalverbrechen vor dem Weltkrieg die Öffentlichkeit jahrelang in Angst und Schrecken versetzt hatten – und berühmter Staatsmänner von Bismarck bis Napoleon, wohlgemerkt nur die Köpfe. Der Bequemlichkeit wegen wurden sie von den Rümpfen gelöst.

Als Joseph Roth sich umsieht, glaubt er, in ein Massengrab konservierter Häupter zu sehen, eine grausige Walstatt toten Lebens. Im Nebenzimmer stehen ausgestopfte Affen, Affenskelette und anderer verstaubter Plunder. Im Verkaufsraum kommt Roth eine Erkenntnis. Er beobachtet einen Mann, der scheinbar wahllos Blech, Holz, Messing, Thronstühle und zerbrochene Tische zusammenkauft, und fragt sich: Was ist der Sinn der Versteigerung? Roth, Spezialist für Epochenbrüche, notiert: Der Mann kauft nicht aus Sentiment. Es ist, im Gegenteil, der »Typus der neuen Zeit, im kurzen Pelz, die Zigarre zwischen Zähnen aus Edelmetall, gesammelte Ruhe und Berechnung«. Er erkennt in dem Mann den modernen Alchimisten, der Kapital schlägt aus den Sensationen der Vergangenheit – den Sieger über die vergehende Welt.

Apropos Vergehen. In diesen Tagen wird auf einer Parkbank Hugo Hayn aufgegriffen, halb verhungert, Zeuge und Opfer des Vergehens seiner Zeit. Er hatte 1875 erstmals die »Bibliotheca Germanorum erotica, Verzeichnis der gesammten deutschen erotischen Literatur mit Einschluss der Übersetzungen« herausgegeben, ein Standardwerk auf diesem Gebiet. Reich geworden ist Hayn damit nicht. Schon viele Jahre hatte der Bibliograph sich mit Bittbriefen über Wasser zu halten versucht (»Auch die geringste Zuwendung wird dankbarst entgegengenommen.«). Für die Arbeit hatte der Bibliograph sein Erbe aufgebraucht, vor einigen Jahren ist sein Mäzen gestorben, die Kundschaft ist ihm schon lange verlorengegangen. Er ist ein Kenner, sentimental ist er nicht. Ein Kollege schreibt über ihn: »Er sah in den Büchern, die den Inhalt seines Lebens ausmachten, vorwiegend Verkaufsobjekte. Mehr als ihr wissenschaftliches Niveau interessierte ihn ihr merkantiler Wert.« Der Wert ist gesunken, je höher die Eintrittspreise für die Kokain- und Morphiumtänze Anita Berbers stiegen. Wer blättert schon in Büchern in der Einsamkeit der Bibliothek, wenn er das Entblättern in Gesellschaft live betrachten kann. Hugo Hayn, der Bibliograph der Liebe, stirbt am 20. Januar kurz nach seinem 80. Geburtstag.

Die 21 Jahre alte französische Anarchistin Germaine Berton ermordet am 22. Januar in Paris den 36-jährigen Marius Plateau, Chef der Camelots du roi, einer jugendlichen Schlägertruppe der royalistischen Action française. Ursprünglich hatte sie den Anführer der Action française, den Schriftsteller und Pamphletisten Léon Daudet, als Mordopfer ausgewählt. Daudet hasst Demokraten, Republikaner, Sozialisten, Kommunisten, Anarchisten und Juden und bekämpft sie in Wort und Schrift. Er hasst also dieselben Gruppen wie der Landsknecht Hugenbergs, Adolf Stein. Nur gehören zum einschlägigen Portfolio Daudets darüber hinaus die Deutschen wie bei Stein die Franzosen – sie sind also feindliche Brüder im Geiste.

Weil Germaine Berton an Daudet nicht herangekommen ist, feuert sie mit ihrem Revolver auf Plateau und versucht noch am Tatort vergeblich, sich selbst zu erschießen. Nach ihren Motiven befragt, sagt Germaine Berton, sie habe mit dem Attentat gegen die Besetzung des Rheinlands durch die französischen Truppen protestieren wollen, vor allem aber habe sie damit Rache nehmen wollen für die Ermordung des linken pazifistischen Politikers Jean Jaurès am 31. Juli 1914 unmittelbar vor Beginn des Weltkriegs. Sein Mörder, der französische Chauvinist Raoul Villain, war nach fünfjähriger Untersuchungshaft im März 1919 von einem Geschworenengericht mit 11:1 Stimmen freigesprochen worden: Der Angeklagte sei kein Mörder, sondern Patriot. Seitdem arbeitet er als Croupier in Danzig.

Hätte Heinrich Wandt mehr Sinn für Tradition, wäre er spätestens gestern Abend ausgeflogen. Er hätte seinen Koffer gepackt und Düsseldorf mit dem nächsten Zug verlassen. Aber der linke Journalist – schon mit 19 Jahren hatte er als Clara Zetkins Privatsekretär gearbeitet – ist dageblieben, im »Hansa-Hotel« am Düsseldorfer Bahnhofplatz hat er mit Freunden durchgefeiert und sich erst am frühen Morgen schlafen gelegt. Der

32-Jährige wird von der deutschen Justiz steckbrieflich gesucht, aber in Düsseldorf hat er von ihr nichts zu befürchten. Glaubt Wandt. Er sieht sich auf der sicheren, auf der von französischen und belgischen Truppen – ausgerüstet mit Panzern und Artillerie – besetzten Seite.

Mit der Besetzung des Ruhrgebiets in den ersten Januartagen ist den Regierungen in Paris und Brüssel gelungen, was seit Ende des Krieges und der Novemberrevolution unmöglich erschien – die Deutschen sind geeint, zumindest im Widerstand gegen die Besetzung. Reichspräsident Friedrich Ebert und Reichskanzler Wilhelm Cuno protestieren gegen die »Gewaltpolitik«, der Kanzler ruft den »passiven Widerstand« aus, alle Reparationslieferungen werden eingestellt, den Zechenbesitzern Lieferungen von Koks und Kohle an die Besatzungsmächte verboten. Es kommt zu Massenkundgebungen und Ausschreitungen. Am 15. Januar provozieren deutsche Demonstranten die in Bochum einrückenden Franzosen mit dem Hasslied »Siegreich wollen wir Frankreich schlagen«, die Soldaten feuern in die Menge und töten einen 17 Jahre alten Schüler.

Der französische Ministerpräsident Raymond Poincaré begründet die Besetzung mit der unzureichenden Lieferung von Koks und Kohle an Frankreich und Belgien, die jetzt auf den passiven Widerstand der Deutschen mit scharfen Sanktionen reagieren – befehlsverweigernde Beamte, auch Schutzpolizisten und Reichsbahnbeamte, werden verhaftet und in den nichtbesetzten Teil Deutschlands ausgewiesen, einige Zeitungen verboten. Im Übrigen hätte Poincaré nichts dagegen einzuwenden, wenn sich endlich die Gelegenheit ergäbe, die deutschen Grenzen ein wenig zurückzudrängen und die Verbindung des Rheinlands mit Deutschland zu lösen.

Warum fühlt sich ausgerechnet ein Deutscher im von französischen Truppen besetzten Düsseldorf geborgen? Heinrich Wandt hat in der Zeitung gelesen, dass Haftbefehle, die in politischen Strafsachen im unbesetzten Deutschland erlassen worden sind, im besetzten Gebiet nicht vollstreckt werden dürfen. Die Strafsache Wandt ist politisch. Ihm wird »diplomatischer Landesverrat« zur Last gelegt. Er soll das Vernehmungsprotokoll des flämischen Kriegsgefangenen Adiel Debeukelaere, erstellt durch deutsche Nachrichtenoffiziere im Jahr 1918, einem Belgier zur Veröffentlichung übergeben haben. In dem Dokument wird Debeukelaere als Obmann der aktivistischen flämischen Frontpartei bezeichnet, seine Gewinnung für die deutschen Interessen als wichtig. Debeukelaere habe als Endziel der Frontpartei die Errichtung eines selbstständig verwalteten Flandern innerhalb eines freien Belgien und die Herbeiführung eines Verständigungsfriedens zwischen Belgien und Deutschland vertreten.

Und dieser vorbildliche Kollaborateur, der dem deutschen Kaiserreich im Krieg seine Hilfe angeboten hatte, sollte mithilfe des Sozialisten Wandt desavouiert werden. Da versteht auch die Justiz der deutschen Republik fünf Jahre nach Ende des Kaiserreichs keinen Spaß. Schon gar nicht im Fall Wandt. Er glaubt an den Sozialismus und an den »Asbach Uralt«, sein Lieblingsgetränk, an die Reichswehr glaubt er nicht, schon gar nicht an deren Etappenoffiziere während des Krieges. In seinen unter dem Titel »Etappe Gent« veröffentlichten Aufzeichnungen hat er ihnen ein literarisches Denkmal gesetzt. Es zeigt die Verwandlung der belgischen Stadt während der deutschen Besatzung in den Puff enthemmter Besatzer. Das Buch ist ein Bestseller – schon mehr als 100 000 verkaufte Exemplare –, aber außer Honoraren trägt es Wandt zahlreiche Beleidigungsklagen, Schlägereien, Morddrohungen und den Hass der Reichswehr ein.

Am frühen Morgen des 26. Januar, Wandt liegt noch keine halbe Stunde im Bett, klopft es an die Tür seines Hotelzimmers. Wandt fragt unwirsch, ob denn der Teufel los sei. Die

Antwort lautet: »Der Teufel nicht, aber die Passpolizei. Machen Sie auf.« Wandt öffnet, und sechs mit gezückten Pistolen bewaffnete Beamte der Düsseldorfer politischen Polizei betreten das Zimmer. Minuten später wird Wandt zur Bahnhofspolizei transportiert, am nächsten Tag nach Elberfeld, das nicht besetzt ist, also freier Aktionsraum für die Vollstreckung deutscher Haftbefehle in politischen Verfahren. So beginnt die Entführung Heinrich Wandts. Am Abend des 2. Februar wird er ins Amtsgerichtsgefängnis in der Lindenstraße in Potsdam eingeliefert. Sein Prozess am 13. Dezember vor dem Reichsgericht in Leipzig wird als der »deutsche Dreyfuss-Prozess« in die Annalen der Weimarer Justiz eingehen.

Warum hätte Sinn für Tradition Heinrich Wandt vor diesem Schicksal womöglich bewahrt? Ein Urahn Wandts war einst von Werbern der preußischen Armee in Düsseldorf meuchlings überfallen und gefesselt ebenfalls nach Potsdam verschleppt worden. So wurde er als einer der »langen Kerle« in Potsdam in den Dienst des Königs von Preußen gezwungen. Das geschah am 26. Januar 1723, auf den Tag genau zweihundert Jahre vor der Verschleppung Heinrich Wandts. Der hat dem Jubiläum mit bangen Ahnungen entgegengesehen, sich aber dennoch arglos am Morgen des 26. Januar 1923 in seinem Hotelbett schlafen gelegt. Das ist sein Verhängnis. Preußische Traditionen lassen sich im Schlaf vergessen. Aber solange es Preußen gibt, vergehen seine Traditionen nicht.

Telegramm eines Korrespondenten im »Berliner Tageblatt«: Das Personal der Münchener Hotels hat den Hotelbesitzern mitgeteilt, es würde sofort in den Streik treten, wenn in den Hotels bis heute Abend noch Ausländer belgischer und französischer Herkunft sich befinden. Nachdem vergangene Nacht wiederum vor dem Hotel »Zu den vier Jahreszeiten«, wo sich die fremden Militärmissionen aufhalten, Kundgebungen einer riesigen Menschenmenge stattgefunden hatten, hat die Direktion des Hotels sämtliche Franzosen und Belgier einschließlich der Mitglieder der Ententekommission aufgefordert, bis heute Abend das Hotel zu verlassen.

Ludwig Christian Haeusser, vormals übel beleumdeter Sektfabrikant und Organisator illegaler Wettgeschäfte, seit einigen Jahren erfüllt von seiner Mission als Herrenmensch und geistiger Monarch, wird im Januar in die Nervenklinik Langenhagen eingewiesen. Vorangegangen, jedoch in eine andere Klinik, ist seine Verlobte Hedwig (Hetty) Irma Eva von Pohl, Tochter eines früheren kaiserlichen Admirals. Deren Mutter hat sie der Psychiatrie übergeben, um Hetty dem üblen Einfluss Haeussers zu entziehen.

Haeusser ist einer der vielen Inflationsheiligen, die seit einiger Zeit mit ihren Anhängern durch Deutschland ziehen, politisch-religiöse Sektierer, die die seelische Wiedergeburt beschwören, nachdem der verloren gegangene Krieg und die für viele enttäuschende Revolution an dieser Aufgabe gescheitert sind. Nun sollen in der Inflation religiöse Erneuerung, innere Umkehr und Wahrheitssuche die Leerstelle füllen. Die Nachfrage nach Sinngebung ist insbesondere im Kleinbürgertum erheblich. Haeusser ist nur einer von vielen umherschweifenden Wanderpredigern, aber er ist der prominenteste. Er ist eine Kraftnatur, was ihm an Bildung fehlt, macht er durch robuste Rhetorik wett – er beschimpft das Publikum: »Ich bin der Vollendete, und ihr seid Esel, Affen, Säue.« Zunächst hatte sich Haeusser ausschließlich als religiöser Führer verstanden, aber seit einiger Zeit hat er sein Portfolio erweitert und verkündet eine politische Mission. Er tritt auf als unerbittlicher Feind der Republik, und zumindest seine Sprache trieft von Blut: »Blut --- Blut --- Blut --- Blut soll fließen, Blut MUSS fließen, Blut WIRD fließen! In allen Rinnsteinen wie nach einem Wolkenbruch wird das BLUT sich anstauen! Denn wir haben bald Metzelsuppe! Ein Schlachtfest, bei dem Schweine in Menschengestalt abgeschlachtet werden, steht vor uns! Die Saat ist überreif! Tage trennen uns nur vom jüngsten Tag. Das Jüngste Gericht – das Reich Gottes – die Herrschaft des Geistes – die Diktatur der Wahrheit – ist NAHE herbeigekommen.«

In seinem Blutrausch verliert Haeusser sein politisches Ziel nicht aus den Augen – die Zertrümmerung der alten Ordnung, des »großen Scheißhauses«, und die sittliche Wiedergeburt des Menschen als Voraussetzung eines politischen Wiederaufstiegs Deutschlands. Haeusser hat vor einigen Wochen eine Partei gegründet, die Christlich-radikale Volkspartei, den Behörden sich vorsorglich als »Volkskaiser« und in einer Proklamation sein Programm vorgestellt: »1. Allgemeine Amnestie für alle Vergehen und Verbrechen ohne Ausnahme. 2. Alle Strafanstalten, Erziehungs- und Zwangsanstalten jeglicher Art, inkl. Irrenhäuser und Krankenhäuser, sind zu öffnen.« Solche Forderungen dürfen nicht mit der Unterstützung der Staatsmacht rechnen. Wer sie erhebt, sollte es sich zumindest nicht vollends mit den Behörden verscherzen. Aber Diplomatie ist von einem Erlöser nicht zu erwarten, schon gar nicht vom Volkskaiser Haeusser. Als die Oldenburger Behörden seine Versammlungen verbieten, höhnt er, das Verbot sei für ihn ein »Arschwisch«, dem Versuch der Polizei, angekündigte Versammlungen aufzuheben, würden er und seine Anhänger »mit rohester Gewalt« begegnen. Stattdessen findet er sich daraufhin in der Nervenklinik wieder, anschließend und für längere Zeit in der Strafanstalt Vechta.

Was der Volkskaiser nicht begriffen hat: Für eine wirksame Ansprache der Öffentlichkeit, zumal von missionierenden Inflationsheiligen, ist die vertrauensvolle Zusammenarbeit mit Behörden unerlässlich. Von einem Musterbeispiel gelungener

Kooperation in München berichtet am 28. Januar das liberale »Berliner Tageblatt« über den ersten Parteitag der NSDAP:

»Nachgiebigkeit der bayrischen Regierung – Die Versammlungen der Nationalsozialisten, von denen sechs genehmigt waren, die aber alle zwölf vor sich gingen, haben, soweit sich zur Stunde übersehen lässt, einen geordneten Verlauf genommen. Hitler selbst eilte im Auto von Versammlung zu Versammlung. Die Handhabung des Ausnahmezustands findet den Nationalsozialisten gegenüber nur mit größter Nachsicht statt. Dem Marsch in geschlossenen Zügen mit großen Hakenkreuzfahnen wurde polizeilicherseits nicht entgegengetreten. Auch für morgen ist der verbotene Straßenumzug nach der Fahnenweihe wieder freigegeben worden.«

Das Sechs-Tage-Rennen im Berliner Sportpalast mit 26 Radfahrern und 7 000 Besuchern ist sehr populär. Egon Erwin Kisch aber ist nur mäßig begeistert. Er erkennt vor allem Beine, »die auf die Pedale drücken, das linke Bein auf das linke Pedal, das rechte Bein auf das rechte Pedal«.

Vor allem die Kinder in Arbeiterfamilien sind Opfer des Katastrophenjahres. Entsprechend steigt auch die Kinder- und Jugendkriminalität. Insgesamt nimmt die Zahl der verurteilten Straftäter von 562 000 im Jahr 1913 auf 826 000 im Jahr 1923 zu.

Im Namen von zwölf Millionen Arbeitern appellieren die deutschen Gewerkschaften an den US-amerikanischen Kongress, sie in der Ruhrfrage gegen Frankreich zu unterstützen. Wegen Unbotmäßigkeit wird der Oberpräsident der Rheinprovinz von den Franzosen ausgewiesen, es folgen die Regierungspräsidenten von Wiesbaden und Düsseldorf, der Mainzer Oberbürgermeister und der hessische Landtagspräsident, der Oberbürgermeister von Oberhausen wird zu drei Jahren Gefängnis verurteilt. Bis Ende des Monats steigt die Zahl der ausgewiesenen Beamten auf mehr als eintausend. Französische Truppen besetzen in Baden Offenburg und Bühl. Reichspräsident Ebert besucht Karlsruhe und Mannheim und plädiert für den begonnenen passiven Widerstand, warnt aber vor dem Gedanken an ein militärisches Eingreifen gegen die Franzosen. Die Reichsregierung interveniert in Paris und Brüssel gegen den »systematischen Terror« an der Ruhr. Der Oberbefehlshaber der französischen Truppen erlässt ein Einreiseverbot für das Ruhrgebiet gegen alle deutschen Regierungsmitglieder. Die Rheinlandkommission – die oberste Behörde des besetzten Gebiets – entlässt das deutsche Zollpersonal. Der »Völkische Beobachter« mit Dietrich Eckart als Hauptschriftleiter wird zur Tageszeitung. Der Reichstag verabschiedet ein Gesetz gegen den Wucher. Die Reichsbank gibt erstmals Scheine im Wert von 50 000 Mark aus, die Tagesproduktion der deutschen Notenpresse soll im Lauf des Monats von 45 Milliarden Mark auf 75 Milliarden gesteigert werden. Der Kurswert des Dollar liegt bei 22 750 Mark. Ein Brot kostet 389 Mark.

Wilhelm Tell« im »Preußischen Staatstheater«. Adolf Stein, das Rumpelstilzchen, träumt von der Volkserhebung gegen die Franzosen. Wenn nur endlich die Massen von ihrem Verständigungswahn geheilt wären und kapierten, dass allein Gewalt entscheidet. Man sieht's doch im Tell. Aber das verstehen nicht nur die Massen nicht. Die Grüppchen alter Offiziere, die jetzt in Berlin und anderswo sich ihren »Stab« am Stammtisch zusammenstellen, Kriegsspiele auf dem grünen Tuch mit Gleichgesinnten veranstalten und dergleichen Allotria mehr, sind ebensolche Narren wie auf der anderen Seite der Zentrumspolitiker Joseph Wirth, der Sozialdemokrat Carl Wilhelm Severing und andere Verhandlungsphantasten, die Leopold Jeßner, jüdischer Generalintendant des republikanischen Staatstheaters, zur Aufführung eingeladen hat. Der ganze Tell, schreibt Stein, ist ein einziger Aufschrei gegen den tatenlosen Pazifismus unserer Zeit. Aber nicht in dieser Aufführung im republikanischen Theater, nicht für dieses Publikum. Er sieht, wie der Sozialdemokrat Scheidemann zum Rütli-Schwur den Finger hebt, wie er ihn schon vor der Annahme des Versailler Diktats gehoben hat, oder Präsident Friedrich Ebert, der mit sattem Behagen in der Nationalversammlung die schimmernde Wehr für alle Zeit verwarf, und jetzt im Staatstheater sitzt, in der früheren Königsloge zwischen seinen Novemberleuten und Parlamentariern, alle zusammengetrommelt auf Gratisbillett. Adolf Stein hört Stauffachers Ruf auf der Bühne: »Der alte Urstand der Natur kehrt wieder, / Wo Mensch dem Menschen gegenübersteht; / Zum letzten Mittel, wenn kein andres mehr / Verfangen will, ist ihm das Schwert gegeben.«

Nein, nicht das Schwert, denkt Stein verbittert, nur die Zunge, so predigen es die Herren Ebert, Scheidemann & Co. Aber das alles ist nur Mache und Zweck, um die Zügel in der Hand zu behalten, auf dem Bocke zu bleiben und im geeigneten Augenblick die nationalistisch durchgehenden Pferde an der Kandare zurückreißen zu können. Theater, nichts als Theater.

So klagt Stein im Februar als Rumpelstilzchen und Dutzende Zeitungen der Provinz drucken seine Worte. Aber auch die lauteste Klage wird auf Dauer langweilig und verhallt ungehört, wenn sich darein nicht gelegentlich behagliches Gelächter mischt. Stein schreibt für Familienzeitungen des Hugenberg-Konzerns, und Familien wollen unterhalten sein. Wer wüsste das besser als der 52 Jahre alte Major a. D., in dritter Ehe verheirateter Vater von fünf Kindern und einem Pflegesohn. Wieder sitzt er im Schauspielhaus, doch diesmal erlebt er ein Beispiel deutscher Ermannung. Etwas Alt-Gutdeutsches ist dort ausgegraben worden, dem endlich einmal die modernen Problemstücke und die undeutschen Sexualaffären weichen müssen.

Es ist Kleists »Käthchen von Heilbronn«, das wie ein holdseliges Wunder vor dem Publikum erblüht. Das Publikum: unsere mit allen Wassern gewaschenen, mit allen Salben geriebenen, mit allen Hunden gehetzten jungen Mädchen von 1923 im Parkett und in den Rängen. Sie schämen sich, nicht so zu sein wie die märchenhafte Unschuld da vorn auf der Bühne, und sie schämen sich nicht ihrer Tränen und ihres Jubels, ihres ganzen Miterlebens mit diesem Käthchen, der schönsten Blume der deutschen Romantik. Käthchens erdentrücktes Traumwandeln, ihre völlige Hingabe in dienender Demut, ihr kindlich unschuldvolles Stammeln ist von einer hinreißenden stillen Gewalt, von einem betörenden Liebreiz. Das Erstaunlichste aber ist, schreibt Stein, dass an dem Käthchen auf der Bühne äußerlich nichts typisch deutsch ist, gar nichts. Diese Heilbronner Schwertfegerstochter hat ja nicht einmal einen blonden Lockenkopf, sondern schlicht gescheiteltes dunkles Haar über der niedrigen Stirn, einen unschönen Mund, eine dürftige kleine Gestalt. Ein Dingelchen. Wirklich, ein Dingelchen. Mit anderen Worten: Lucie Mannheim, so heißt die Schauspielerin, ist zwar eine hässliche Jüdin, aber spielen kann sie.

Emil Jannings wird später Lucie Mannheims breiten Hintern loben. Er liebt breite Hintern wie Stein das unschuldvolle Stammeln und den betörenden Liebreiz blonder Mädchen. Aber das Faible des berühmten Jannings für die Anatomie Lucie Mannheims wird erst in einigen Jahren eine unbekannte Schauspiel-Elevin bemerken, als sie mit ihrer Kollegin um die weibliche Hauptrolle im Film »Der blaue Engel« konkurriert. Marlene Dietrich wird, trotz ihres schmaleren Hinterns, die Rolle der Lola bekommen und eine internationale Karriere beginnen.

Noch aber ist sie Statistin, zählt zum niederen Gesinde im Reich des Berliner Theaterkönigs Max Reinhardt, darf in einem Stück drei Sätze sagen, fährt dann mit der Untergrundbahn zum nächsten Kurzauftritt als Matrone mit zwei Sätzen und anschließend auf der dritten Bühne im dritten Akt ein paar Worte als verruchte Dirne. Immerhin ist es ihr vor ein paar Monaten gelungen, im Stummfilm-Vierteiler »Tragödie der Liebe« – die männliche Hauptrolle spielt Emil Jannings – eine kleine Rolle als »Gesicht in der Masse« zu bekommen. Der Regieassistent Rudolf Sieber hat Marlene Dietrich zur Steigerung der Verruchtheit empfohlen, ein Monokel zu tragen. Das gilt, schreibt Marlene Dietrich, als der Gipfel des Makabren. Also gibt ihr die Mutter das Monokel des verstorbenen Vaters. Die Verruchtheit der Tochter auf der Bühne akzeptiert die Mutter, wenn auch unter Protest, aber im wirklichen Leben unternimmt sie alles, um Marlene vor dem Verderben in der

Sünde zu bewahren. Das droht in der Gestalt Rudolf Siebers. Marlene Dietrich ist in ihn verliebt, »bis über beide Ohren«, schreibt sie. »Das ist der Mann, den ich heiraten will«, hat sie ihrer Mutter gesagt, die daraufhin jedes Rendezvous der beiden verhindert. Sie verbietet ihrer Tochter, Sieber außerhalb des Studios allein zu treffen, Begegnungen nie ohne Anstandsperson, unerbittlich, da helfen keine Anrufe, keine Einladungen zum Abendessen in einem Restaurant oder zum Spazierengehen. Mutter Dietrich bleibt stur. Die Tochter auch.

Alles ist in Bewegung, die Preise aber bewegen sich nicht – sie explodieren. Der Zweckverband der Groß-Berliner Bäckermeister gibt bekannt, dass die Preise für Mehl in den vergangenen zehn Tagen um 120 Prozent gestiegen sind. Ein Brot kostet 2200 Mark, eine Schrippe 90 Mark, Schnecken, Kaiserbrötchen, Hörnchen 100 Mark, ein Stück Blechkuchen 150 Mark, ein Pfund Zwieback 2000 Mark. Wie soll man da leben? Man soll ja auch nicht. Die Berliner Polizei teilt mit, acht Berliner hätten sich in den vergangenen Tagen in ihren Wohnungen mit Gasvergiftungen getötet. Der Grund für die Suizide war Angst vor dem Verhungern.

Diese Nachricht hat den alten Fritz Mauthner, Schriftsteller, Philosoph und seit ewigen Zeiten Mitarbeiter des »Berliner Tageblatts«, nicht mehr rechtzeitig erreicht. Die zweite Auflage seines »Wörterbuchs der Philosophie« erscheint mit dem Plädoyer, den Begriff Selbstmord durch Freitod zu ersetzen. Er sei geneigt, schreibt er, den neuen, nicht ganz einwandfrei gebildeten Ausdruck Freitod dem alten und an die Sprache des Strafrechts erinnernden Wort Selbstmord vorzuziehen. Freitod erinnert ihn, wie Freitreppe, Freistatt, an etwas, das ins Freie führt, das Freiheit gewährt. Die Frage, worin die Freiheit liegt, wenn an die Stelle des Hungertods das Vergasen im Ofen tritt, diskutiert Mauthner nicht.

Sechs-Tage-Rennen im Berliner Sportpalast. 7000 Menschen sehen 26 Radrennfahrern zu, die sich in Zweierschichten 144 Stunden lang im Kreis herumjagen. In den Logen die Reichen und Berühmten, die Champagner schlürfen – ein Glas 3000 Mark, eine Flasche 20 000 –, »nackte Damen in Abendtoilette, Verbrecher im Berufsanzug (Frack und Ballschuhe)«, auf den billigen Stehplätzen, dem »Heuboden«, die Arbeiter mit Buletten und einer Molle in der Hand. Egon Erwin Kisch natürlich mittenmang. Der Reporter sieht alles: Sechs Tage und Nächte 13 Paar Beine, die auf die Pedale drücken, das linke Bein auf das linke Pedal, das rechte Bein auf das rechte Pedal, 13 abwärts gebogene Rücken, 13 Köpfe, die ununterbrochen nicken, einmal nach rechts, einmal nach links, je nachdem welcher Fuß gerade tritt, den Sieger des todernsten, mörderischen Ringelspiels, der, dem Delirium tremens nahe, lallend vom Rad steigt. Kisch hört alles: die »hipp, hipp«-Rufe des tobenden Publikums, die Jazzbands der zwei Bars im Innenraum, die Durchsage des Sprechers durch das Megafon: »Herr Wilhelm Hahnke, Schönhauser Straße 139, soll nach Hause kommen. Seine Frau ist gestorben.« Nichts entgeht dem aufmerksamen Reporter. Nur die vier Pfiffe von Krücke.

Reinhold Habisch ist Krücke. Das ist sein Rufname, seit er als Jugendlicher auf rutschigem Boden unter eine Straßenbahn geraten ist und eine Gehhilfe benötigt. Er hatte von einer Radsportlerkarriere geträumt, einer der 26 in der »elliptischen Tretmühle« (Kisch), jetzt heizt er als Stimmungskanone vom Heuboden aus dem Publikum ein. In diesem Jahr wird zum ersten Mal der Walzer »Wiener Praterleben« von Siegfried Translateur gespielt, eine Komposition des damals 17-Jährigen aus dem Jahr 1892. Sie ist für die Sechs-Tage-und-Nächte-Hölle wie gemacht. Denn Translateur hat das Klatschen der Masse in sein Werk integriert. Als im Sportpalast das Orchester an die Stelle kommt, an der Translateur Klatschen befiehlt, beginnt Krücke laut zu pfeifen, vier Mal – und alle pfeifen mit. Das ist die Geburt des berühmten »Sportpalastwalzers«. Warum sie Kisch entgeht, dem nichts entgeht? Vermutlich hat sie für ihn keine Bedeutung. Ob der Walzer geklatscht oder gepfiffen wird – wen interessiert das schon außerhalb des Sportpalasts.

Der 15 Jahre alte Gymnasiast Sebastian Haffner, Sohn eines preußischen Oberregierungsrats, lebt seit einiger Zeit in einer anderen Welt. Die Armut zu Hause – sie ist nicht allzu bedrückend, das Dienstmädchen ist gar nicht fortzudenken – belastet ihn wenig, und der Reichtum seiner Freunde ist ihm egal. Viel aufregender ist die Welt der Bücher, von der er glaubt, sie habe den größeren Teil seines Wesens erobert. In dieser Welt wird jeder satt, ein Paradies der Lesefrüchte. Der Jugendliche verschlingt die »Buddenbrooks« und »Tonio Kröger«, »Niels Lyhne«, »Malte Laurids Brigge«, die Gedichte Verlaines und des frühen Rilke, Stefan George und Hofmannsthal, Flauberts »November«, Wildes »Dorian Gray« und Heinrich Manns »Flöten und Dolche«. Durch die leprösen, fieberhaften Straßen Berlins geht er mit der Haltung und dem Gefühl eines Mann'schen Patriziers und eines Wilde'schen Dandys. Es tut diesen Gefühlen keinen Abbruch, schreibt er, dass er am Morgen mit dem Dienstmädchen Schachteln Käse und Säcke Kartoffeln auf eine Karre gestapelt und vorsorglich das Monatsgehalt seines Vaters für unverderbliche Speisen ausgegeben hat. Tatsächlich lebt er in zwei Welten, hungern muss er weder in der einen noch in der anderen.

Geht Hans Ostwald durch die Straßen Berlins, ist ihm anders zumute. Er ist Experte für Hunger und Elend. Ostwald sucht die Dunkelheit. Nicht aus sinistrer Leidenschaft. Er ist als Forscher unterwegs, sein Spezialgebiet ist die Kultur von unten. Nicht das tanzende Deutschland in den Hotelhallen, in den

Dielen, Marmorsälen und Bars zeigt das wahre Bild des Landes und seiner Menschen, schreibt er. Ostwald erkennt es im frierenden Deutschland, in den Kindern und Frauen, die täglich nach Kohlen laufen müssen und oft mit leeren Händen heimkommen, im Land, das darbt und keine Butter zu Wucherpreisen kaufen kann.

Betrachtet Ostwald Kinder, denkt er an ihre schlechte Ernährung als Ursache von Knochenerweichungen. Sieht er ihr Schuhwerk, fällt ihm auf, dass fast alle mit schädlichen Holzsohlen herumklappern. Er hört von deutschen Kindern aus dem Ruhrgebiet, die – heruntergekommen, zerrissen und barfüßig – in Holland um Nahrung betteln und sich in den Wäldern vor der Polizei verstecken. Er liest, zahlreiche Kinder, auch im zartesten Alter, bekommen nie einen Tropfen Milch, gehen ohne warmes Frühstück, nur mit einer Scheibe trockenen Brotes zur Schule oder mit als Aufstrich gequetschten Kartoffeln; kein Fleisch, kein Fett; die Kinder erscheinen im Unterricht oft ohne Hemd und warme Kleidungsstücke; häufig schlafen drei bis vier Kinder oder zusammen mit Erwachsenen in einem unbezogenen Bett, selbst wenn die Eltern oder Geschwister lungenkrank sind – sofern ein Bett überhaupt vorhanden ist und die Kinder nicht auf dem schmutzigen Boden schlafen müssen. Entsprechend hat unter den Kindern die Achtung vor fremdem Eigentum rapide abgenommen. Schulpflichtige Burschen ziehen gewerbsmäßig auf Raub aus. Unter ihre Jacken hängen sie große Beutel, in denen sie die Beute verschwinden lassen. Sie stehlen in Lebensmittel-, Konfitüre- und Seifengeschäften. Auf Güterbahnhöfen lungern sie an Frachtwagen herum und stehlen Kohle aus den Waggons.

Mit anderen Worten: Die kriminellen Kinder und Jugendlichen nehmen sich die Erwachsenen zum Vorbild. Die Zahl verurteilter Straftäter steigt von 562 000 im Jahr 1913 in diesem Jahr auf

826 000. Vor allem die Eigentumsdelikte nehmen zu. 1913 wurden 115 000 Angeklagte wegen Diebstahls verurteilt, 1923 sind es 365 000. Die Zahl der Hehlereifälle versiebenfacht sich, sie wächst an auf 71 000. Die Zahl der wegen Mordes und Totschlags Verurteilten steigt von 323 auf 527. Im Jahr vor dem Krieg wurden 694 Angeklagte wegen Raubes und ähnlicher Verbrechen verurteilt, 1923 sind es fast doppelt so viele.

Wer einen anderen bestiehlt, ist ein Dieb. Wer stiehlt, weil er sich in seiner Not nicht anders zu helfen weiß, darf vom Gericht eine mildere Strafe erwarten. Aber ein zwölf Jahre altes Kind, das nichts zu essen hat, das sich ein Beispiel an Erwachsenen nimmt und von Äckern Kartoffeln und aus Lebensmittelläden Mittel zum Leben klaut, ist kein Dieb, sondern ein hungriges Kind. Dennoch muss es bisher mit seiner Verurteilung wegen Diebstahls rechnen. Am 16. Februar verlängert der Gesetzgeber immerhin die Kindheit um zwei Jahre. Die Strafmündigkeit wird von 12 auf 14 Jahre erhöht.

Rudolf Ditzen stiehlt keine Kartoffeln, er unterschlägt Geld zum Kauf von Benzin. Benzin ist Szenejargon, ein anderes Wort für Morphium. Es wird in Cafés, Weinlokalen und Bars gehandelt, Restbestände der Lazarette. Morphium erleichtert das Vergessen. Nach dem Krieg steigt die Zahl der Drogensüchtigen in Heilanstalten und Krankenhäusern auf das Vier- bis Achtfache. Der junge Ditzen ist seit Jahren morphium- und alkoholabhängig. Was der 29-Jährige zum Leben braucht, verdient er als Rechnungsführer auf landwirtschaftlichen Gütern, aber zum Sterben durch Morphium, Kokain, Alkohol und Nikotin reicht es nicht. Anfang 1919 hatte sich der von Depressionen geplagte Sohn eines pensionierten Reichsgerichtsrats mit Morphium das Leben nehmen wollen. Das Geld für den Kauf der Drogen hatte er ungefragt bei seiner dänischen Geliebten Anne Marie Seyerlen besorgt. In seinem, vor dem Suizidversuch geschriebenen, Testament hatte Ditzen die Unterschlagung von 1800 Mark gestanden, der Versuch war gescheitert. Auch das Verhältnis mit der neun Jahre älteren, verheirateten Anne Marie war zerbrochen, nicht an Rudolfs Selbstbedienung, sondern vor allem an seiner sexuellen Energie.

Immerhin aber hat ihm die kluge Frau entscheidend geholfen, zwar nicht aus dem Leben, aber aus der bürgerlichen Existenz Rudolf Ditzens zu verschwinden und als Kunstfigur Hans Fallada weiterzumachen. Unter diesem Pseudonym hat Ditzen 1919 seinen ersten Roman geschrieben, »Der junge Goedeschal«, einen Pubertätsroman, den Anne Marie und ihr Mann Egmont Seyerlen dem Verleger Ernst Rowohlt empfohlen hatten. Egmont, Nationalökonom, Kunsthistoriker und 1913 als Schriftsteller mit dem Pubertätsroman »Die schmerzliche Scham« über die »Geschichte eines Knaben um 1900« bekannt geworden, ist ein alter Bekannter Rowohlts: Er hat mit ihm und Rudolf Ditzens Bruder Uli während des Krieges zusammen in einem Regiment gedient.

»Der junge Goedeschal« war wirtschaftlich für den Verleger Rowohlt ein Misserfolg, aber für Rudolf die Geburt seiner Kunstfigur Hans Fallada. Für die Justiz bleibt er Rudolf Ditzen. Im Februar kommt er zu einem Besuch seiner Eltern nach Leipzig. Wie viele patriotisch gestimmte Deutsche hatte sein Vater, der ehemalige Reichsgerichtsrat, sein Geld in Kriegsanleihen angelegt. Das ist, wie der Rest seines Vermögens, durch die Inflation verloren. Rudolfs Bruder Uli, begabt, fleißig, der Liebling der Familie, war in den letzten Wochen des Krieges von einer Granate getötet worden. Soll Rudolf nun auch noch den Eltern beichten, dass er kriminell geworden ist? Ende Juni 1922 hatte er mal wieder eine Stelle als Rechnungsführer auf einem Gut in Niederschlesien gefunden, in Neu-Schönfeld bei

Bunzlau. Um das dringend benötigte Morphium kaufen zu können, hatte er eine Unterschlagung begangen und Getreide vom Gut auf dem Schwarzmarkt in Bunzlau verkauft. Die Tat war aufgeflogen, Rudolf Ditzen entlassen und angezeigt worden. Der Sohn des Reichsgerichtsrates a. D. Wilhelm Ditzen ein Krimineller? Rudolf verschweigt den Eltern den Fehltritt. Den Termin zur Verhandlung der Strafsache Ditzen hat das Amtsgericht Bunzlau für Juli festgesetzt.

Am 21. Februar erscheint in der deutschsprachigen Prager Tageszeitung »Bohemia« eine Notiz, die die Direktion des Neuen Deutschen Theaters an ihre Pflicht erinnert, der deutschen Kunst zu dienen. Der Autor des Artikels, der Theaterredakteur der »Bohemia«, Ludwig Winder, stellt fest, französische und andere deutschfeindliche Autoren hätten auf der Prager Bühne kein Heimatrecht, solange der deutschen Kunst nicht gegeben worden ist, was ihr gegeben werden muss. Vor allem, wenn es sich um Berliner oder Wiener Gastspiele handele, die ausschließlich der Sensation wegen angesetzt würden, schreibt Winder, sei die Direktion im Irrtum, wenn sie glaube, sich über das Empfinden des deutschen Volkes, dem das Theater gehört, hinwegsetzen zu können. Der Direktor teilt nach Veröffentlichung des Artikels mit, unüberwindliche politische Widerstände zwängen ihn zur Absetzung des Gastspiels »Die letzte Nacht«, das ist der Epilog des Monumentaldramas »Die letzten Tage der Menschheit« von Karl Kraus, dem Wiener Schriftsteller, Aphoristiker, Schauspieler und unversöhnlichen Kritiker des Hass- und Hetzjournalismus.

Zu den unüberwindlichen politischen Widerständen gehört die Drohung, im Falle einer Aufführung des »deutschfeindlichen« Stücks würden deutsche Studenten das Theater verwüsten. Im Drama lässt Kraus in mehr als 200 Szenen das Personal des Schreckens des Ersten Weltkriegs aufmarschieren – Herrscher und Offiziere, Heereslieferanten und, mit besonderer Hingabe, Kriegsberichterstatter –, ein gewaltiges Zeitpanorama, das nicht nur die Unmenschlichkeit des Krieges, mehr noch die seelische und sprachliche Verwahrlosung seiner Profiteure beleuchtet, eine Collage von Originalzitaten und ätzenden Kommentaren des Autors. In Wien und Brünn ist der Epilog in den vergangenen Wochen über die Bühnen gegangen, aber die Drohungen in Prag machen die Aufführung unmöglich. Vielleicht haben die Deutschnationalen erst jetzt die Bedeutung des letzten Satzes erkannt. Das Schlacht- ist Leichenfeld geworden, das Gespräch zwischen Gasmasken zum Ende gekommen, die Hyänen lagern auf den Toten »la fin du monde«, als letztes Wort die Stimme Gottes: »Ich habe es nicht gewollt.« Es ist ein Zitat von Wilhelm II.

Die Absage kostet das Neue Deutsche Theater 12 000 Kronen Konventionalstrafe. Karl Kraus spendet das Geld zu einem Teil für hungernde Kinder im böhmischen Erzgebirge, zum anderen Teil für die Brünner Kinderfürsorge. Erneut ein klarer Beleg seiner Deutschenfeindlichkeit.

Verstummte: die Toten und die Überlebenden. Millionen Tote liegen in den Gräbern, Millionen Überlebende, das Heer der Kriegsversehrten, die Blinden, Tauben und Gelähmten, die Amputierten, die Kriegszitterer, die Stotterer und die Gueules Cassées – Zehntausende Gesichtsversehrte – füllen die Städte, die Armenasyle und fünf Jahre nach Kriegsende auch noch immer Lazarette. Lebendig oder tot – verstummt sind sie alle. Im Februar erteilt die junge Wiener Schriftstellerin Maria Lazar einem Toten das Wort. Sie schreibt seit ein paar Wochen für die liberale Tageszeitung »Der Tag«. Über einen ihrer ersten Artikel setzt sie den Titel »Das Grab«. Die Gräber der Ermordeten, beginnt sie, liegen im Verborgenen. So komme es, dass man das Grab Georg Trakls erst jetzt, acht Jahre nach seinem Tod, finden konnte.

Aber das Grab auf dem Krakauer Friedhof Rakowicki war immer bekannt, vor allem Trakls Freund und Gönner Ludwig von Ficker hat es nicht vergessen. Der Medikamentenakzessist Trakl, eingesetzt an der Ostfront im galizischen Ort Grodek, hat sich am 3. oder 4. November 1914 mit Kokain getötet, weil er die Gräuel, die der expressionistische Dichter Trakl vorausgesehen hatte, nicht ertragen konnte. »Alle Straßen münden in schwarze Verwesung«, heißt es in »Grodek«, seinem letzten Gedicht. Als er sich selbst zum Schweigen brachte, war Trakl 27 Jahre alt, in literarischen Kreisen kein Unbekannter mehr, Karl Kraus druckte Gedichte Trakls in der »Fackel«, er war bekannt mit Else Lasker-Schüler und Oskar Kokoschka. Sein Tod war in der österreichischen Öffentlichkeit nicht unbemerkt geblieben, waren die Nachrufe auch zumeist kurz und eher nüchtern. Albert Ehrenstein hatte den jungen Lyriker als »Sänger der Verwesung« gewürdigt und resümiert: »In Salzburg geboren, in Krakau gestorben – dazwischen liegt das alte Österreich.«

Weder Trakl ist also vergessen noch sein Grab. Warum berichtet Maria Lazar dann von dessen Entdeckung? Offensichtlich hat sie einen Anlass für ihren kleinen Artikel gesucht. Sie erteilt Georg Trakl noch einmal das Wort, aber mit seinem von ihr zitierten Gedicht »An die Verstummten«, das Trakl ein Jahr vor seinem Tod geschrieben hat, bringt Lazar vor allem das Leid von Millionen zur Sprache: »Hure, die in eisigen Schauern ein totes Kindlein gebärt. / Rasend peitscht Gottes Zorn die Stirne des Besessenen / Purpurne Seuche, Hunger, der grüne Augen zerbricht. / O, das gräßliche Lachen des Golds. / Aber stille blutet in dunkler Höhle stummere Menschheit, / Fügt aus harten Metallen das erlösende Haupt.«

Lazars Einspruch gegen das Verstummen hat vielleicht auch mit einem persönlichen Erlebnis zu tun. Als die 20-Jährige vor drei Jahren ihren Debütroman »Die Vergiftung« veröffentlichte, witterte Thomas Mann einen »penetranten Weibsgeruch«, auf olfaktorische Beeinträchtigungen aus dieser Region reagiert er besonders empfindlich. Sein kaum verhohlener Wunsch, die junge Autorin möge das Publikum mit weiteren Proben ihrer Kunst verschonen und fürderhin die Klappe halten, erfüllt sich nicht. Maria Lazar wird weiterschreiben. An Verstummen ist ohnehin nicht gedacht. Demnächst wird sie ihr Ja-Wort geben: Friedrich Strindberg, dem nichtehelichen Sohn Frank Wedekinds und Stiefsohn August Strindbergs.

Wenn Wilhelm in Doorn noch Kaiser wäre, dürfte sich Herr von Keil in Berlin an diesem Tag im Februar erhoben fühlen. Er dient im Hausministerium, das das Vermögen Wilhelms verwaltet, vor allem den Grundbesitz; was nicht niet- und nagelfest ist, wurde schon vor Jahren nach Doorn transportiert, 59 Eisenbahnwaggons mit Möbeln, Gemälden, Porzellan und Preziosen. Herr von Keil ist Präsident der Hofkammer, also zuständig für die Verwaltung der Einkünfte Wilhelms, und sein Dienstherr ist mit seiner Arbeit offensichtlich sehr zufrieden. Deshalb hat Herr von Keil Post aus Doorn bekommen, eine direkte Order, mit der Wilhelm ihn überraschend zum Wirklichen Geheimen Rat mit dem Titel Exzellenz ernennt. Erfreut zeigt von Keil die Order den Kollegen. Doch deren Reaktion ist verhalten, ja, skeptisch, in jedem Fall ein wenig enttäuschend. Sie empfehlen ihm sogar, die Order in der Schublade verschwinden zu lassen und niemals Gebrauch davon zu machen. Er solle sich mit dem Gedanken begnügen, dass sich seine Kinder und Enkel dereinst darüber freuen dürfen, dass er noch Exzellenz geworden sei. Anderenfalls würde er Wilhelm damit keinen Dienst erweisen. Denn erführe die Presse, dass Wilhelm noch heute Exzellenzen und Geheime Räte ernenne, würde sie ihn für geisteskrank erklären.

Thomas Mann besteigt den »Zauberberg«, am Schreibtisch, Seite für Seite. Es ist eine Rückschau auf die untergegangene Welt vor dem Großen Krieg, ihr Protagonist Hans Castorp, ein »einfacher, junger Mensch«, der sieben Jahre im Davoser Lungensanatorium Berghof verbringt. Das Buch, nach den »Buddenbrooks« Manns zweiter großer Roman, wird, so viel können wir schon verraten, obwohl es erst im nächsten Jahr erscheint, ein Erfolg, nicht zuletzt dank der ebenso präzisen wie ironischen Milieustudien, die Thomas Mann der abgeschlossenen Welt der Lungenheilstätten widmet und ihrem Repräsentanten, Hofrat Behrens. Der leitende Arzt – ein knochiger Mann mit heraustretendem Genick, großen, vorquellenden und blutunterlaufenen blauen Augen, in denen Tränen schwimmen, und kurz geschnittenem Schnurrbärtchen – empfängt eines Tages Castorp und dessen tuberkulosekranken Vetter Joachim Ziemßen im Durchleuchtungslabor, einer Hexenküche der Moderne: »Entladungen knallten wie Schüsse. Es knatterte blau am Messapparat. Lange Blitze fuhren knisternd die Wand entlang. Irgendwo blickte ein rotes Licht, einem Auge gleich, still und drohend in den Raum, und eine Phiole in Joachims Rücken füllte sich grün. Dann beruhigte sich alles; die Lichterscheinungen verschwanden, und Joachim ließ seufzend den Atem aus. Es war geschehen.«

So finden die Röntgenstrahlen Eingang in die Weltliteratur, fast 28 Jahre nach ihrer Entdeckung durch Wilhelm Conrad Röntgen in seinem kleinen Würzburger Labor. Für seine bahnbrechende wissenschaftliche Arbeit – sie revolutioniert nicht nur die medizinische Diagnostik, sie ermöglicht auch die Entdeckung und Erforschung der Radioaktivität – hat Röntgen vor 22 Jahren den ersten Nobelpreis für Physik bekommen, dazu ein Preisgeld von 50 000 Kronen, das er der Universität Würzburg gespendet hat. Er hat sie auch in seinem Testament als Erbin eingesetzt. Aber als Röntgen am 10. Februar stirbt, ist das große Barvermögen, das er der Universität hinterlässt, fast vollständig entwertet.

Dann eben mit Fränze. Mit Marguerite ist es endgültig vorbei, ein unmöglicher Fall. Ihre Eifersuchtsszenen, die Marcellus Schiffer länger als ein Jahr verrückt gemacht haben, sind Geschichte, unwiderruflich, passé. Eingetreten ist genau das, was Marguerite in ihrer grundlosen Eifersucht auf Fränze Roloff immer befürchtet hat. Jetzt also viel mit der lieben Fränze, notiert Schiffer im Februar im Tagebuch. Sie hat im Dezember vor zwei Jahren in Dresden in der Uraufführung von Schiffers erstem expressionistischem Theaterstück »Angst« gespielt, aufgeführt zusammen mit Oscar Wildes »Salome«. Weder die »Salome« noch Schiffers Stück hatten die Kritik überzeugt: »Ein ebenso widerwärtiger wie sinnloser Sketch«.

Schiffer hat ein Jahr gebraucht, um sich vom Dresdner Desaster zu erholen. Künstlerisch geht es jetzt wieder bergauf, aber Fränze ist kein Ersatz für die verrückte Marguerite. Marcellus, der übrigens eigentlich Otto heißt, schenkt ihr nur wenige Zeilen, und die verheißen für die Zukunft Fränzes nichts Gutes: »Es liegt so im Menschen, sich zu ruinieren.« Aber das nur nebenbei, wie eigentlich alles nur nebenbei, notiert der melancholische Zyniker im Tagebuch, nur eben trotz alledem nicht Marguerite. Die französische *femme fragile* mit Kodderschnauze geht dem schlaksigen deutschen Herrn mit Monokel nicht aus dem Kopf. Alles ist vorbei, und alles beginnt wieder von vorn. Immer im Kreis herum. Es geht nicht mit- und nicht ohne einander. Otto und Marguerite – eine deutsch-französische Beziehung. Immerhin wird nicht geschossen.

Die französische Diseuse Margo Lion und der deutsche Chansontexter Marcellus Schiffer liefern in der »Wilden Bühne« den Hit der Saison: »Die Linie der Mode«.

Wenn die Bauern mit den Kartoffeln nicht in die Städte kommen, dann kommen die Städter aufs Land und plündern die Felder. Aus Berlin fahren jeden Tag Tausende »Kartoffelstoppler« mit den Zügen in die nähere Umgebung. Die Polizei ist machtlos.

Der Staatsgerichtshof in Leipzig bestätigt das Verbot der NSDAP in Preußen, Sachsen, Baden, Hamburg und Bremen. Bayern hingegen lehnt ein Verbot ab. In Sachsen erklärt sich die KPD zur Unterstützung einer sozialistischen Regierung bereit, mit knapper Mehrheit wird ein Sozialdemokrat zum Ministerpräsidenten gewählt. Ab Oktober werden dem Kabinett zwei kommunistische Minister angehören. Im besetzten Gebiet sind inzwischen 445 Zeitungen bis zu drei Monate verboten. Der Deutsche Eisenbahnerverband fordert zur Dienstverweigerung an der Ruhr auf, die Reichsregierung protestiert gegen die Zwangsverpflichtung der Eisenbahner im besetzten Gebiet. Eine Notverordnung des Reichspräsidenten droht Zuchthausstrafen für die Kooperation mit Franzosen und Belgiern an. Ebert bedankt sich bei Gewerkschaften und Arbeitgebern für die Unterstützung des passiven Widerstands. Im Ruhrgebiet sind bisher vom französischen Militär 142 Eisenbahner verhaftet und 73 ausgewiesen worden. Französische Truppen besetzen die großen Eisenbahnwerkstätten von Darmstadt und die Hafenanlagen in Mannheim und Karlsruhe. In den Essener Krupp-Werken erschießen französische Soldaten 13 Arbeiter, die gegen die Beschlagnahme von werkseigenen Pkw protestieren. Ein Sabotageakt unter Beteiligung des ehemaligen Freikorpskämpfers Albert Leo Schlageter unterbricht für einige Tage den Eisenbahnverkehr auf der Strecke Dortmund-Duisburg. In Frankfurt am Main veranstaltet die Kommunistische Partei Deutschlands eine internationale Kundgebung. Ein Brot kostet 463 Mark.

Selbst Roda Roda ist jetzt in New York. Er hat ein Ticket (125 Dollar) für die Überfahrt gekauft, acht Dollar Kopfsteuer entrichtet und zehn Dollar Visumsgebühr, hat den Geburtsschein, ein Leumunds- und ein Gesundheitszeugnis vorgelegt, abermals zwei ärztliche Untersuchungen über sich ergehen lassen und eine ausführliche Pass- und Zollformalität, ist dann doch noch eines Tages an Bord der »Yorck« in Bremerhaven zu den Klängen von »Deutschland über alles« abgedampft und hat nach zehn Tagen auf dem Atlantik bei ruhiger Luft in majestätischer Frühe die Freiheitsstatue gesehen. Alexander Roda Roda, der mit seinen humoristischen Erzählungen, Anekdoten, Novellen und Theaterstücken vor allem über die verblichene K.-u.-k.-Monarchie den Markt überschwemmt, von Tucholsky als »Wunder der Erzähltechnik« gefeiert, von Kraus wegen literarischer Überproduktion zum »Lieblingsfeind« erklärt, was macht ausgerechnet Roda Roda, die berühmte Pointenschleuder mit Monokel und roter Weste, in New York? Er erobert das deutschstämmige Publikum. Er gewinnt zahllose Freunde. Er wird mit Einladungen überschüttet. Roda Rodas köstliche Schnurren, die er so unnachahmlich drollig zu erzählen weiß, sind – so berichtet es der Korrespondent der österreichischen Tageszeitung »Der Tag« – ein voller Erfolg.

Aber da ist ja nicht nur Roda Roda und sein Reisegefährte, der Dramatiker Herbert Eulenburg, immer mehr deutsche Musiker, Sänger, Dirigenten, Regisseure und Schauspieler, auch

Sportler diverser Disziplinen besteigen ein Schiff von Deutschland nach Amerika und bieten für ein paar Dollar ihre Dienste an. Die erfolglosesten Valutaflüchtlinge, schreibt der Zeitungskorrespondent, sind die Boxer und Ringer, die zwar zur ergiebigen Dollarjagd herübergekommen sind, aber infolge schwacher sportlicher Leistungen leer ausgehen. Sie sind in allen Wettkämpfen besiegt worden, nicht einmal ehrenvoll, auch nicht der Gutsbesitzer Ernst Siegfried, der sich unter dem Namen »Die deutsche Eiche« eines schmeichelhaften Ruhms erfreut. Trotz seiner Niederlage hat er sich immerhin allgemeine Achtung erworben. Sein Bezwinger war der polnische Meisterschaftsringer Zyszko. Einige große deutsche Namen – nicht nur des Sports, vor allem der Künste – haben sich in die Teilnehmerlisten der Dollarjagd noch gar nicht eingetragen. Das holen Max Reinhardt, Tilla Durieux und Paul Cassirer aber alsbald nach.

Felix Salten ist passionierter Jäger. In seinem Revier im niederösterreichischen Stockerau zwischen den Auwäldern der Donau hat er schon so manchen Rehbock und nicht wenige Ricken erlegt, hier und da mag wohl auch ein Rehkitz Opfer der Jagdleidenschaft Saltens geworden sein. Vor einiger Zeit hat Salten beschlossen, seine einschlägigen Erfahrungen zu Papier zu bringen – er ist Journalist und Verfasser eingängiger, also beliebter Erzählungen (»Olga Frohgemuth«, »Wurstelprater«, »Die klingende Schelle«) –, und hat eine »Lebensgeschichte aus dem Wald« geschrieben. Es ist eine traurige Geschichte. Sie handelt von einem Rehkitz namens Bambi. Früh lernt es, dass das Leben in der Natur ein Leben voller Gefahren bedeutet, die bedrohlichste aller Gefahren ist der Mensch, der Jäger, der keinen Namen hat – die Tiere nennen ihn »Er«, die absolute Macht, der Herr über Leben und Tod. Ein unvorsichtiger Rehbock, der das nicht begreift, wird von ihm erschossen, auch

Bambis Mutter geht bei einer Treibjagd vor die Hunde. Armes Bambi. Aber seine Klugheit, seine Vorsicht und sein Respekt bewahren es vor einem frühen Tod, davor bewahren es nicht Gnade und Vergebung der Natur. Denn die Natur verzeiht keine Fehler. Das ist eine berührende Geschichte, die Anfang März 1923 erscheint, aber ein Rührstück ist sie nicht. Das wird sie erst 1942 als fünfter abendfüllender Zeichentrickfilm des Walt-Disney-Studios (die Brüder Walter und Roy Disney gründen sie in ein paar Monaten, im Oktober dieses Jahres in Burbank, Kalifornien). Effekt ist Wirkung ohne Ursache. Mit Effekten kennt Disney sich aus: Der Film wird zu Tränen rührende Bilder der vom Jäger hingestreckten Tiere zeigen, aber den Jäger – die Ursache der Rührung – zeigt er nicht. Seine Verkitschung macht Bambi weltberühmt.

Jeder Deutsche hat das Recht, nach Amerika zu reisen. Doch sollten die Motive stimmen. Das hatte Maximilian Harden offensichtlich nicht verstanden und für den Sommer 1921 eine Vortragstournee durch die Vereinigten Staaten angekündigt. Aber dann war der berühmte Publizist erkrankt, der Arzt hatte dem fast 60-Jährigen die anstrengende Tournee verboten, in großer Aufmachung hatte die Presse über die Absage der Reise berichtet. Vielleicht war die Aufmachung doch nicht groß genug. Jedenfalls behaupteten vor Gericht die Attentäter, die Harden ein Jahr später, am 3. Juli 1922, in der Nähe seines Wohnhauses in Berlin-Grunewald zu ermorden versuchten, von der Aufgabe der Reisepläne nichts gewusst zu haben. Was sie aber wussten: Harden habe in den USA einen Propagandafeldzug gegen Deutschland geplant.

Tatsächlich wirbt Harden seit Ende des Krieges für ein vereintes Europa, zwar nicht für die Weimarer Republik – er kritisiert sie scharf –, aber für Demokratie und Rechtsstaat. Das war für die Auftraggeberin der Mordaktion, die antidemokratische und antisemitische Organisation Consul, Grund genug, ein paar tüchtige Männer zu beauftragen, dem Vaterland einen Dienst zu erweisen, also den Juden Harden zu ermorden. Ebenso wie die nationalistische Terrorgruppe hatte sich auch das Gericht unter dem Vorsitz von Landgerichtsdirektor Rippner vor allem für die Motive der USA-Reise Hardens interessiert. Fragen des Gerichts an Maximilian Harden, notiert von Eugeni Xammar, dem katalanischen Deutschland-Korrespondenten: Was hatte Harden in den Vereinigten Staaten geplant? Wer hatte ihn eingeladen? Wie viel Geld sollte er für seine Vorträge erhalten? Warum hatte er seine Reisepläne aufgegeben? Am Ende hatte Xammar nicht mehr gewusst, wer in dem Verfahren der Angeklagte war: die Täter, die vor Lachen kaum an sich halten konnten, oder der noch immer von dem Mordanschlag geschwächte Harden.

Immerhin hatte das Gericht am Ende nicht Harden verurteilt, aber auch nicht die Täter wegen versuchten Mordes oder Totschlags, sondern wegen »Beihilfe zur gefährlichen Körperverletzung«. Und Tucholsky, der die drei Verhandlungstage in Moabit verfolgt hatte, war wieder einmal vom Zorn auf die deutschen Richter gepackt worden: »Die Broschüre: ›Wie werde ich in acht Tagen ein perfekter nationaler Mörder?‹ sollte nicht auf sich warten lassen. Alles steht von vornherein fest: Anstiftung durch unbekannte Geldgeber, die Tat (stets von hinten), schludrige Untersuchung, faule Ausreden, ein paar Phrasen, jämmerliches Kneifertum, milde Strafen, Strafaufschub, Vergünstigungen – ›Weitermachen!‹« Harden und die Staatsanwaltschaft hatten gegen das Urteil Revision eingelegt. Sie wird vom 2. Strafsenat des Reichsgerichts im März kostenpflichtig verworfen. Tucholsky verliert kein Wort mehr darüber.

Es ist vorbei. Kurt Tucholsky will nicht mehr. Nach dem Attentat auf Harden hat er Anrufe und Briefe bekommen, in denen er als »dämlicher Judenlümmel«, »Gift speiender Jude«, »Vaterlandsverräter«, »französischer Lump«, »verdammter Bolschewik« bepöbelt wurde und bedroht: »Du dreckiger Judenjunge ... Pass mal auf, wenn du mal aus deiner Redaktion ... kommst u. an nichts denkst, dann kriegst du eine gewischt, dass dir Hören und Sehen vergeht.« Unterschrift: »Nebbich«. Siegfried Jacobsohn, der Herausgeber der »Weltbühne«, hat seinem Autor sarkastisch zu bedenken gegeben: »Wer kommt nach Ihnen ran, wenn Sie nach Harden rankommen?«

Aber es ist nicht nur der Fall Harden, der Tucholsky das Leben in der »zufälligen Republik« verleidet. Er ekelt sich vor Deutschland und vor der Politik, und die Inflation lässt seine Stimmung auch nicht steigen. Von den Honoraren, die die »Weltbühne« ihrem Autor zahlt, kann er kaum leben. Er verdient mit Arbeiten an den Nelson-Revuen und für die »Wilde Bühne« Trude Hesterbergs hinzu. Vor einigen Monaten hat er Harden gestanden, »Ekel an Atmosphäre und Wesen dieses Journalismus« treibe ihn aus dem Beruf, nicht einmal mehr die »Weltbühne« mache ihm Spaß, er könne nicht mehr atmen. Mit anderen Worten: Kurt Tucholsky ist in einer Sinn- und Lebenskrise. Er hat die Nase voll, keine Lust mehr, nicht auf das Schreiben, nicht auf das Leben. Schon im vergangenen Herbst hat er sich auf seinen »Dr. jur.« besonnen, einen Job in der Wirtschaft gesucht, hat sich umgehört und bei der Mitteleuropäischen Schlaf- und Speisewagen A. G. »Mitropa« angefragt. Dann hatte ihm Maximilian Harden einen Tipp gegeben. Und jetzt findet statt, was Tucholsky in der »Weltbühne« vorausahnend satirisch bedichtet hat – seine Beerdigung, zumindest als Schriftsteller: »Ich schweige tief. – Und bin mich endlich los.« Anfang März tritt Dr. jur. Kurt Tucholsky als Volontär in das Berliner Bankhaus Bett, Simon & Co. ein. Sein Gehalt wird täglich der Inflation angepasst.

Not macht erfinderisch, je größer die Not, desto größer der Erfindergeist. Die Not in Deutschland ist so groß, dass am 10. März ein neuer Beruf erfunden wird, der jahrhundertelang kaum denkbar war. An der Landwirtschaftlichen Hochschule Hohenheim bei Stuttgart wird Margarete von Wrangell zum ersten weiblichen ordentlichen Professor in Deutschland ernannt – nicht zur Professorin, das braucht noch Zeit – und erhält den Lehrstuhl für Pflanzenernährung.

Das ist kein Erfolg der Emanzipationsbewegung – Wrangell selbst, deutsch-baltischer Uradel, hält nichts davon –, sondern Konsequenz der Lage, in der sich die Republik befindet. Die 46 Jahre alte Margarete von Wrangell ist Agrikulturchemikerin, Spezialgebiet Phosphatdüngung. Deutschland ist in seiner Düngerproduktion auf den teuren Import von Rohphosphor angewiesen. Die Inflation aber macht den Import von Phosphorsäure fast unbezahlbar, ebenso wie den von Kunstdünger und Nahrungsmitteln.

Auch in deutschen Böden sind durchaus Phosphate enthalten, allerdings in einer Form, die für Pflanzen schwer aufzunehmen ist. Wrangells Experimente zielen darauf, die Pflanzen so zu stimulieren, dass sie auch diesen Phosphor verwerten. Ein vielversprechender Ansatz, der natürlich das Interesse der Düngemittel-Industrie auf sich zieht. Schon vor drei Jahren hat Wrangell sich über »Die Gesetzmäßigkeiten der Phosphorsäureernährung von Pflanzen« in Hohenheim habilitiert, sie ist also Expertin. Ihr Netzwerk sorgt dafür, dass das Reichsernährungsministerium 75 Millionen Mark aus den Spenden der Düngemittel-Industrie zur Verfügung stellt. In Hohenheim soll damit ein Institut für Pflanzenernährung mit Laboratorien und Versuchsfeldern unter Leitung Wrangells finanziert werden. Das württembergische Kultusministerium verspricht, für die laufenden Institutskosten und das Gehalt des weiblichen Professors aufzukommen.

Dass ihre Forschungsarbeiten von nationalem Interesse sind, liegt auf der Hand. Sie wird also in Deutschland schnell bekannt und damit Ziel der »Intrigen meiner Gegner« in Hohenheim. Sie werfen ihr vor, die Professur und die Leitung des Instituts nur mithilfe der Industrie erlangt zu haben – was stimmt, ohne die Forschung Wrangells gäbe es aber auch kein Institut –, ihr wird vorgeworfen, sie habe abgeschrieben, »getäuscht« und »gelogen« – was offensichtlich falsch ist –, und ihr wird vorgeworfen, als Frau sei sie nicht in der Lage, das Institut zu führen. Das ist kein Vorwurf, sondern die Hoffnung der Kritiker. Der württembergische Staatspräsident beruft – nach einer Beschwerde Wrangells – aus Angst, das Land könne das geplante Vorzeigeinstitut verlieren, die Wissenschaftlerin an den Gremien vorbei zum ordentlichen Professor sowie zur Institutsleiterin. Rückwirkend zum 1. Januar.

Am 11. März stirbt Frau Senator Mann, vor 71 Jahren als Julia da Silva-Bruhns in der Villa Boa Vista in der brasilianischen Ortschaft Paraty inmitten Papageien und Affen geboren, im »Gasthaus zur Post«, einem schlecht beheizten Gasthof in Weßling westlich von München. Die Witwe des Lübecker Senators und Kaufmanns Thomas Johann Heinrich Mann und Mutter der berühmten Schriftsteller Heinrich und Thomas Mann war an einer fiebrigen Bronchitis erkrankt, eine schwere Lungenentzündung war hinzugekommen. Ihr Nachlass: »Zwei Tassen mit Bauernmuster nebst Zuckerdose, 1 Spirituskocher mit 2 Kochtöpfen, 1 Handspiegel, 2 Haarbürsten, 2 Brennscheren nebst Brennapparat, ein Holzkasten mit Inhalt, Nähutensilien und ein deutsch-französisches Lexikon für Übersetzungsarbeit, Pfauenfeder.«

Pfauenfedern hatten einst ihren Lübecker Salon geschmückt. Mit einem Pfau als Attribut war sie gemalt worden, die junge Frau Senator Mann, Tochter eines deutschen Plantagenbesitzers und einer Brasilianerin, vom Vater nach dem Tod der Mutter als Kind nach Lübeck geschickt, eine Exotin, spielte Klavier, sang, malte, schrieb Gedichte und vergaß nie die leuchtenden Farben des brasilianischen Urwalds. Nach dem Tod des Senators war sie nach München gezogen, dann nach Polling, schließlich in den Gasthof in Weßling. Sie verarmte. Der Nachlass ihres Mannes – die Schlussüberweisung betrug 248 844,85 Mark – war nichts mehr wert, vernichtet von der Inflation. Allein für einen abendlichen Vortrag bekommt Thomas Mann 50 000 Mark.

Julia Mann war nicht mehr willkommen. Solange sie ihre in München lebenden Kinder und Enkel benötigt hatten, standen ihr die Türen offen. Das war vorbei. Sie wurde kränklich. Sie störte. Katia, Thomas Manns Frau, hatte die Rekonvaleszentin zu Weihnachten vergangenen Jahres aus der Villa in der Poschingerstraße hinauskomplimentiert, nicht eben vor die Tür gesetzt, aber auch nicht aufgefordert zu bleiben. Milch ist teuer, Katia benötigte sie für die Kinder. Golo Mann, das dritte Kind von Katia und Thomas, vermutet, seine Großmutter sei durch Hunger und schlechte Ernährung erkrankt. Sie fühlte sich verlassen, wechselte häufig den Wohnsitz, ohne Ruhe zu finden. Sie nannte es »schöne Ungebundenheit«, aber das traf es nicht. Ihr Leben endete so einsam, wie es für das Kind in Lübeck begonnen hatte. Unmittelbar vor dem Tod ist sie in die Heimat ihrer Kindheit zurückgekehrt. Ihr jüngster Sohn Viktor berichtet, seine Mutter habe immer rasch und in reinem Hochdeutsch mit leicht lübeckschem Tonfall gesprochen. Doch nun, als es ans Sterben ging, schreibt er, war der Klang von »drüben«, vom bunten Sonnenland, wieder da.

Kurz vor der Beerdigung auf dem Münchner Waldfriedhof wird Enkelin Erika angewiesen, eine Decke zur Aufbahrung der Großmutter zu besorgen. Denn der Wirt vom »Gasthaus zur Post« weigert sich, seine für die tote Frau Senatorin Mann herauszugeben.

Für Major a. D. Adolf Stein das Ereignis der Woche: Oberleutnant a. D. Gerhard Roßbach wird am 23. März verhaftet. Gerhard Roßbach? Jener Roßbach, dessen ganzes Leben und Wirken, mag er dabei vielleicht auch nach heute gültiger Ansicht in die Irre gehen, ein einziges Hohelied auf das Vaterland ist, verhaftet und eingesperrt? Jener Roßbach, der sich nichts hat zuschulden kommen lassen, in eine schmutzstarrende Verbrecherzelle geworfen und schon am zweiten Tag völlig verlaust? Hugenbergs Rumpelstilzchen kann es nicht glauben. Wie ist Oberleutnant a. D. Roßbach nur in die Fänge der politischen Polizei, nachnovemberlicher, also republik- und demokratiefreundlicher Beamter geraten?

Im Weltkrieg hatte er als Zugführer einer Maschinengewehr-Kompanie gedient, danach ein Lehrkommando übernommen. Dem Befehl der Republik, das Kommando aufzulösen, hatte er sich widersetzt und die Freiwillige Sturmabteilung Roßbach mit Infanterie, Kavallerie, Artillerie, Pionieren und Radfahrern gegründet. Wer sonst hätte in Westpreußen die Grenze zu Polen sichern sollen? Hätte sich Roßbach nicht dem Haftbefehl wegen Meuterei und Gehorsamsverweigerung entzogen und nicht mit seiner 1200 Mann starken Sturmabteilung den Grenzübertritt nach Lettland unter Gewaltandrohung erzwungen – wer hätte mutig den Kampf gegen die Letten aufgenommen? Immer hat Gerhard Roßbach unüberhörbar das Hohelied aufs Vaterland gesungen.

Als im März 1920 der Kapp-Putsch die Regierung in Berlin beseitigen und durch eine Diktatur ersetzen sollte, hatte Roßbach Seite an Seite mit der Brigade Ehrhardt sich in den Dienst der putschenden Generäle gestellt. Warum auch nicht, er war seit Langem darauf vorbereitet. Seine Sturmabteilung unterhielt eine Hauptgeschäftsstelle in Berlin-Wannsee und eine Nebenstelle in Schöneberg in der Kanzlei eines Rechtsanwalts, alles finanziert von ostelbischen Großgrundbesitzern. Einige Tage vor dem Putsch hatte Roßbach den vornehmen »Tiergarten-Club« in der Hohenzollernstraße 18 in Berlin-Tiergarten erworben. Als die Putschisten um General Walther von Lüttwitz und Erich Ludendorff losschlugen, hatte Roßbach den Club im Handumdrehen in das Hauptquartier seines Regiments verwandelt: Neben der schwarz-weiß-roten Fahne wehte auf dem Dach eine lange weiße Fahne mit dem großen schwarzen R des Regiments. Roßbach trug plötzlich Uniform wie auch die Geschäftsführer, Oberkellner und Kellner des Clubs, bewaffnet mit Degen, Handgranaten und mit Maschinengewehren in den Fenstern.

Ein Anruf des Generals Paul von Lettow-Vorbeck – unvergessener Kämpfer in Deutsch-Ostafrika, dem es gelungen war, den Kampf gegen die Briten über das Ende des Ersten Weltkriegs hinaus unter tapferstem Einsatz des Lebens seiner afrikanischen Soldaten einige Tage fortzusetzen – hatte Roßbach nach Mecklenburg befohlen, wo Lettow-Vorbeck damit beschäftigt war, Arbeiter niederschießen zu lassen, die sich dem Putsch gegen die Republik widersetzten, und die erprobte Feuerkraft des Freikorps benötigte. Zwar war der Putsch gescheitert, aber ohne Rast und Ruh war Roßbachs Regiment in den nächsten Kampf gezogen.

Nun ging es an die Ruhr. Dort hatte sich der Generalstreik gegen den Kapp-Putsch zu einem Aufstand der Arbeiter entwickelt, den die Reichsregierung nur mithilfe der Freikorps glaubte niederwerfen zu können. Wie viele Morde das Regiment Roßbach bei dieser Gelegenheit begangen hat, ist nicht bekannt. Nach diesem Einsatz war das Freikorps offiziell aufgelöst worden, doch waren die Roßbacher in Form ländlicher »Arbeitsgemeinschaften« zusammengeblieben, die auf Gütern vor allem in Mecklenburg und Pommern untergebracht wurden. Das hatte sich als vorausschauend erwiesen.

Zu Beginn des Jahres 1921 hatte sich die Auseinandersetzung zwischen Deutschland und Polen um die Aufteilung Oberschlesiens zugespitzt, und – siehe da – die Freikorps waren sofort wieder zur Stelle, kampfbereit wie eh und je, als seien sie nie aufgelöst worden. Sie bekämpften nicht nur den polnischen Feind, sondern auch den Feind in den eigenen Reihen. Es ist nicht klar, ob Hunderte oder Tausende Mitglieder der Freikorps nach dem Grundsatz »Verräter verfallen der Feme« getötet wurden. Die Femejustiz hat sich in Oberschlesien jedenfalls derart bewährt, dass die Freikorps sich ihrer noch immer in der gesamten Republik bedienen. Besonders hervorgetan hat sich auf diesem Gebiet der Rechtspflege die sogenannte deutsche Spezialpolizei (»Organisation Heinz«) unter dem Kommando des 22-jährigen Oskar Hauenstein, dem sich unter anderem ein gewisser aus dem Baltikum stammender Albert Leo Schlageter angeschlossen hat.

Mit Hauenstein ist Roßbach im vergangenen August zu Adolf Hitler nach München gefahren und hat von ihm das Mandat zur Gründung von NSDAP-Ortsgruppen in Norddeutschland erhalten. Das erweist sich als recht kompliziert. Denn anders als Bayern, dessen rechtsgerichtete Regierungen einen republikfeindlichen Kurs gegen das rote Berlin pflegen, geht die preußische Regierung gegen Rechtsextremisten vor. Am 15. November vergangenen Jahres hat sie in ganz Preußen die NSDAP verboten – vier Tage vor der von Roßbach geplanten Gründung einer Berliner Ortsgruppe. Roßbach war ausgewichen und hatte sich im Februar dieses Jahres der Deutschvölkischen Freiheitspartei angeschlossen. Aber auch damit geben sich die preußischen Behörden nicht zufrieden. Am 23. März wird die Partei verboten, Gerhard Roßbach zusammen mit anderen Führern der Partei verhaftet und ein

Verfahren wegen Hochverrats und Bildung militärischer Banden eingeleitet.

Major a. D. Adolf Stein, alias Rumpelstilzchen, verzichtet in der Familienzeitung auf die Beschreibung dieser biographischen Details. Er interessiert sich nicht für den Verbrecher Roßbach, er beklagt die hygienischen Bedingungen der Gefängniszelle, in der der Oberleutnant a. D. Roßbach zu leben gezwungen ist. Der Häftling selbst trägt es mit Fassung. Er befinde sich, sagt er keineswegs ironisch, in guter Gesellschaft. Denn auch Kapitän Hermann Ehrhardt, dessen Brigade seit drei Jahren als Geheimorganisation Consul mit politischen Morden die Republik in Angst und Schrecken versetzt, ist soeben in das Leipziger Untersuchungsgefängnis eingerückt.

Auf freiem Fuß befindet sich hingegen Schlageter, der Mann von Hauensteins »Organisation Heinz«. Er wird demnächst von sich reden machen.

Die berühmteste Frau der Welt ist tot. Die französische Schauspielerin Sarah Bernhardt stirbt in Paris am 26. März mit 78 Jahren. Mag auch ihr Ruhm mit der Zeit an Glanz verloren haben, ganz verblasst ist er nicht. Die deutschsprachige Presse gewährt ihr ausführliche Nachrufe. Der Name Bernhardts ist im letzten Viertel des 19. Jahrhunderts so weit gedrungen, wie die menschliche Stimme dringt, schreibt das »Prager Tagblatt«, höchstens Bismarcks Ruhm ist noch so weit in die Tropen und in die Polargegenden gekommen. Ehre, wem Ehre gebührt – kein Nekrolog vergisst, ihre makellos gepflegte Stimme zu rühmen, die Wirkungskraft ihrer Rede, ihren eisernen Willen, ihren glühenden Fleiß, die Meisterschaft des Könnens.

Doch mag sie auch die berühmteste Schauspielerin der Welt gewesen sein, die größte, die beste war sie – zum tiefsten Bedauern der deutschsprachigen Presse – nicht. Denn zu wahrer

Größe hat der Französin Entscheidendes gefehlt: Sie war keine Deutsche. Zwar hat sie auf ihren Gastspielreisen überall die größten Erfolge erzielt, in den USA, in Russland, Italien, Griechenland, Ungarn, der Schweiz, Dänemark, Brasilien, Belgien oder den Niederlanden. Englands Königin und der russische Zar zählten zu ihren Bewunderern. Sogar die Berliner haben die Preußenhasserin, die nach 1870/71 geschworen hatte, niemals ihren Fuß auf preußischen Boden zu setzen, und dann doch gekommen war, seinerzeit mit Achtung und Verständnis begrüßt, obwohl ihre Kunst schon im Niedergang war, wie das »Berliner Tageblatt« bemerkt.

Doch die größte Schauspielerin konnte sie nicht sein, zumindest nicht für den unbefangenen Deutschen, der, wie die »Berliner Börsenzeitung« bedauert, niemals warm geworden ist mit der »göttlichen Sarah« und ihrer Bühnenkunst: »Es war ein Spiel, ein geistreiches, kluges, blendendes, ja vollendetes Spiel – aber, ach, ein Schauspiel nur! Jene tiefere Vereinigung von Natur und Kunst, von Persönlichkeit und Technik, nach der es den Deutschen verlangt, war dieser typischen Vertreterin der französischen Schauspielkunst nicht gegeben.«

Auf einem Gebiet aber war Sarah Bernhardt unerreicht. Die deutschen Zeitungen rühmen es neidlos: Zur populärsten Schauspielerin ist Sarah Bernhardt nur geworden, weil ihre Reklame unschlagbar war. Ihre berühmten Reklametricks: Unzählige Male ließ sie sich ihren Schmuck aus dem Hotelzimmer stehlen, sie machte »gefährliche Reisen im Luftballon«, schlief in einem mitgeführten Sarg, empfing Gäste in Gegenwart eines gezähmten Löwen, schmückte ihren Hut mit einer ausgestopften Fledermaus, auf ihren Gastspielreisen bekam sie immer wieder einen Blutsturz, trat doch noch auf im letzten Augenblick und hustete sich durch die fünf Akte ihrer Lieblingsrolle, der »Kameliendame«.

Phantastische Selbstvermarktung also, undeutsch, aber erfolgreich. Was hat das mit Kunst zu tun? Eben! Was wird also bleiben vom Ruhm Sarah Bernhardts und ihrer von Reklame getriebenen französischen Schauspielkunst? Sogar das liberale »Berliner Tageblatt« schreibt hämisch: »Ein Häuflein Asche.« Vielleicht doch ein wenig mehr. Der Trauerzug, mit dem sich die Pariser von der Diva verabschieden, ist der größte seit der Beisetzung Victor Hugos. 200 000 Menschen ziehen am mit Satin ausgeschlagenen Rosenholzsarg vorbei, etwas zu viel für einen postmortalen Reklamegag.

Am selben Tag wie Sarah Bernhardt stirbt Nora Gräfin Kinsky, die 34 Jahre alte Nichte Bertha von Suttners, in Witkowitz. Ihr Tod wird in der Öffentlichkeit eher beiläufig zur Kenntnis genommen. Ein paar Nachrufe hier und da, immerhin. Auch sie ist viel gereist, in 16 russische Kriegsgefangenenlager und 15 Arbeitscamps, traf Heimito von Doderer, Roland Freisler, Josip Broz Tito, alle in Lagerkluft, das brachte ihre Arbeit als Krankenschwester in den Lazaretten mit sich – auch sie hat sich in der Welt, in der sie lebte, unter österreichischen und deutschen Kriegsgefangenen und verwundeten russischen Soldaten, als Rote-Kreuz-Schwester einen Namen gemacht.

In der Welt, aus der sie kam, altösterreichischer Hochadel, sechstes von neun Kindern des Oktavian Zdenko Graf Kinsky und seiner Frau Georgine Ernestine Festetics von Tolna, war sie aufgewachsen unter den strengen, doch gütigen Blicken der französisch sprechenden italienischen Anstandsdame, verwitwete Donna Corsini, und unter dem Ölgemälde des Feldmarschalls Josef Poniatowski – Sohn einer Kinsky –, während der Völkerschlacht von Leipzig von Napoleon zum Marschall von Frankreich ernannt; bestimmt wäre er König von Polen geworden, wäre er nicht nach der Schlacht auf dem Rückzug ertrunken. Das war die Welt der Comtesse Nora, die Welt der Schlösser, der edelsten Pferde, der bedeutendsten Kunstsammlungen, der jahrhundertealten Familiengeschichten.

Als der Untergang ihrer Welt begann, sich die Festsäle leerten und die Lazarette sich füllten, hatte sie in einem leer stehenden Schloss ihres Vaters ein Lazarett gegründet, hatte sich zur Krankenschwester ausbilden lassen, hatte den vier Sprachen, die sie seit ihrer Kindheit beherrschte, vier weitere hinzugefügt – darunter Russisch und Türkisch – und war mit anderen Rote-Kreuz-Schwestern in den Krieg im Osten gezogen. So war sie ihrer Welt abhandengekommen. Sie war der Meinung, noch vor der Pflicht, auf dem Schlachtfeld zu sterben, habe jeder Mensch das Recht auf Leben – betreut als Verwundeter von Ärzten und Schwestern, als Gefangener geschützt vom Recht vor Hunger, Folter und Willkür. Als alle anderen zurückgekehrt waren in die untergehende Heimat, war sie geblieben, bis das zaristische Russland in der Revolution versank. Im letzten Augenblick hatte sie im Sommer 1918 – nach dramatischer Flucht – das im Chaos ausgelöschte Zarenreich verlassen und war auf das sinkende Schiff der Habsburger Monarchie gesprungen. Sie stirbt bei der Geburt ihres zweiten Kindes, das ebenfalls nicht überlebt. Es heißt, von den Strapazen ihrer friedlichen Mission habe sich Nora Gräfin Kinsky, verheiratete Gräfin Wilczek, nie wirklich erholt.

In München, klagt Heinrich Mann, ist auf Türen und Fenstern der Läden zu lesen: »An Franzosen wird nicht verkauft.« Anders ist es in Berlin – hier sind die Franzosen inzwischen unverkäuflich. Paul Cassirer hat lange Zeit Werke der internationalen Moderne nach Berlin geholt, insbesondere der französischen Impressionisten. In seinen Kunstsalon in der Viktoriastraße 35 am Tiergarten gelangten Werke von Manet, Monet, Cézanne, Degas. »Keiner unserer Kunstsalons hat ein so charakteristisches Gepräge wie der von Cassirer«, hat schon vor Jahren der

Kunstkritiker der »Vossischen Zeitung« Max Osborn den kleinen intimen Salon gelobt.

Zwar hatte Kaiser Wilhelm II., der preußische Historie in Öl bevorzugt, in den Impressionisten nur »Rinnstein-« und »französische Dreckkunst« erkannt, aber den Aufstieg Cassirers zum bedeutendsten Kunstvermittler der Republik hat das nicht verhindert. Nicht nur die Inflation beeinträchtigt nun aber seine Geschäfte, das Kunstverständnis des Publikums hat sich unter dem Eindruck des Weltkriegs und der Ruhrbesetzung erheblich gewandelt: Französische Maler werden von deutschen Sammlern nicht mehr so sehr geschätzt. Cassirer benötigt Geld, am besten natürlich Valuta, im Idealfall US-Dollar. Zusammen mit dem Münchner Kunsthändler Julius (»Lulu«) Böhler plant er in New York die Gründung einer Filiale. Im März gehen sie an Bord der »George Washington«, begleitet von ihren Ehefrauen.

Die Frau Cassirers ist Tilla Durieux, die berühmteste Theaterschauspielerin der Republik, vom Publikum vor allem verehrt für ihre Rollen als »böse Frau«, als »Vamp«, ihren Durchbruch auf der Bühne hatte sie als Salome im gleichnamigen Stück Oscar Wildes. Der Luxusliner, auf dem die beiden Paare von London nach New York dampfen, fuhr vor ein paar Jahren noch für den Norddeutschen Lloyd, seit dem Ende des Krieges – das zum fast vollständigen Verlust der deutschen Handelsflotte an die Alliierten führte –, ist er für die United States Lines unterwegs, aber noch immer unter seinem alten Namen. Die »George Washington« hatte am 14. April 1912 nur wenige Stunden vor der »Titanic« jenen Eisberg passiert, an dem das mit hoher Geschwindigkeit fahrende Passagierschiff der britischen White Star Line auf seiner Jungfernfahrt zerschellte. Elf Jahre später stampft die »George Washington« gemächlich durch den Nordatlantik, und Tilla Durieux notiert erfreut, sie sei ein »gutmütiger, nicht allzu schneller Dampfer«. Und die Verpflegung ist fantastisch. Vor allem ist sie im Fahrpreis inbegriffen.

Das gilt nicht für das Essen im luxuriösen New Yorker »Hotel Ritz«, in dem die Paare im ersten Stock ein Appartement mit zwei Schlafzimmern gebucht haben. Hier sind Kost und Logis getrennt zu bezahlen. Die Rechnung für das Appartement begleichen die vier Deutschen mit einigen kleinen Bildern alter Meister, die der Chef des Hotels, ein Sammler, statt Dollars akzeptiert. Das reicht jedoch nicht für die Mahlzeiten, und der Wert der deutschen Mark fällt von Tag zu Tag.

Das Essen im Ritz ist teuer, also entschließen sich die deutschen Gäste zur Selbstverpflegung – zum Kochen im Appartement. Das ist strengstens verboten. Großmütig richtet der Chef des Hotels den Paaren auf dem Korridor in einem gekachelten Wandschrank mit Wasserleitung und einem Becken eine kleine elektrische Küche ein. Allerdings verlangt er von den armen Gästen den Schwur, den unerlaubten Service dem Personal sorgfältig zu verheimlichen. Aber wie sollen sie an Lebensmittel kommen? Betritt ein Hotelgast mit Paket die Lobby, stürzt unaufgefordert sofort ein Boy herbei, entreißt es dem Gast, trägt es auf das Zimmer und fordert dann selbstverständlich zehn oder 15 Cent – unbezahlbar.

In der Nähe des Hotels befindet sich ein Laden, der alle Lebensmittel bereithält, sogar schon fertig zubereitete Gerichte und Speisen in Pergamenttüten, die bloß erwärmt werden müssen. Und es findet sich ein junger Deutscher, der bereitwillig alles in einem Korb voll Blumen transportiert, darunter verborgen die gekauften Gerichte. Der abendlichen Selbstverpflegung im Luxushotel steht damit im Prinzip nichts mehr im Wege – wäre da nicht der Zimmerkellner, der zu späterer Stunde vorbeikommt, um die Schlafzimmer für die Nacht zu richten und die Gerüche der Küche zu bemerken droht. Dann schließen die Gäste eilig die Tür und zünden rasch kleine Räucherkerzen an, um den Geruch zu überdecken. »Wir haben viel dabei gelacht«, schreibt Tilla Durieux, die eleganteste und am besten verdienende Schauspielerin der Berliner Bühne, die die Erfahrung der Armut inmitten Luxus mit Fassung trägt.

Ein besonderes Erlebnis amerikanischer Gastfreundschaft erleichtert ihr die Tage: Tilla Durieux und Paul Cassirer sind eingeladen zu einem Ball im Hotel »Commodore«, 2000 Zimmer, Wasserfall in der Lobby. Alle Gäste, bemerkt Durieux, erscheinen mit riesigen Taschen. Sie enthalten Whisky, Sekt, Weiß- und Rotwein. Zwar dürfen die Kellner Alkohol nicht über Hotelkorridore oder über Straßen tragen, aber an den Tischen servieren dürfen sie. So macht die deutsche Schauspielerin Bekanntschaft mit der Praxis der Prohibition. Und zum ersten Mal hört sie an diesem Abend Jazz. Es spielt ein Orchester mit fast symphonischer Größe, geleitet vom »King of Jazz«, dem vor drei Jahren mit dem Song »Whispering« der erste Millionenseller der Popgeschichte gelungen ist. Fast zwei Millionen Platten wurden verkauft, ungefähr zwei Millionen Plattenspieler gibt es in den USA. Der Bandleader heißt nicht nur Paul Whiteman, alle seine Musiker sind Weiße. Das Management will es so. Die Wochen in New York sind lehrreich. Erfolgreich sind sie nicht. Paul Cassirers Traum von einer Kunsthandels-Filiale in New York erfüllt sich nicht.

Wenn Weltekel und Depression, Melancholie und das »Schnauze-voll-Gefühl« die Voraussetzungen für ein erfolgreiches Chanson sein sollten, dann muss »Die Linie der Mode« zum Hit der Saison aufsteigen. Marcellus Schiffer hat es für Margo Lion geschrieben, auf ihren mageren Leib geschrieben, wie er in seinem Tagebuch notiert, natürlich in miserabelster Stimmung. Die Menschen – zum Runterschießen. Das deutsche Volk – würdig zu krepieren. Die Huren – ganz nette, doofe, kleine, arme Dinger. Marguerites deutsche Sprachlehrerin – höchst talentlos. Er ist mit Marguerite bei ihr gewesen, Marguerite hat gesungen, sehr gehemmt. Ob sie »Die Linie der

Mode« wirklich singen kann? Er müsste sie sich vielleicht selbst vornehmen. Er würde alles tun, um ihr zu helfen, schreibt er: »Nur das eine nicht.« Vor ein paar Tagen ist ein Onkel Marcellus' gestorben, ganz plötzlich an Darmverschluss. Auch das noch. Marcellus Schiffer hat es satt. Er möchte sich hinlegen, einfach hinlegen. Und fertig! Diese Zeit ist widerlich. Alles Kaiser Wilhelms Verdienst. Und jetzt spielen sie auch noch den Film »Fridericus Rex«, II. Teil. Jubel und Parademarsch – Kampf und Bomben. Keine Frage, wenn es mit rechten Dingen zugeht, wird »Die Linie der Mode« Marcellus Schiffers Triumph.

APRIL

POURQUOI NE FERAIT-ON PAS UN BAL ÉGYPTIEN, OU TOUTE LA SPLENDEUR DE CETTE ÉPOQUE SERAIT ÉVOQUÉE?

In Wien und Berlin trägt die Dame in diesem Frühjahr Altägyptisch. Seit der englische Mumien-Schürfer Howard Carter das Grab des Pharaos Tutanchamun entdeckt hat, ist über Europa eine Tutanchamun-Welle hereingebrochen.

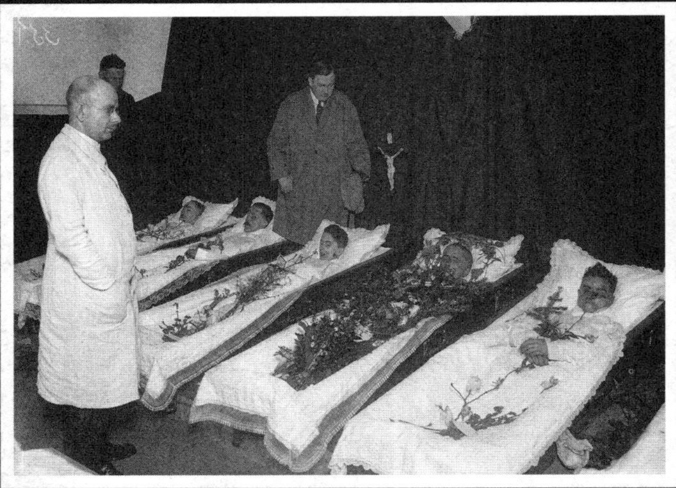

Der Essener Blutsamstag ist der traurige Höhepunkt des Ruhrkampfs. Französische Soldaten erschießen 13 deutsche Arbeiter auf dem Werksgelände von Krupp.

Französische Truppen besetzen 22 Zechen, um auf Halde liegende Kohle abzutransportieren. Deutsche Saboteure sprengen den für den Kohlentransport wichtigen Rhein-Herne-Kanal. Beamte der französischen Sûreté verhaften Albert Leo Schlageter wegen seiner Beteiligung am Sprengstoffanschlag auf die Eisenbahnstrecke Dortmund-Duisburg. Ebert ruft die Eisenbahner im besetzten Rheinland und im Ruhrgebiet auf, ihren »Heldenkampf« gegen die Besatzer fortzusetzen. Seit Anfang Februar sind nur 340 000 Tonnen Kohle aus dem besetzten Ruhrgebiet nach Frankreich und Belgien transportiert worden, weniger als zehn Prozent der Menge, die als Reparationen geliefert worden wäre. Inzwischen haben die Besatzungsbehörden mehr als 20 000 Personen aus den besetzten Gebieten ausgewiesen, insbesondere unbotmäßige Reichsbahnbeamte mit ihren Familien. Reichspräsident Ebert erlässt eine zweite Notverordnung, um die deutsche Kollaboration zu verhindern. Nunmehr können Personen, die der Zusammenarbeit mit den Besatzern verdächtig sind, an der Einreise in die besetzten Gebiete durch Inhaftierung gehindert werden. Die alliierte Rheinlandkommission weist den Vertreter der deutschen Interessen im besetzten Rheinland aus. Der Reichstag genehmigt 4,5 Billionen Mark als Nachtrag wegen der Ruhrbesetzung. Der Staatsgerichtshof in Leipzig bestätigt das Verbot der Deutsch-völkischen Freiheitspartei in Preußen, Sachsen und Thüringen. Auch Hessen verbietet nunmehr die NSDAP. Ein Dollar ist im März im Durchschnitt 24 500 Mark wert. Ein Brot kostet 474 Mark.

Jeder Freiheitskampf braucht Märtyrer, und jeder Märtyrer verlangt nach einem, der sein Martyrium besingt. Am Karsamstag haben französische Soldaten 13 deutsche Arbeiter auf dem Werksgelände von Krupp in Essen erschossen und 41 verwundet. Zwei Militärkommandos der Franzosen waren angerückt, um werkseigene Pkw zu beschlagnahmen. Wütende Arbeiter waren vor der Pkw-Halle erschienen, zuerst mehrere Dutzend, dann Hunderte, um neun Uhr morgens standen einige Tausend vor den Hallentüren, um den Abtransport der Fahrzeuge zu verhindern, hatten schreiend Hämmer, Spaten und Rohre geschwenkt und vaterländische Lieder gegrölt, ein Höllenspektakel also, in dem die französischen Soldaten offenbar die Nerven verloren hatten. Als der aufgepeitschte Mob eine Handvoll Menschen in die Halle schob, hatten die Soldaten das Feuer eröffnet und wahllos in die Menge geschossen. Die französische Regierung weist die Schuld an dem »Blutsamstag« von Essen den Direktoren der Krupp-Werke zu, die Werksleitung habe die Arbeiter gegen die Soldaten aufgehetzt. Die deutsche Regierung sieht die Verantwortung bei den Franzosen und wirft den Militärkommandos in einer Protestnote am 4. April vor, ohne »jede Herausforderung durch die Arbeiter« geschossen zu haben.

Auch die deutsche Presse empört sich über das »Blutbad« und die »Metzelei« von Essen. Ein Mitarbeiter der rechtskonservativen »Deutschen Allgemeinen Zeitung« (DAZ) schraubt sich zu einem wuchtigen Lamento empor: »So lange der deutsche Hammer noch klingt, / er das Lied vom Sterben der Dreizehn singt: Von euch, Kameraden! / Eure tote Hand in die Zukunft weist: Mit euren Herzen, in eurem Geist / Wird Deutschland bestehen.« Der Autor dieser Zeilen heißt Artur Zickler, ist 26 Jahre alt und steht seit kurzer Zeit im Sold des größten deutschen Konzernherrn, Hugo Stinnes. Der Schwerindustrielle hat die Inflation seit Ende des Krieges zum mit Krediten finanzierten Aufbau eines Industrieimperiums genutzt – mit mehr als 600 000 Beschäftigten (»Stinnesen«) und 1500 Unternehmen mit 2800 Betriebsstätten –, sitzt seit drei Jahren im Reichstag als Abgeordneter der Deutschen Volkspartei und hat nunmehr auch die Macht der Presse entdeckt.

Seit vergangenem Jahr gehören ihm mehr als 60 Zeitungen. Sie wurden schnell auf Linie gebracht, auf die Linie Hugo Stinnes', nach der seine Interessen als Unternehmer und die Interessen der deutschen Nation ein und dasselbe sind. Ein Beispiel: Nach dem Krieg hat Stinnes als Verhandlungsführer der Arbeitgeber unter dem Eindruck der Revolution in einem Vertrag mit den Gewerkschaften erstmals den Achtstundentag in allen Unternehmen der Schwer- und Rüstungsindustrie vereinbart. Inzwischen ist er unter dem Eindruck der Inflation zu der Ansicht gelangt, die Aufhebung des Achtstundentages sei das Gebot der Stunde: »Es ist höchste Zeit, dem deutschen Volk zu sagen, dass es nicht gleichzeitig einen Krieg verlieren und zwei Stunden weniger arbeiten kann.« So sagt es Stinnes, und so schreiben es seine Zeitungen. Sie schreiben übrigens nicht in Konkurrenz zu den Blättern des Hugenberg-Konzerns – Hugenberg und Stinnes sitzen höchstpersönlich oder vertreten von Bevollmächtigten wechselseitig in den Vorständen ihrer Medienhäuser, sie stehen nicht in Konkurrenz, sondern in herzlicher Verbindung.

In einem wichtigen Punkt unterscheiden sie sich: Zwar glauben beide, alles sei käuflich, aber nur Stinnes ist davon überzeugt, dass alle käuflich seien. Wer für Hugenberg schreibt, wird eine nationalkonservative oder – wie Major a. D. Adolf Stein – eine rechtsradikale Gesinnung haben. Wer in den Dienst von Hugo Stinnes tritt, kann jede beliebige Ansicht haben – links liberal oder rechts –, solange er nur Stinnes' Ansicht in die Blätter hebt. Denn dafür wird er bezahlt. Vor einem Jahr noch hätte der junge Artur Zickler über sein Gedicht zum Tod der 13 Arbeiter in Essen den Titel gesetzt: »Unsern toten Genossen«. Da war er Redakteur in der SPD-Parteizeitung »Vorwärts«. Jetzt schreibt er für Stinnes, und über den Zeilen steht: »Unsern toten Kameraden«.

Aus aktuellem Anlass ein kurzer Redaktionsbesuch der »Deutschen Allgemeinen Zeitung«, bis Ende 1918 »Norddeutsche Allgemeine Zeitung«, vormals bekannt als Bismarcks Hauspostille, später als konservatives Regierungsblatt, seit 1920 Teil des Stinnes-Konzerns. Die Führung durch die Berliner Redaktion in der Wilhelmstraße 80–82 übernimmt ein freundlicher Autor, der anonym bleiben will, wahrscheinlich weil er selbst im Dienst von Hugo Stinnes steht. In seinem Artikel, der in der unabhängigen, liberalen Wochenzeitung »Das Tage-Buch« erscheint, schreibt er gut gelaunt über Berufsethos und -praxis der Kollegen:

»Darf ich Sie einmal zu einem Rundgang durch die Redaktion der ›Deutschen Allgemeinen Zeitung‹ auffordern? Erst dann werden Sie einen Begriff von der Verelendung des deutschen Journalisten bekommen. Ich werde Sie den einzelnen Herren vorstellen, die sich, gewiss nicht leichten Herzens, entschlossen haben, zum Stinnesentum überzutreten. Aber was wollen Sie? Der Markt des deutschen Zeitungsschreibers ist klein und immer kleiner, die Entlohnungen der vielfach verarmenden Zeitungen sind dürftig und immer dürftiger geworden. Nicht aus Egoismus, sondern aus Lebensangst und Lebensnot sind diese Herren untergekrochene Leute, die aus ganz anderen Lagern stammen und die, wenn sie nicht mit den als Redakteure verkleideten See-Offizieren des Herrn Stinnes sprechen, sondern sich unbewacht fühlen, offen gestehen: ›Was will man tun? Man hat Familie.‹

Herrn Dr. Lensch brauche ich Ihnen nicht vorzustellen. Er war von jeher marxistischer Dialektiker. Wenn Sie mit ihm allein sind, wird er Ihnen ganz logisch beweisen, dass er ungemein konsequent handelt, indem er Stinnes dient. Die kapitalistische Entwicklung muss ihren Höhepunkt erreichen, dann erst kann sie von der sozialistischen abgelöst werden. Also hilft Lensch zum Höhepunkt. Vom Dialektiker zum Rabulisten war immer nur ein Schritt. Überdies gibt es ein Mannesalter, in dem man sich aristokratisieren will. Lensch hat lange genug, glaubt er, den demokratischen Schlapphut getragen, er nähert sich jetzt dem Zeitalter des Zylinders. Er lässt sich regelmäßig rasieren. Er wird feudal.

Nachdenklicher stimmt die Begegnung mit Dr. Erich Everth. Der war jahrelang Chefredakteur des gut demokratischen »Leipziger Tageblattes«. Hat bei Diederichs ein ausgezeichnetes Buch zur deutschen Kriegspsychologie herausgegeben, wurde dann Kultur-Leitartikler der ›Vossischen Zeitung‹, ein gebildeter, gediegener Journalist, kein Scharlatan, kein Lyriker. Ein Mensch, der verwachsen schien mit dem, was er schrieb. Sein Übergang zu Stinnes ist – aus der Entfernung – ganz unbegreiflich. Wollen Sie ihn nicht einmal auffordern, im ›Tage-Buch‹ seine jähe Wandlung, hoffentlich gibt es nicht nur einen Übergang, sondern auch eine Wandlung, zu erklären?

Man möchte doch einmal ins Innere eines Zeitungsmenschen sehen, der gestern in dem stinnesfeindlichsten Blatt saß und heute selber Stinnese ist. Aber ich fürchte, Everth würde aus seinem Herzen eine Mördergrube machen. Es gibt Entwicklungen, die man nicht erläutern kann.

Der Nächste, den ich Ihnen vorstelle, ist Dr. Franz Silberstein. Ein Volkswirt, von dem keiner, der seine Arbeit verfolgt, je geahnt hatte, dass er sich ins Stinnes-Bett legen werde. Ein Mann, der auf Rathenaus und Möllendorffs Seite gestanden hat, vor Kurzem noch Pinners Kamerad im ›Berliner Tageblatt‹. In der Mappe seiner früheren Veröffentlichungen muss sich manche antistinnesische Betrachtung finden. Wie konnte er den Übergang finden? Oder war es auch nur ein Übersprung? Eine Sache innerster Resignation? Also eine höchst melancholische Sache? Eine vollendete Kapitulation? Dann möchte man als Zuschauer schwermütig werden.

Ich stelle Sie noch einigen kleineren Leuten vor. Da steht Herr Arthur [sic!] Zickler, Proletarierdichter von geringen Fähigkeiten, aber sein Pegasus war jahrelang gut sozialdemokratisch einexerziert. Er hat (im ›Vorwärts‹, wenn ich nicht irre) ein etwas hysterisches Büchlein über seine Kriegserlebnisse herausgegeben, er schien eine unversöhnlich pazifistische Seele. In den sozialistischen Zeitungen sind sicher Stinnes-Satiren von ihm erschienen. Der Lyriker hat wenigstens eine klare Entschuldigung: Dalles [jidd. Herkunft, stammt vom hebräischen dal, dalut, dallût für Armut bzw. vom (west-)jüdischen dáless für Not, Armut, Bankrott, Elend ab / Anm. des Verf]. Es ist anzunehmen, dass er im geheimen auch heute noch (und vielleicht heute noch lieber) antistinnesische Satiren veröffentlichen möchte …«

Der Stinnes Österreichs heißt Siegmund Bosel, Kriegsgewinnler, Finanzjongleur und seit diesem Jahr der reichste Mann des Landes. Reich geworden war er als größter Heereslieferant. Aber ganz oben angekommen ist Bosel, weil er sich die Lieferungen an den Staat stets mit Devisen hat bezahlen lassen, mit Dollar und Franc. Als die Krone nach dem Krieg kollabierte, die Inflation über Österreich kam und schon im vergangenen

August die Börse für einen Dollar fünfzehntausend Mal so viele Kronen zahlte wie vor Beginn des Krieges, hatten die Zeitungen für den exorbitanten Reichtum Siegmund Bosels einen neuen Begriff gefunden: Kronentrillionär.

In diesen Wochen wird Bosel noch ein wenig reicher, denn er erjagt mit einem Kredit der Postsparkasse die Wiener Union-Bank, einst eine der zehn größten Banken der Monarchie, und macht sie zu seiner Privatbank. Hugo Stinnes hätte das nicht besser machen können als Siegmund Bosel. Ein Unterschied zwischen dem deutschen und dem österreichischen Nabob ist aber, dass der eine in der Öffentlichkeit als »Kriegsgewinnler« beschimpft wird, der andere als »jüdischer Kriegsgewinnler«. Der zweite Unterschied: Beide halten sich zwar ihre eigenen Zeitungen, aber wer für Bosel schreibt, verkauft nicht sich an Bosel, nur seine Artikel an dessen Zeitung. Bei einem Redaktionsbesuch in Bosels Zeitung »Der Tag«, in dem Maria Lazar ihre ersten Auftritte als Journalistin hat, würden einem nicht gekaufte Skribenten begegnen, nicht schreibende Mietlinge des »Kronentrillionärs«, sondern unabhängige Köpfe, einige der besten Autoren der Republik wie Alfred Polgar, Joseph Roth, Robert Musil und Hugo Bettauer. Das Blatt gilt als linksliberal, sozialdemokratisch inspiriert, also sind die Autoren für die »Rote Fahne« die »Tintenkleckser« eines Reptils.

Die Dame in Berlin und Wien trägt in diesem Frühjahr Altägyptisch. Die Farben der Saison sind Blau, Rot, Schwarz und Gelb, doch kann das Gelb auch Gold sein. Weg mit der Krinoline, deren Comeback bevorzustehen schien, weg mit allem Glockigen und Rundlichen, schreiben die Zeitungen, die neue Mode fordert lange und schlanke Kleider, auch von solchen Trägerinnen, die selbst weder lang noch schlank sind. Tutanchamun sei herabgestiegen, meldet Mizzi Neumann im »Neuen Wiener Journal«, das Resultat sei der seidene Trikotjumper für das sportliebende Girl. Starke Beachtung findet der Tutanchamun-Jumper – ein Pullover – aus gelbem Seidentrikot, aber auch andere Modelle in ihrer leuchtenden Farbenpracht speziell zu weißen Wollröcken und Strickkostümen.

Seit der englische Mumienschürfer Howard Carter im November vergangenen Jahres im Auftrag seines Geldgebers Lord Carnarvon am Nil im Tal der Könige das fast unberührte Grab des Pharaos Tutanchamun samt kostbaren Beigaben entdeckt und die Weltöffentlichkeit von dem sensationellen archäologischen Fund erfahren hat, ist über Europa eine Tutanchamun-Welle hereingebrochen. Sie verändert nicht nur die Welt der Mode, im Frühjahr und Sommer auch den Charakter der Charity-Veranstaltungen. Das erste Sommerfest im erst jüngst der Öffentlichkeit wieder zugänglich gemachten Wiener Waldsteingarten wird unter dem Motto »Das Fest des Tutanchamun« mit Bar und Heurigenschank stattfinden, geleitet von den »Damen Dina (Baronin) Buschmann und Frau Sander«, gekrönt vom »Einzug« des Pharaos, an dem sich die schönsten jungen Damen der Wiener Gesellschaft beteiligen. Der Reinertrag der Gala kommt lungenkranken Kindern zugute.

Der unerwartete Tod Lord Carnarvons am 5. April infolge eines unbehandelten Moskitostichs wird in Europa respektvoll zur Kenntnis genommen, beeinträchtigt aber nicht den Siegeszug des toten Pharaos. Sein Ruhm wächst, als das Publikum erfährt, dass es sich beim tödlichen Mückenstich um die Rache des im Jahr 1323 v. Chr. verblichenen Kindkönigs – er wurde nur 18 Jahre alt – am ungezogenen Grabschänder gehandelt habe. Der Fluch des Pharaos ist eine schaurig schöne Geschichte, wie sie nur im Kopf eines der Wahrheit verpflichteten Journalisten entstehen kann. Im Bericht über den Tod des Lords meldet die Wiener Tageszeitung »Die Stunde« am 6. April: »Die Mücke, von der Lord Carnarvon den tödlichen Stich empfangen hat, kam selbstverständlich aus der Gruft, kam von der Pharaonenleiche her und trug Leichengift. So einfach und so entsetzlich ist die Rache des Pharaonen. Lord Carnarvon hatte seine Ruhe mit allen Mitteln moderner Forschung gestört, er rächt sich durch eine Mücke. Mücken hat es auch im alten Ägypten gegeben.« Man wüsste nur gerne, womit sich die Mücke in der Gruft 3246 Jahre lang die Zeit vertrieben hat.

Es ist möglich, aber unwahrscheinlich, dass Schlageter verraten wurde. Am Abend des 7. April verhaften Beamte der französischen Sûreté den 28 Jahre alten Leo Schlageter im Essener Hotel Union. Als Leiter eines Kommandos von Hauensteins Terrorgruppe »Heinz« soll er in Kalkum an einem Sprengstoffanschlag auf eine Eisenbahnbrücke der Strecke Duisburg-Düsseldorf beteiligt gewesen sein. Bei dem Attentat war niemand getötet, die Brücke nur wenig beschädigt worden. Die Aktion war glänzend vorbereitet, offenbar in Zusammenarbeit mit leitenden Angestellten der Krupp-Werke, der Handelskammer Essen und diversen Reichsbehörden. Hauenstein behauptet später, von Mitarbeitern des Reichsverkehrsministeriums genaue Sabotageaufträge für Bahnstrecken sowie Freifahrtscheine und von mehreren Polizeipräsidien Pässe für seine Organisation erhalten zu haben. Im Reichswehrministerium hätten ihm mehrere Offiziere volle Unterstützung zugesichert. Die Reichsregierung propagiert offiziell zwar nur den passiven Widerstand, weshalb sich für die Behörden ein öffentlicher Beitrag zum aktiven Widerstand gegen die französische Besatzungsmacht verbietet. Inoffiziell ist hier aber natürlich manches möglich. Dank der Vermittlung eines Oberingenieurs der Essener Krupp-Werke hat sich das Terrorkommando mit Waffen und Sprengstoff versorgt, die örtliche Polizei hat Kriminalmarken zur Verfügung gestellt.

Unmittelbar nach der Verhaftung Schlageters kursiert der Verdacht, er sei von eigenen Leuten an die Franzosen verraten worden. Hauenstein beschuldigt Otto Schneider und Alfred Götze, zwei frühere Angehörige des Freikorps Roßbachs, aber er beschuldigt auch Roßbach selbst, mit dem er sich inzwischen überworfen hat. Weder die eine noch die andere Beschuldigung erweist sich als begründet. Fest steht, dass Schlageter alles getan hat, um sich selbst zu verraten. Obwohl er dank polizeilicher Unterstützung mehrere gefälschte Pässe mit sich führte, hat er sich im Hotel unter seinem richtigen Namen angemeldet. Am Morgen ist er angetrunken gesehen worden, nach Zeugenaussagen in Begleitung einer »stark geschminkten, abgelebten« Frau, wahrscheinlich einer Prostituierten, die ihn verraten haben könnte. Am wahrscheinlichsten ist, dass Schlageter seine Verhaftung geradezu erzwungen hat. Bei der Überprüfung der Hotelgäste – eine Routinemaßnahme – hat Schlageter den französischen Beamten auf zwei verschiedene Namen ausgestellte Pässe gezeigt.

Ein Blick zum Bankschalter bei Bett, Simon & Co., hinter dem der Coupletschreiber Kurt Tucholsky lernt, Coupons zu schneiden, Wechsel zu kopieren und Wertpapiere zu bearbeiten. Sein Lohn wird täglich der Inflation angepasst, das gibt ihm immerhin ein sicheres Lebensgefühl. Bei Kunden und Kollegen ist er als Spaßmacher beliebt, aber seine Depression verlässt ihn nicht. Er schreibt jetzt nur noch nebenher, wenn er noch etwas mehr Geld braucht oder bei Laune ist. Ach ja, die Laune. Sie vergeht ihm, wenn er an die Berliner Theater denkt. Ensembles? Fehlanzeige! Und von einem Berliner Theater könne man wohl auch kaum noch im Ernst sprechen: Wie soll man mit Liebe rezensieren, was ohne Liebe gemacht wird?

Dann aber, am Abend des 25. April, entdeckt Tucholsky, dass es doch noch Sinn hat, ins Theater zu gehen, und wie es sich anfühlt, mit Liebe zu rezensieren. Die bestürzend schöne Entdeckung macht er in der Premiere von Shakespeares »Wie es euch gefällt«, einer Inszenierung Victor Barnowskys im Berliner »Lessing-Theater«. Ihn beeindruckt nicht das Stück und nicht die Inszenierung, er begeistert sich für den weiblichen Nachwuchs, für die 25 Jahre alte Elisabeth Bergner. Danach macht er der österreichischen Schauspielerin zwar keine Liebeserklärung, sondern er schreibt eine Rezension in der »Weltbühne«, aber hier meldet sich kein begeisterter Kritiker zu Wort, es jubiliert ein frisch Verliebter: »Wie das blüht und duftet! Wie das im höchsten Sinne Kunst ist und im höchsten Natur! Wie sie sich keinen Zwang auferlegt und doch streng im Bann ihrer selbst bleibt! Wie sie sich nie wiederholt, und welche Fülle von Erfindung! Was fällt ihr alles ein! Was macht sie alles! (Und was macht sie alles nicht!)«

Plötzlich ergibt es für Tucholsky wieder einen Sinn, auf Nuancen zu hören: wie sich die kleinsten Abweichungen übertragen; wie Achteltöne hörbar werden; wie Atemzüge entscheiden. Und keiner, lispelt der verzückte Tucholsky, ist im Theater, der es nicht versteht: »Bergner! Bergner! rief die Galerie.« Endlich einmal ist Tucholskys Wort die Stimme der Mehrheit. Nach diesem Abend wird Elisabeth Bergner zu einer der am meisten gefeierten Schauspielerinnen Deutschlands.

Mit welchem persönlichen Geschenk lässt sich dem Führer zu seinem 34. Geburtstag eine Freude machen? Am 20. April erscheint in Nürnberg zum ersten Mal das Hetz- und Gossenblatt »Der Stürmer – Deutsches Wochenblatt zum Kampfe um die Wahrheit« Julius Streichers. Es sind gedruckte antisemitische Mordphantasien des fränkischen Volksschullehrers, Wunschräusche eines Psychopathen, schon in der ersten Ausgabe als Befehl formuliert: »Der Jude muss hinaus!« Alfred Rosenberg, trotz seiner erst 30 Lebensjahre bereits erprobter Verschwörungstheoretiker (»Die Spur des Juden im Wandel der Zeiten« 1919, »Das Verbrechen der Freimaurerei. Judentum, Jesuitismus, Deutsches

Christentum« 1921) und seit Februar Chefredakteur des NSDAP-Parteiorgans »Völkischer Beobachter«, steuert im Blatt eine germanische Ergebenheitsadresse bei: »Wir können heute schon sagen, dass der Name Hitler nicht nur für uns mystischen Klang angenommen hat. Unter diesem Namen wird das deutsche Volk einmal geschieden werden in Spreu und Weizen.«

Am schönsten beschenkt sich Hitler selber, mit einem Auftritt vor der Masse im voll besetzten Circus Krone in München, vor der er diesmal nicht gegen die »Novemberverbrecher«, also die Demokraten, hetzt, sondern gegen die Juden: »Juden können wir nur dulden, wenn sie uns als Gäste nicht schaden würden. Sie schaden aber, und deshalb können wir sie nicht dulden.« Das ist gedanklich übersichtlich, der völkische Dichter und Publizist Dietrich Eckart aber schafft es im »Völkischen Beobachter« mühelos, jeden Gedanken bereits vor seiner Entstehung zu liquidieren. In einem Gedicht führt er Schlichtheit und Hassvisionen zusammen. In drei Zentimeter hohen Lettern ruft er Hitler zu DEUTSCHLANDS FÜHRER aus, dann deliriert er in Reimen: »Fünf Jahre Not, wie noch kein Volk sie litt! / Fünf Jahre Kot, Gebirge der Gemeinheit! / Vernichtet, was an stolzer Glut und Reinheit, was uns an Größe Bismarck einst erstritt! … / Die Herzen auf! Wer sehen will, der sieht! / Die Kraft ist da, vor der die Nacht entflieht!«

Über diese Kraft verfügt nicht jeder. Der 55 Jahre alte Eckart ist ausgezehrt von Morphiumsucht und vom Saufen, ein gescheiterter Schriftsteller, dessen einziger literarischer Erfolg neun Jahre zurückliegt, eine »arisch-christliche« Nachdichtung von Ibsens Drama »Peer Gynt«. Er versucht, die Zukunft als Führer, die er selbst nicht hat, Adolf Hitler zu ermöglichen. Die Voraussetzungen, die Eckart beschrieben hat, erfüllt der junge Österreicher ohne Probleme: »Verstand braucht er nicht viel, Politik ist das dümmste Geschäft auf der Welt … Er muss Junggeselle sein. Dann kriegen wir die Weiber.«

Eckart hat sich schon mehrfach als robuster Steigbügelhalter Hitlers erwiesen. Als vor zwei Jahren in der von Machtkämpfen zerrissenen nationalsozialistischen Bewegung eine vom Parteigründer Anton Drexler und anderen Funktionären initiierte Revolte gegen Hitler losbrach, hatte sich Eckart auf die Seite Hitlers geschlagen, der aus der Auseinandersetzung als Parteiführer mit diktatorischen Vollmachten hervorgegangen war. Eckart hat mit seinen Kontakten Hitlers Auftritte im »Nationalclub« – Teil des Hugenberg-Imperiums – ermöglicht, durch die eine Reihe Geldgeber gewonnen wurden, beispielsweise der Lokomotivenfabrikant Fritz Thyssen, der von einem französischen Kriegsgericht erst kürzlich zu einer Geldstrafe von 5100 Francs (rund sieben Millionen Mark) verurteilt worden ist, weil er Kohlelieferungen verweigert hat. Eckart hatte seine Beziehungen zu den Münchner und Berliner »Salons« spielen lassen und Hitler damit Zutritt zum Klavierfabrikanten Edwin Bechstein und dessen Frau Helene verschafft und zur Verlegerfamilie Hanfstaengl. Eckart hatte Ende 1922 Hitler den Kauf des damals noch unbedeutenden »Völkischen Beobachters« ermöglicht. Und früher und lauter als andere hatte Eckart dem Bierkelleragitator als kommendem Führer schwülstig gehuldigt.

Eckart hat in diesen Wochen größere Probleme als die Produktion von Führerlyrik. Er ist auf der Flucht vor der Justiz. Am 12. März ist er einer wegen Beleidigung von Reichspräsident Friedrich Ebert angesetzten Verhandlung vor dem Leipziger Staatsgerichtshof ferngeblieben. Anlässlich eines Besuchs Eberts in München im vergangenen Juni hatte das NSDAP-Mitglied Emil Gansser den Reichspräsidenten öffentlich als »Landesverräter« beschimpft und sein Freund Eckart darüber hämisch im »Völkischen Beobachter« berichtet, publizistisch unterstützt von der »Mitteldeutschen Zeitung«, die zum Hugenberg-Konzern gehört und infolgedessen spezialisiert ist auf die Verunglimpfung Eberts. Eckart hatte seine Ebert-Schmähungen zu einer Hetzkampagne erweitert. Nachdem er das von ihm verfasste Flugblatt »Genosse Ebert im Jenseits« mehrfach veröffentlicht hatte, wurde gegen ihn Anklage vor dem Staatsgerichtshof wegen Beleidigung des Reichspräsidenten erhoben.

Der Verhandlung hat sich Eckart entzogen, ein Haftbefehl ist ausgestellt, wie konnte Eckart seiner drohenden Verhaftung entgehen? Alfred Rosenberg wird später beteuern, vor der bayerischen Justiz sei Eckart nicht bange gewesen. Mit einer Vollstreckung des Haftbefehls durch bayerische Beamte habe er nicht rechnen müssen, denn die seien entweder Mitglieder der NSDAP oder zumindest Angehörige der nationalen Bewegung. Dann aber sickert durch, dass sich Beamte aus Leipzig auf Eckarts Spur gesetzt haben, vorsorglich lässt Hitler bewaffnete SA als Wache vor der Wohnung seines Freundes aufmarschieren, und wenig später ist Eckart verschwunden. Ernst Röhm, bereits Führer der SA, aber noch immer Hauptmann im Stab der 7. Division der Bayerischen Armee, hat in einer Nacht-und-Nebelaktion die Flucht Eckarts vor der Justiz organisiert. In einem Wagen der Reichswehr.

Einige Tage nach Hitlers Geburtstag und der Flucht Eckarts, am 28. April, schleppt sich ein Herr Wolf den Obersalzberg bei Berchtesgaden hinauf. Er ist erschöpft, der Weg ist ihm zu lang und zu beschwerlich, er glaubt – so wird er es später jedenfalls beschreiben –, nicht in den bayerischen Alpen, sondern im Himalaya zu sein. »Wenn das jetzt noch einmal so lang dauert, kehre ich lieber um.« Das ruft Herr Wolf seinem Begleiter zu, einem stiernackigen Muskelpaket, Christian Weber mit Namen, ursprünglich Stallbursche, Hausknecht, Kutscher und Türsteher, im Ersten Weltkrieg Unteroffizier, später Mitglied der Freikorps Epp und Oberland, inzwischen einschlägig für seine Schlagkraft bekannt. Weber tröstet den müden Herrn

Wolf: »Wir sind gleich oben.« Und tatsächlich sehen die beiden Wanderer alsbald ein Haus vor sich, die Pension »Moritz«. Herr Wolf klopft an die Tür und ruft: »Diedi, der Wolf ist da!« Die Tür geht auf, »Diedi« kommt heraus, im Nachthemd.

Man darf vermuten, dass sich die beiden in die Arme fallen, denn sie sind Freunde, Adolf Hitler alias Herr Wolf und Dietrich (»Diedi«) Eckart alias Dr. Hoffmann. An diesem Tag entdeckt Hitler nicht nur seine Liebe zum Obersalzberg, die dessen Bewohner in einigen Jahren mit dem Verlust ihrer Wohnsitze bezahlen werden – Martin Bormann wird ihnen anbieten, sie nicht in Konzentrationslager zu sperren, wenn sie Hitler die Grundstücke freiwillig überlassen –, auch ein Plan reift in Hitler heran. Als er wenige Tage später nach München zurückkehrt, hat sich Hitler, so berichtet es Bormann, entschlossen, im November loszuschlagen, die demokratischen, republikanischen, jüdischen Novemberverbrecher zu vertreiben und die Reichsregierung zu stürzen, natürlich nicht irgendwann im November, sondern auf den Tag genau fünf Jahre nach Ausrufung der verhassten Republik: am 9. November.

Die Zensur ist abgeschafft, aber wenn es um den Schutz des Scham- und Sittlichkeitsgefühls des »normal empfindenden Menschen in geschlechtlicher Beziehung« geht, um das Empfinden, »das in den gesitteten weiten Kreisen des Volkes herrscht«, dann hat die Kunst beschämt zurückzustehen. Am 25. April wird von der Staatsanwaltschaft I Berlin das Mappenwerk »Ecce homo« von George Grosz beschlagnahmt. Zwar bestreiten die Sachverständigen die »Unzüchtigkeit des Werkes in seiner Gesamtheit«, Reichskunstwart Edwin Redslob ebenso wie Maximilian Harden und Max Osborn, der einflussreiche Kunstkritiker der »Vossischen Zeitung«. Aber Harden und Osborn sind Juden, wie auch Grosz, Wieland Herzfelde, Gründer des Malik-Verlags, in dem Grosz' Werk erscheint, und der

Gutachter Max Liebermann, Präsident der Preußischen Akademie der Künste. Ach ja, auch der Verteidiger Paul Levy, linker SPD-Reichstagsabgeordneter, ist Jude. Das darf nicht vergessen werden, Hugenbergs »Deutsche Zeitung« erinnert nachdrücklich daran. Sie wird Anfang nächsten Jahres, wenn die 6. Strafkammer des Landgerichts III in Berlin Grosz und Herzfelde zu Geldstrafen von jeweils 500 Goldmark verurteilt und die Unbrauchbarmachung von 22 »Ecce homo«-Bildern verfügt, die Entscheidung loben und – unabhängig von diesem Einzelfall – die prinzipielle Frage stellen, »ob solche Kunst ein Recht hat, in Deutschland veröffentlicht zu werden«.

Selbst der Zauberer Thomas Mann nennt ihn respektvoll Magier. Und wie es sich für einen Magier von Format gehört, bewegt sich Max Reinhardt, Europas berühmtester Theaterimpresario, stets eine Handbreit über dem Boden. In seinem Salzburger Rokokoschloss Leopoldskron, von dem er angeblich nicht weiß, wie viele Zimmer es hat – es sind 40 –, in den Berliner und Wiener Theatern, in den Stunden mit seiner Lebensgefährtin Helene Thimig, die er aus Diskretion nicht mit Vornamen anspricht – immer und überall besteht Max Reinhardt auf den wenigen Zentimetern über dem Boden. Er will nicht fliegen, Wolken interessieren ihn nicht, aber auf den Abstand zum Boden kann er nicht verzichten. Nie trägt er Geld mit sich, warum hat man einen Diener? Nie wirft er einen Blick in den Stadtplan, warum hat man einen Wagen mit Chauffeur? Nie sieht er auf die rechte Seite einer Speisekarte, auf der die Preise stehen. Das könnte, vermutet Helene Thimig, daran liegen, dass er vorzugsweise in Restaurants zu speisen pflegt, die diese Spalte auslassen.

Wunschliste Max Reinhardts über Gegenstände, die einmal im letzten Augenblick vor Beginn einer Reise von Helene Thimig zu beschaffen waren (immerhin von ihm selbst geschrieben): eine ungarische Salami, 50 Flaschen Tokayer, Linzer Torten von der Wiener Hofkonditorei Demel, zehn Seidenhemden, Stiefelleisten, ein Buch über Rasputin usw. Man muss wohl ein Magier sein, um eine berühmte Schauspielerin wie Helene Thimig zu dieser Dienerrolle zu bewegen, nur einem Magier vom Format Max Reinhardts dürfte es jedoch gelingen, ihr das Geständnis zu entlocken, sie spiele diese Rolle »geradezu mit Lust«. Aber selbst die Zauberkraft eines fast allmächtigen Magiers hat Grenzen. Am 18. April begibt sich Max Reinhardt, wie immer begleitet von einem Diener und seinem geliebten großen Krokodillederkoffer, an Bord eines Transatlantikliners und reist nach New York. Er will eine USA-Tournee mit Carl Gustav Vollmoellers Mysterienspiel »Mirakel« vorbereiten. Der Magier braucht Geld für sein Theater, das sich nun einmal nicht aus dem Hut zaubern lässt. Für die Salzburger Festspiele, die er vor drei Jahren mit Hugo von Hofmannsthal gegründet hat, kommt die Aktion in diesem Jahr zu spät. Sie fallen aus. Die einzige Produktion, den »Eingebildeten Kranken« von Molière, wird Reinhardt auf Schloss Leopoldskron inszenieren.

Übermorgen ist Mai, aber draußen ist Dezember. Wen interessiert's? Die Kälte des Ennui, Marcellus Schiffers bestimmendes Lebensgefühl, würde selbst der sommerlichen Sonne nicht weichen. Wozu künstlerische Arbeit – ohne Geldverdienst? Bücher lesen. Wozu? Ins Theater gehen, zum Beispiel zu Elisabeth Bergner in »Wie es euch gefällt«? Aber wozu? Dann lieber Kintopp, amerikanische Lustspiele. Wenn man das auch überhat, findet man vielleicht die nutzlose Kunst umso schöner und befriedigender. Das ist Schiffers Hoffnung, aber bestimmt weiß man nichts, schreibt er, und heute gar nichts. Immerhin scheint Marguerite vernünftiger geworden zu sein, seit sie auf der Bühne einige Erfolge hatte. In der vergangenen Nacht hat Schiffer tatsächlich geträumt, er habe Margo geheiratet. Aber das war natürlich wieder nur ein Albdruck. Sofort hatte er es bitter bereut und konnte seine Willenlosigkeit gar nicht begreifen. »Ich fing an, sie zu hassen«, gesteht er in seinem Tagebuch, immer das gleiche Gefühl. Werde sie seiner zu sicher, dann ist es aus. Habe sie keinerlei Anrechte, wird sie nett. »So nett, dass ich sie manchmal heiraten könnte. Und dann würde ich es wieder bereuen müssen.« Immerhin herrscht in der deutsch-französischen Beziehung bis auf Weiteres Waffenruhe.

Die Aufführung von Bertolt Brechts »Im Dickicht der Städte« führt in München zu Tumulten. Thomas Mann erklärt das Stück zu »bolschewistischer Kunst«, gegen die sich der »volkstümliche Konservatismus« zur Wehr setze.

Waldsterben in Doorn! Wilhelm fällt und zersägt in seinem holländischen Exil zahllose Bäume als sportliche Morgenübung.

Ein französisches Militärgericht verurteilt den Aufsichtsratsvorsitzenden der Krupp-Werke, Gustav Krupp von Bohlen und Halbach, als Verantwortlichen für den »Essener Blutsamstag« zu 15 Jahren Gefängnis und 100 Millionen Mark Geldstrafe. Der Rechtsextremist Schlageter wird ebenfalls von einem französischen Militärgericht wegen Sabotage und Spionage zum Tod verurteilt und einige Tage später trotz zahlreicher Gnadengesuche auf der Golzheimer Heide bei Düsseldorf hingerichtet. Die Reichsregierung bietet Reparationszahlungen von insgesamt 30 Milliarden Mark an, Frankreich und Belgien lehnen das deutsche Zahlungsangebot ab. Die Reichsbank beziffert die bisher von den Franzosen beschlagnahmten Gelder auf 30 Milliarden Mark. Preußen löst die Proletarischen Hundertschaften – paramilitärische, kommunistisch dominierte Verbände – auf, die sächsische SPD beschließt den Aufbau der Verbände gemeinsam mit der KPD. Im Raum Dortmund-Gelsenkirchen kommt es zu mehrtägigen kommunistischen Unruhen. In Hamburg tagt der Internationale Sozialistenkongress mit 30 Delegationen und über 400 Teilnehmern. Im Reichstagsgebäude gründen fünf Politiker – der SPD, des Zentrum und der DDP – die Gesellschaft Buch und Presse. Die aus Staatsmitteln finanzierte Gründung soll in der Bevölkerung den republikanischen Staatsgedanken fördern. An der Feier zur Eröffnung des ersten deutschen Parlaments in der Frankfurter Paulskirche am 18. Mai 1848 beteiligen sich neben dem Reichspräsidenten alle deutschen Länder – nur nicht Bayern. Der Kurswert des Dollar liegt bei 47 700 Mark. Ein Brot kostet 482 Mark.

Ernest Hemingway war schon einmal hier. Im vergangenen Juli war der 23 Jahre alte Europa-Korrespondent des »Toronto Star« mit seiner Frau Hadley und einem befreundeten Ehepaar von Paris nach Straßburg gefahren, bei Kehl über den Rhein gesetzt und im besten Hotel am Platz abgestiegen. Für das Tagesmenü mit fünf Gängen hatten sie da 120 Mark gezahlt, was 15 Cent der kanadischen Währung entsprach. In Straßburg, fünf Kilometer entfernt, hätten sie für das gleiche Essen mehr als einen Dollar zahlen müssen. Zwar konnten die Franzosen nicht nach Kehl herüberkommen, um alles leerzukaufen, was sie gerne täten, hatte Hemingway damals notiert, aber sie konnten herüberkommen, um sich die Bäuche vollzuschlagen. Das taten sie.

Der junge Journalist hatte ein Schauspiel beobachtet, das er als schweinisch empfand: Die jungen Leute kommen aus Straßburg, strömen in Scharen in deutsche Konditoreien, schlingen Cremeschnitten aus Blätterteig herunter – fünf Mark das Stück – und streicheln behaglich die Bäuche. Die Bäckereien in Kehl waren in einer halben Stunde leer geräumt, aber die deutschen Bäcker waren mürrisch. Denn die Mark fiel schon im vergangenen Sommer schneller, als sie backen konnten. Als die letzten Kaffeetrinker und Kuchenesser über die Brücke zurück Richtung Straßburg gingen, trafen schon die ersten Valutahelden ein, um Kehl nach einem billigen Abendbrot abzugrasen. Deshalb dürfte die kleine Reisegruppe auch nicht verwundert gewesen sein über die Abfuhr, die sie in jenem Sommer in einem Gasthof im Schwarzwaldort Oberprechtal erfuhr. Nach stundenlanger Wanderung waren die vier Amerikaner verschwitzt und erschöpft am Wirtshaus eingetroffen, Hemingway und sein Freund Bill Bird, der in Paris vor Kurzem den kleinen Verlag »The three Mountains« gegründet hat – Ezra Pound arbeitet für ihn als Lektor –, hatten sich beim Wirt und dessen Frau nach Zimmern erkundigt. »Können wir bitte zwei Doppelzimmer haben?«, hatte Bill die Wirtsleute gefragt, die gerade eine Suppe aßen. Die Wirtin wollte etwas erwidern, aber ihr Mann hatte sie angeblitzt, während ihm die Zwiebelsuppe aus dem Schnurrbart rann: »Ihr könnt hier überhaupt keine Zimmer bekommen, heute nicht und morgen nicht und nie, ihr Ausländer …« »Wir haben Hunger«, hatte Bill gesagt, »wie weit ist es denn bis zum nächsten Gasthaus?« Der Wirt hatte auf den Tisch gehauen und gebrüllt: »Das müsst ihr schon selber herauskriegen.«

Jetzt ist Hemingway wieder im Bahnhof von Kehl, früher wichtige Grenzstation auf der Strecke Paris–München. Der Bahnhof steht leer, die Schalterfenster sind geschlossen. Alles verstaubt, im Wartesaal ein traurig aussehender deutscher Kellner in schmutzigem Hemd, den Smoking voller Suppen- und Bierflecke. Es gibt eine lange Theke, an einem Tisch in der Ecke sitzen zwei französische Secondelieutenants. Hemingway grüßt beim Eintreten, sie grüßen zurück. Der Kellner sagt: »Milch haben wir nicht. Sie können schwarzen Kaffee haben, aber es ist Ersatzkaffee. Das Bier ist gut.« Der Kellner setzt sich zum amerikanischen Korrespondenten: »Kein Mensch kommt mehr her. Die Leute, die Sie im Juli gesehen haben, dürfen nicht mehr kommen. Die Franzosen geben ihnen keine Grenzausweise mehr nach Deutschland.« Hemingway fragt nach: »Alle die Leute, die zum Essen herüberkamen, kommen nicht mehr?« »Kein Mensch«, sagt der Kellner, »Die Kaufleute und Gastwirte in Straßburg haben sich beschwert. Die Leute kamen herüber, um billig zu essen. Jetzt können sie in Straßburg keine Grenzausweise mehr bekommen.« »Und was«, fragt Hemingway, »ist mit den Deutschen, die in Straßburg gearbeitet haben?« – »Das ist vorbei. Kein Deutscher bekommt einen Ausweis über den Fluss. Sie könnten womöglich billiger arbeiten als die Franzosen.« Und der Kellner berichtet weiter, dass die Fabriken geschlossen seien, die Züge nicht führen, lediglich »Militärzüge, und die fahren, wann es ihnen passt«.

Vier französische Soldaten kommen herein, der Kellner begrüßt sie freundlich auf Französisch, schenkt ihnen Most ein und kehrt zurück zum Tisch des Amerikaners: »Wie kommen Sie jetzt in der Stadt mit den Franzosen aus?« – »Keine Probleme. Es sind gute Kerle, auch nicht anders als wir. Manchmal wird einer frech, aber es sind gute Kerle. Es gibt keinen Hass, nur bei den Schiebern. Die haben was zu verlieren. Wir haben nicht viel Spaß gehabt seit 1914. Wenn Sie ein bisschen Geld haben, hilft es Ihnen auch nichts. Sie können es nur ausgeben, und das machen wir jetzt. Eines Tages ist es vorbei, aber keiner weiß wie. Voriges Jahr hatte ich das Geld zusammen für eine Gastwirtschaft. Jetzt bekäme ich für das Geld nicht einmal mehr vier Flaschen Sekt.« Hemingway sieht zur Wand, an der die Preise stehen:

Ein Glas Bier	350 Mark
Ein Glas Rotwein	500 Mark
Ein Wurstbrot	900 Mark
Mittagessen	3500 Mark
Eine Flasche Sekt	38 000 Mark

Er erinnert sich, dass er und seine Frau im vergangenen Juli für einen ganzen Tag in einem Luxushotel 600 Mark bezahlt hatten.

Major a. D. Adolf Stein sagt, er sei Augenzeuge. Wenige Tage vor der Verhaftung Schlageters ist er mit falschem Pass in das Ruhrgebiet gereist, hat Nahrung gesucht für seinen Hass auf die Franzosen, ist natürlich fündig geworden, reichlich sogar, aber nicht im Übermaß. Denn es gibt kein Übermaß, wenn der Hass grenzenlos ist. Steins Franzosenhass ist grenzenlos. In Essen ist er angeblich zwei Telegraphenarbeitern begegnet, die die Franzosen auf der Wache eine halbe Stunde lang mit Reitpeitschen, Gummischläuchen und Eisenstöcken geschlagen haben. Der eine – bisher ein kräftiger, strotzend gesunder Bursche – ist durch die Folter zum Schüttler geworden. Der andere hat das Gehör links völlig, rechts zum Teil verloren. Er habe mehr derartige Fälle festgestellt, schreibt Major a. D. Stein, als in einem dickleibigen Buch Platz fänden. Sehe er die beeidigten Protokolle durch, werde das Entsetzliche schließlich eintönig. Selbst das Grauen gefriere.

Aber Adolf Stein bemerkt noch mehr. Er beklagt die erlogenen, von Belgiern und Franzosen im Ruhrgebiet verbreiteten Geschichten von Kinderhänden, die deutsche Soldaten in Belgien abgehackt hätten: urechte gallische Phantasie. Demgegenüber Steins entlarvender Blick in den Brotbeutel eines französischen Soldaten, in dem die abgeschnittenen Geschlechtsteile eines Handlungsreisenden aus Pirmasens gefunden wurden. Der Soldat war geständig, der tote Deutsche – am Abend hatte man noch sein Schreien gehört – verblutet am nächsten Morgen vor der Haustür aufgelesen worden. Wundert euch das, fragt Major a. D. Stein scheinheilig, allerdings nicht in den Provinzzeitungen Hugenbergs, sondern diesmal im Sonderdruck »Auf Erkundung im Ruhrgebiet. Ein Skizzenbuch«, der noch in diesem Jahr eine Auflage von 40 000 erreicht. Als Frühstückslektüre ist gefrorenes Grauen unbekömmlich, zumal mit diesem Resümee: »Das Tier ist die Übergangsstufe vom Franzosen zum Menschen.«

Die Leser Rumpelstilzchens sind also eingestimmt, als der Prozess gegen Albert Leo Schlageter und sechs Komplizen am 8. Mai vor dem französischen Militärgericht im Gebäude des Düsseldorfer Landgerichts beginnt. Das Interesse der Öffentlichkeit an dem Verfahren ist zunächst mäßig, vielleicht, weil ein anderes französisches Militärgericht am selben Tag den Essener »Blutsamstag« sühnt. Es verurteilt den Aufsichtsratsvorsitzenden der Krupp-Werke, Gustav Krupp von Bohlen und Halbach, zu 15 Jahren Gefängnis und 100 Millionen Mark Geldstrafe. Einen Tag später ergeht das Urteil im Schlageter-Prozess. Alle Angeklagten werden schuldig gesprochen und zu Zwangsarbeit oder langjährigen Gefängnisstrafen verurteilt, nur Albert Leo Schlageter verurteilt das Gericht wegen Sabotage und Spionage zum Tod. Sein Verteidiger legt sofort Revision ein, das Gericht lehnt sie einstimmig ab.

Es bleibt nur die Begnadigung. Der Gefängnispfarrer mobilisiert die Kirche. Die Bischöfe von Köln und Freiburg und der päpstliche Gesandte unterstützen das Gnadengesuch. Auf Anregung des Freiburger Erzbischofs wird die Königin von Schweden eingeschaltet – eine badische Prinzessin auf Deutschlandbesuch –, die Schlageters Mutter empfängt und ihr Unterstützung verspricht. Der Gefängnispfarrer schickt Appelle an den französischen Armeebischof und an den Kardinal von Paris. Der Appell nach Paris wird zurückgeschickt, weil er – die Inflation galoppiert – mit ein paar Centimes zu wenig frankiert ist. Das Rote Kreuz wird aktiv, das deutsche Außenministerium schickt Telegramme an den französischen Präsidenten Alexandre Millerand und an den Vatikan. Aber Ministerpräsident Poincaré verweigert die Begnadigung. Die Besetzung des Ruhrgebiets ist bisher nicht erfolgreich, hartes Durchgreifen könnte die französische Öffentlichkeit beeindrucken. Und die Exekution Schlageters könnte gegenüber dem Widerstand im besetzten Gebiet ein abschreckendes Beispiel sein. Also: Hinrichtung.

Am Morgen des 26. Mai wird Schlageter die Beichte abgenommen. Bewacht von zwei Gendarmen, begleitet vom Pfarrer, dem Verteidiger und einem Kaplan wird er auf einem Lastauto zum Exerzierplatz in der Golzheimer Heide gefahren. Es folgen eine Autokolonne – ausländische Journalisten sind zugelassen – und eine Schwadron Kavallerie. Schlageter wird an einen Pfahl gebunden. Er kniet, wie es die Vorschrift verlangt. Ein Kommando von zwölf Soldaten exekutiert ihn, mehrere Schüsse treffen ins Herz. Albert Leo Schlageter ist der einzige Deutsche, den die Franzosen während der Besetzung des Ruhrgebiets exekutieren. Sein Name wird in den kommenden Jahren genügen, um den nicht nur von Major a. D. Adolf Stein beschworenen, ab jetzt nicht mehr namenlosen Hass auf die Franzosen immer wieder zu befeuern.

Vor etwas mehr als einem Jahr, am Abend des 28. März 1922, ist Wladimir Dmitrijewitsch Nabokov im großen Saal der Berliner Philharmonie ermordet worden. 1500 Exilrussen waren gekommen, um einen Vortrag Pawel Miljukows zu hören, 1917 Außenminister in Kerenskis Provisorischer Regierung. Miljukow hatte 1905 die liberale Konstitutionell-Demokratische Partei – die sogenannte Kadettenpartei – gegründet, deren führende Vertreter er selbst und Nabokov waren. Miljukow war nach Paris, Nabokov nach Berlin emigriert. Zwar war es in jüngster Zeit zu Spannungen zwischen ihnen gekommen – Miljukow tendierte mehr nach links zu den Sozialrevolutionären, Nabokov hielt an liberal-demokratischen Prinzipien fest –, dennoch war Miljukow der herzlichen Einladung Nabokovs nach Berlin gefolgt. Nach seinem Vortrag war plötzlich ein Mann in einer der ersten Reihen aufgesprungen, hatte gerufen: »Für die Zarenfamilie und Russland!« und mit einem Revolver auf Miljukow geschossen.

Nabokov hatte sich auf den Schützen gestürzt und mit

einem Freund zusammen am Boden umklammert. Da war ein zweiter Mann von hinten an Nabokov herangetreten und hatte drei Schüsse auf ihn abgefeuert: Zwei Kugeln trafen seine Wirbelsäule, die dritte durchbohrte Herz und Lunge. Nabokov war sofort tot. Die Attentäter waren zwei ehemalige Zarenleutnants – Pjotr Schabelski-Bork und Sergei Taborizki. Beide waren Mitarbeiter Fjodor Wiktorowitsch Winbergs, eines ehemaligen Obersten der zaristischen Armee, fanatischer Antisemit, einflussreiches Mitglied sowohl der russischen Emigrantenszene als auch rechtsextremer deutscher Kreise, und seit Oktober 1922 vertrauter Gesprächspartner Adolf Hitlers. Winberg hatte aus Russland ein antisemitisches, von ihm selbst herausgegebenes Pamphlet mitgebracht, die »Protokolle der Weisen von Zion«, mit deren deutscher Übersetzung er den völkischen Publizisten Ludwig Müller von Hansen beauftragt hatte. Der Text ist von der ersten bis zur letzten Zeile Fiktion, Lüge, Fake – sein internationaler Siegeszug in den nächsten Jahren als vermeintlicher Beweis jüdischen Weltherrschaftsstrebens ist nicht mehr aufzuhalten.

Vladimir, Nabokovs Sohn, junger Schriftsteller und Student in Cambridge, war am Abend der Ermordung seines Vaters im Berliner Elternhaus gewesen, auf Besuch in den Osterferien. Seine Mutter hatte ihm gerade ein Gedicht des russischen Symbolisten Alexander Blok vorgelesen, als das Telefon klingelte und der Anrufer zwei Russen ankündigte, die Mutter und Sohn mit dem Wagen in die Philharmonie bringen würden. In seinem Tagebuch hat der damals 22 Jahre alte Vladimir Nabokov notiert, auf der Fahrt habe er sich gefühlt, als sei er von allem »irgendwie schicksalhaft abgeschnitten – als … sei das einzig Klare, Wichtige und Lebendige der Schmerz, der mir hartnäckig und erstickend das Herz zusammenpresste. ›Vater ist nicht mehr.‹«

Er war nach Cambridge zurückgekehrt, hatte das Studium abgeschlossen, war wieder nach Berlin zur Mutter gezogen und Teil geworden von Russkij Berlin, von »Moskau an der Spree«, in dem mehr als 300 000 Russen leben – vor allem im Dreieck Nollendorfplatz, Prager Platz und Bahnhof Zoo –, jüdische Kaufleute, Sowjetagenten, zaristische Antisemiten, die meisten aber politische Flüchtlinge, die in Russland alles verloren haben. Warum sind sie ausgerechnet in das wirtschaftlich ruinierte, politisch aufgewühlte Deutschland gekommen, zum Kriegsgegner von gestern?

Deutschland liegt nahe: Sollten die Bolschewisten demnächst in Russland von der Macht vertrieben werden – was viele Emigranten hoffnungsvoll erwarten –, wäre es von Berlin aus ein kurzer Rückweg in die Heimat. Deutschland ist billig: Paris ist viermal teurer als Berlin, wer noch etwas Schmuck hat oder einen Pelzmantel, der profitiert von der deutschen Inflation. Deutschland ist offen: Es lässt die Emigranten ohne bürokratische Schikane hinein. Sie folgen denen, die ihnen vorausgegangen sind, nicht nach Berlin, das interessiert sie nicht, sondern nach Russkij Berlin mit seinen russischen Zeitungen und russischen Buchverlagen, seinen russischen Restaurants, russischen Theatern, russischen Literatenzirkeln, russischen Berufsvereinigungen und Russisch als Alltagssprache.

Einer von ihnen ist der junge Nabokov. Er schlägt sich durch mit Gelegenheitsjobs als Tennislehrer und Boxtrainer, gibt Englisch- und Französischstunden, veröffentlicht in russischen Zeitungen Kreuzworträtsel und Schachaufgaben. Nabokovs Vater hatte mit einigen anderen emigrierten liberalen russischen Politikern den Buchverlag »Slowo« (Das Wort) und die führende Zeitung in Russkij Berlin »Rul« (Das Ruder) gegründet, jeweils Kooperationen mit dem Ullstein-Verlag. Hier veröffentlicht Vladimir Nabokov seine ersten Gedichte, selbstverständlich auf Russisch. Und in Russkij Berlin kommt es am

8. Mai zu einer Begegnung, die das Leben Nabokovs verändern wird wie keine andere. Auf einem Wohltätigkeitsball des Verbands der russischen Kriegsinvaliden im Tanzpalast Fiametta (Kurfürstendamm 119) lernt er die jüdische Übersetzerin Véra Slomin kennen, wie Nabokov in St. Petersburg geboren und wie Nabokov der Literatur verschrieben. Nabokov behauptet, er sei Véra Slomin am 9. Mai zum ersten Mal begegnet, also einen Tag später. Aber was bedeutet schon ein Tag in einer Beziehung, die mehr als ein halbes Jahrhundert, bis zum Tod des weltberühmten Romanciers Vladimir Nabokov, halten wird.

An dieser Stelle ein kurzer Ausblick in die Zukunft der Familie Nabokov – 1934 wird Sohn Dmitri geboren –, die erst nach langem Zögern das nationalsozialistische Deutschland 1937 verlassen wird. Den Ausschlag für die Entscheidung zur erneuten Emigration gibt die Anordnung der Gestapo, die Berliner Russen zu überwachen, und damit zwei ehemalige zaristische Offiziere beauftragt: Pjotr Schabelski-Bork und Sergei Taborizki, die Mörder von Nabokovs Vater.

Einen zwingenden Grund, die Sowjetunion nicht zu verlassen, beschreibt im Mai das »Neue Wiener Journal« mit einem prominenten Beispiel: »Über Dostojewskis Familie scheint ein Unglücksstern zu walten. Seine Schwiegertochter und sein Enkelsohn leiden in Sowjetrussland Hungerqualen und siechen langsam dem Tode entgegen. Seine Witwe ist, wie seinerzeit gemeldet, vor etwa drei Jahren bereits den Entbehrungen und dem Kummer erlegen, und kurz darauf folgte ihr ihr einziger Sohn Fedor ins Grab, der eine Witwe und zwei Kinder, Fedja und Andreas, hinterließ. Fedja starb im vergangenen Jahre an einer Gehirnentzündung, der der durch Unterernährung erschöpfte Körper keinen Widerstand zu leisten vermochte. Andreas, der jüngere Bruder, ist heute der einzig überlebende Nachkomme

Dostojewskis und lebt mit seiner Mutter in Simferopol in der Krim. Ein Brief, den kürzlich ein in Genf lebender Bekannter der Familie erhielt, gibt erschütternden Bericht über das jammervolle Elend, in dem sich Mutter und Sohn befinden. Seit dem vergangenen Winter liegt der kleine Andreas an einem Brustübel krank, und die wenigen Tage, an denen er das Bett verlassen kann, ist er der Möglichkeit beraubt, sich im Freien zu ergehen, weil er weder Schuhe noch Kleider hat. Er besitzt nur zwei Hemden, von denen das eine nur noch aus Fetzen besteht, und er erduldet Hunger und Entbehrungen jeder Art. Der behandelnde Arzt hat erklärt, dass er nur in frischer Luft und bei guter Ernährung am Leben erhalten werden kann. Aber ein Ei kostet heute in Russland 1 000 000 Rubel, ein Pfund Butter 6 000 000, ein Viertelliter Milch 5 000 000, Summen, die die arme Mutter durch Stundengeben und die schwere Lohnarbeit, mit der sie sich vom Morgen bis zum Abend abquält, nicht aufbringen kann. ›Tag und Nacht weint sie‹, heißt es in dem Brief, ›aber mit Tränen kann man leider keinen Kranken ernähren. Schickt um Gottes willen etwas zum Essen und ein paar abgelegte Kleidungsstücke.‹«

Am 17. Mai heiratet Marlene Dietrich den Aufnahmeleiter Rudolf Sieber. Sie erinnert sich an eine Verlobungszeit von einem Jahr, an einen Myrtenkranz, den ihre Mutter ihr aufgesetzt hat, an die Familienmitglieder, die in die Kirche drängten. Aber ihre Ehe wird nicht in der Kirche, sondern auf dem Standesamt in Berlin-Friedenau geschlossen, ein gutes halbes Jahr nach Beginn der Liaison. Als Trauzeugin unterschreibt Marlene Dietrichs Mutter Josephine, die ihr Alter mit 41 Jahren angibt und damit fünf Lebensjahre unterschlägt. Der zweite Trauzeuge gehört nicht zur Familie, sondern ist vermutlich der derzeitige Liebhaber der Mutter, ein Geschäftsmann namens Richard Neuhauser. Richtig ist immerhin der Name, mit dem

Marlene Dietrich unterschreibt: »Marie Magdalene Dietrich«. Sie ist tatsächlich erst 21 Jahre alt.

In München hat der Bolschewismus einen schweren Stand, auch im »Residenztheater«. Schon die Uraufführung von Bertolt Brechts zweitem Drama »Im Dickicht« (später: »Im Dickicht der Städte«) war kein Erfolg, selbst dem Regisseur Erich Engels und Brecht im Prinzip wohlgesonnene Zeitungen – wie der liberale »Tag« in Wien – hatten sich über die »gänzlich unverständlichen spukhaften Vorgänge auf der Bühne« gewundert. Noch irritierender war jedoch – zumindest auf den ersten Blick – das Verhalten des bayrischen Ministerpräsidenten Eugen Ritter von Knilling und seines Kulturministers Franz Matt, beide Politiker der Bayerischen Volkspartei (BVP), die die Vorstellung nach der Pause entrüstet verlassen hatten. Offenbar hätten sie ein »vaterländisches Touristendrama« erwartet, hatten liberale Kritiker ihnen höhnisch hinterhergerufen. Aber hatten sie in Wahrheit nicht, früher als andere, die Pestilenz des Bolschewismus gewittert, die Brecht nach München einzuschleppen versuchte?

Wenn er es versucht haben sollte, dann ist er ab der zweiten Aufführung am 19. Mai damit gescheitert. Mit Genugtuung vermerkt Thomas Mann: »Aber Münchens volkstümlicher Konservatismus war auf seinem Posten gewesen. Er duldet keine bolschewistische Kunst. Bei der zweiten oder dritten Aufführung legte er Verwahrung ein, und zwar in Gestalt von Gasbomben. Furchtbare Dünste erfüllten plötzlich das Theater. Das Publikum weinte bitterlich, doch nicht von Gemütes wegen, sondern weil die ausströmenden Gase die Tränendrüsen scharf in Mitleidenschaft zogen. Man floh. Die Aufführung ward unterbrochen. Das Theater musste gelüftet werden, und Logendiener erschienen mit Ozonspritzen zur Reinigung der Atmosphäre. Erst nach Verlauf einer halben Stunde hielt das Publikum wieder seinen Einzug in Parkett und Logen, um, immer noch aus rein körperlichen Gründen weinend, das Stück zu Ende zu hören.« So steht es auch in den seriösen Blättern. Da steht aber auch, wer an dem Abend die Vertreter von »Münchens volkstümlichem Konservatismus« gewesen sind: Mitglieder der NSDAP, deren Pfeifkonzert, Protestgebrüll (»Wir sind Deutsche!«), Stinkbomben- und Reizgaseinsatz gründlich vorbereitet war und mit Trillerpfeifen von zwei Funktionären geleitet wurde.

Am 20. Mai kommen im Bahnhofshotel der thüringischen Gemeinde Geraberg 20 linke Intellektuelle zur Ersten Marxistischen Arbeitswoche zusammen. Organisiert hat das Diskussionsseminar der undogmatische Marxist und habilitierte Jurist Karl Korsch. Finanziert werden die acht Tage von Felix Weil, 25 Jahre alt, jüdischer Erbe eines Weizenimperiums in Argentinien. Dort ist er geboren, aufgewachsen und – in der Geschäftswelt seines reichen Vaters – zum Marxisten geworden; seit einigen Jahren lebt er in Deutschland und unterstützt linke Verleger wie die Brüder Wieland und Helmut Herzfelde, die Gründer des Malik-Verlags, linke Künstler – George Grosz wird in diesem Sommer ein Freund –, vor allem aber arbeitet er an dem linken Projekt, das an diesen Pfingsttagen in Thüringen sein erstes Lebenszeichen von sich gibt: der Gründung des Instituts für Sozialforschung in Frankfurt am Main.

Das Institut soll zwar eine von der Parteipolitik unabhängige marxistische Forschungseinrichtung sein, aber in jedem Fall marxistisch. Städtischer Magistrat, Universitätskuratorium, Rektorat, wirtschafts- und sozialwissenschaftliche Fakultät, preußisches Wissenschaftsministerium – jede dieser Institutionen hätte gegen die Gründung ein Veto einlegen können. Um das zu verhindern, hatte Weil zu einer List gegriffen, die er selbst als »ins Äsiopische umwandeln« bezeichnet, gemeint ist die begriffliche Verschleierung marxistischer Semantik nach dem Vorbild des griechischen Dichters, der in seinen Fabeln Tiere zur Sprache bringt, um die Welt nicht mit der ungeschminkten Wahrheit zu verschrecken. In einer Denkschrift hatte Weil die politische Unabhängigkeit und Ausgewogenheit des Projekts hervorgehoben, aber über die marxistische Ausrichtung des Instituts kein Wort verloren. Die List hatte Erfolg. Anfang Februar war die Gründung unter Dach und Fach.

Und während die 20 Marxisten – darunter Friedrich Pollock und Georg Lukácz – über Pfingsten im Thüringer Bahnhofshotel die marxistische Theorie erörtern, entsteht bereits der künftige Sitz des Instituts in der Viktoriaallee im Frankfurter Westend, Wohngebiet wohlhabender Frankfurter Bürger, darunter viele assimilierte liberale Juden. Hier wohnt auch der Architekt des Instituts, der 1879 in Vaduz geborene Franz Roeckle. Nach seinem Studium hatte er 1906 mit erst 27 Jahren den Wettbewerb für die Frankfurter Westend-Synagoge gewonnen. Seitdem hat er immer wieder für jüdische Auftraggeber gearbeitet. Es liegt also vermutlich an seinem guten Ruf in jüdischen Kreisen, dass er vom jüdischen Erben Felix Weil den Auftrag erhalten hat, die künftige Wirkungsstätte des marxistischen Instituts für Sozialforschung zu errichten. An seiner Gesinnung liegt es jedenfalls nicht. Roeckle ist noch nicht Mitglied, aber ein Freund und Förderer der NSDAP. Das hat er selbstverständlich beim Vertragsschluss mit Weil nicht erwähnt, seine Gedanken vielmehr »ins Äsiopische« umgewandelt.

Wenn Toni Sender für das Rheinland etwas erreichen will, muss sie über Hamburg fahren. Die sozialdemokratische Reichstagsabgeordnete ist ausgebildet als kaufmännische Angestellte, betrachtet sich aber eher als Lehrerin mit einem anspruchsvollen Erziehungsprogramm: Sie will versuchen, das deutsche Volk zu lehren, das französische Volk nicht zu hassen. Die Unterrichtsbedingungen sind miserabel, allein die organisatorischen Probleme sind kaum zu bewältigen. Frankreich hat den Kontakt zwischen den Bewohnern des besetzten und des unbesetzten deutschen Gebiets extrem erschwert. Ohne Genehmigung der Militärbehörden ist der Grenzübertritt verboten. Wie sollen da Arbeiterversammlungen und große Demonstrationen im Ruhrgebiet gelingen? Auch sind ihre politischen Freunde einer nach dem anderen in französische Militärgefängnisse geworfen worden, schreibt Sender, weil sie sich als hohe Beamte der Weimarer Regierung geweigert haben, die Autorität der militärischen Invasoren anzuerkennen. Und sie wurden schließlich aus dem Ruhrgebiet verbannt, man denke: Im Frieden vertreibt eine ausländische Armee Deutsche aus ihrem eigenen Land und aus ihren Ämtern.

Toni Sender, Vertreterin des linken Flügels der SPD-Fraktion im Reichstag, ist empört, aber entschlossen: Der Existenzkampf des deutschen Volkes darf nicht zu einer Orgie des Chauvinismus degenerieren. Also fährt sie nach Hamburg. Dort beginnt am 21. Mai der Internationale Sozialistenkongress. Einer der 400 Delegierten aus 30 Ländern ist ein alter Bekannter Toni Senders – der französische Sozialist Paul Faure. Sie kennt ihn seit ihrer Zeit in Paris vor dem Weltkrieg, wo sie als Fremdsprachenkorrespondentin in der französischen Niederlassung eines deutschen Metallkonzerns gearbeitet hat, seitdem ist sie auch Mitglied der französischen sozialistischen Partei. Sender überredet Faure, mit ihr an die deutsche Westgrenze zu fahren, ins unbesetzte Gebiet, aber direkt an der Grenze des besetzten Ruhrgebiets, und auf öffentlichen Versammlungen im Freien, auf offenem Feld, »die imperialistischen Ambitionen der französischen Armee zu verurteilen«. Der Coup gelingt: Faure spricht zu den Deutschen auf Französisch, Sender übersetzt ins Deutsche, und die Zuhörer, die einzeln über die Grenze unter Umgehung der französischen Patrouillen ins unbesetzte Gebiet herübergekommen sind, jubeln dem Franzosen zu – sofern sie nicht beim Versuch des Grenzübertritts erwischt und verhaftet worden sind.

Es ist unklar, warum der 33 Jahre alte Volksschullehrer und Rechtsextremist Walter Kadow Ende Mai in Parchim/Mecklenburg ermordet wird. Einige Mitglieder des Freikorps Roßbach verdächtigen ihn, Schlageter an die Franzosen verraten zu haben, andere glauben, er habe vielleicht nicht Schlageter verraten, aber den Franzosen grundsätzlich seine Zusammenarbeit angeboten. Generell ist Kadow, der selbst dem Freikorps angehört, bei seinen Leuten nicht besonders beliebt, unter anderem soll er geliehenes Geld nicht zurückgezahlt haben. Sicher ist, dass Martin Bormann und Rudolf Höß, von Roßbach als Gutsleiter auf Höfen in Schlesien und Mecklenburg eingesetzt, in Parchim den Abend des 31. Mai mit zwei Kumpanen bei einem Besäufnis in einem Restaurant verbringen. Da entdecken sie, einige Tische von ihnen entfernt, Walter Kadow. Die vier Männer setzen sich zu ihm, das Besäufnis wird fortgesetzt, bis einer vorschlägt, eine gemeinsame Autofahrt zu machen. Kadow willigt ein. Als sie einen Wald erreichen, schlagen dort die vier Komplizen auf Kadow so lange mit Knüppeln ein, bis er sich nicht mehr rührt. Einer schlitzt Kadow vorsorglich die Kehle auf, ein anderer schießt ihm mit einem Revolver zwei Kugeln in den Kopf. Die Leiche wird im Wald vergraben. Rudolf Höß gibt später zu Protokoll, Kadow, »dieser Verräter«, habe den Tod verdient.

Fünf Tage lang kein Krach, kein Ärger, keine Katastrophe im Haus von Margo Lion und Marcellus Schiffer. Fünf Tage? Schiffer kann es kaum glauben. Fünf Tage ist Marguerite zwar nicht in der »Wilden Bühne«, aber in der »Rampe« von Rosa Valetti aufgetreten. Schon nach dem ersten Vorsprechen wurde sie für den ganzen Sommer gebucht. Marcellus Schiffer hat die Sachen mit ihr einstudiert, sehr viele Anlagen zu Eigenem an ihr bemerkt, natürlich fehlt ihr noch Routine. Fünf Tage Marguerites stolperfreie Gehversuche auf der Bühne. Aber dann haben sich die Sommerdirektoren überworfen, Herr Kraus und Herr Meier haben sich gezankt und gepöbelt. Ausgerechnet der widerwärtige Meier mit angefressener Nase hat das Schlachtfeld behauptet und Marguerite sofort entlassen. Weil sie am Anfang nicht höflich genug zu Meier war. Sie wird ihn eventuell auf Gagezahlung verklagen. Marcellus Schiffer hat dem Frieden ohnehin nicht getraut. An jedem Abend ihrer fünf Auftritte hat er gesagt, gar kein Krach, unmöglich, gar keine Sensation hier? Nichts gegen Krach, aber bitte endlich mal bei anderen Leuten, schreibt Schiffer, dieses eine Mal wolle er verschont bleiben. Immerhin fünf Tage Ruhe. Dann kommt die Katastrophe, anhänglich wie sie ist, zu Marcellus Schiffer und Margo Lion zurück.

Aus Geld wird wertloses Spielgeld, aber es gilt weiterhin der Grundsatz »Mark gleich Mark«. Das ist vor allem für Hypothekenschuldner eine gute Nachricht, bis schließlich das Reichsgericht einschreitet.

Ein Blick auf das Manuskript von »Der Zauberberg«, nach den »Buddenbrooks« Thomas Manns zweiter großer Roman, der erst 1924 erscheinen wird.

Die Eisenbahntarife im Personenverkehr steigen um 100 Prozent, im Güterverkehr um 50 Prozent. Erdbeeren werden billiger: Ein Pfund kostet jetzt 8000 bis 10 000 Mark, eine einzelne Beere wird für 500 bis 600 Mark verkauft. Die rapide Geldentwertung fördert die Bereitschaft unter den Arbeitern zur Radikalisierung. Bei Teuerungsunruhen in Leipzig werden sieben Menschen getötet und mehr als 100 verletzt. In Oberschlesien beginnt ein mehrtägiger Berg- und Metallarbeiterstreik, der abgebrochen wird, nachdem sich die Arbeitgeber zu einer 60-prozentigen Lohnerhöhung bereiterklären. Für die Beamten wird der Teuerungszuschlag von 2900 Prozent auf 6000 Prozent erhöht. Die Überführung der Leiche Albert Leo Schlageters in seinen Geburtsort Schönau/Baden wird zu einer antirepublikanischen Demonstration. An verschiedenen Orten der Strecke kommt es zu Aufläufen rechtsradikaler Verbände, aber auch des nationalistischen Bürgertums. Auf der Gedenkveranstaltung in München sprechen Erich Ludendorff und Adolf Hitler. Karl Radek, sowjetisches Präsidiumsmitglied der Kommunistischen Internationalen (Komintern), bezeichnet in Moskau Schlageter als »mutigen Soldaten der Konterrevolution« und propagiert eine völkisch-kommunistische Einheitsfront. Bei einem Sprengstoffanschlag auf einen belgischen Soldatenzug auf der Hochfelder Rheinbrücke sterben zehn Menschen. Franzosen und Belgier machen deutsche Saboteure für das Attentat verantwortlich. Der Kurswert des Dollar liegt in diesem Monat bei durchschnittlich 110 000 Mark. Ein Brot kostet 1428 Mark.

Ein Blick in die »Berliner Börsen-Zeitung« und das »Berliner Tageblatt« in den Ausgaben vom 1. Juni:
(Bautzen) Die Demonstrationen Erwerbsloser fanden am gestrigen Donnerstag und in der Nacht zu heute ihre Fortsetzung. Es kam dabei zu schweren Ausschreitungen. – *(Köln)* Dem wilden Streik der Kölner Straßenbahner haben sich heute sämtliche anderen städtischen Arbeiter Kölns angeschlossen. Der Schlachthof, der Fuhrpark, die Gas-, Wasser- und Elektrizitätswerke, Theater, Friedhöfe und städtischen Büros, wo die Hilfsarbeiter streiken, sind von dem Ausstande betroffen. – *(Gelsenkirchen)* Die Stadt Gelsenkirchen ist heute fast ohne Lebensmittel, besonders ohne Fettwaren. Eine große Anzahl von Kleinhändlern beklagt den Verlust ihres gesamten Vermögens. – *(Wiesbaden)* Die Erwerbslosen und die Notstandsarbeiter sind auch hier unruhig geworden. Sie fordern eine Extraauszahlung von 100 000 Mark Besatzungszulage, vom 1. April ab Bezahlung der Regen- und Feiertage und Anerkennung des Erwerbslosenrates. – *(Essen)* Durch unverantwortliche Elemente sind die Arbeiter des Ruhrgebiets in blutige Kämpfe gestürzt worden, die viele Tote und Verwundete gekostet haben. Die Gewerkschaften haben mit diesen Vorgängen nichts zu tun. – *(Berlin)* Die Tendenz der heutigen Börse zeigte alle Merkmale der Katastrophenhausse in der allerschärfsten Form. Besonders am Montanaktienmarkt traten Kurserhöhungen ein, die sich zwischen 50 000 und 100 000 Prozent bewegten. – *(Bochum)* Entschließung der Bergarbeiter Deutschlands: Die Streiks und

Putsche der letzten Woche mit ihrem Gefolge von Gewalt, Mord und Bürgerkrieg konnten nur erwachsen aus dem Boden der Verzweiflung, wie er geschaffen wurde durch die wahnsinnigen Preissteigerungen und den immer mehr sich erweiternden Abstand zwischen Einkommen und Lebensbedarf. – *(Berlin)* Dem Reichstag liegen Gesetzentwürfe zur Erhöhung diverser Verbrauchsteuern vor, die am 1. September in Kraft treten sollen. Künftig sind nach dem Salzsteuergesetz 10 Mark Steuer für ein Kilo Reingewicht des Salzes zu zahlen (bisher 12 Pfennig). Der Entwurf eines Mineralwasser-Steuergesetzes sieht eine Verhundertfachung der bestehenden Sätze vor. Für die Besteuerung der Leuchtmittel (elektrische Glühlampen, Brennstifte und Glühkörper) wird eine Wertsteuer eingeführt. Danach soll die Steuer 20 Prozent des Steuerwerts betragen. Die Jahreseinnahmen aus der Steuer werden in der Begründung des Entwurfs auf 45 Milliarden Mark veranschlagt, im Rechnungsjahr 1922 lagen sie bei rund 70 Millionen Mark. – Die Eisenbahntarife im Personenverkehr steigen um 100 Prozent, im Güterverkehr um 50 Prozent. – Aus einer Anzeige des Kaufhauses A. Wertheim: Ein Pfund Harzerkäse 2800 Mark, ein Pfund fettes Ochsenfleisch (Kamm, Brust und Bug, gefroren) 6400 Mark, ein Pfund Kabeljau (ohne Kopf, ganze Fische) 2200 Mark.

Es ist ein Unterschied, ob einer im eigenen Bett verhungert oder auf der Parkbank. Maximilian Bern wird das im September erfahren. Einstweilen überlebt der alte, seit langem verstummte Schriftsteller halb verhungert in seiner Wohnung in Berlin. Außer dem Hungertod hat er nichts zu befürchten, zumindest die Wohnung kann ihm keiner mehr nehmen. Am 1. Juni tritt das Reichsmieterschutzgesetz in Kraft, das den Vermietern grundsätzlich Kündigungen verbietet. Nach Schätzungen des Deutschen Städtetages fehlten bereits vor zwei Jahren in Deutschland eine Million Wohnungen. Der Bedarf an Wohnungen ist seitdem stark gestiegen, nur wenig hingegen die Zahl der Neubauwohnungen – 1913 waren es noch 200 000, 1923 sind es nur 118 000. Die Baukosten sind inzwischen unerschwinglich. Die Kommunen beschränken sich auf den Umbau von Kasernen und anderen öffentlichen Gebäuden. Das Reichsmieterschutzgesetz versucht, die verarmten Menschen zumindest vor Obdachlosigkeit zu bewahren. Maximilian Bern erfährt nichts von dem gravierenden Eingriff in den Wohnungsmarkt. Selbst wenn er sich eine Zeitung kaufte, wäre er nach der Lektüre nicht im Bilde. Weder das »Berliner Tageblatt« noch die »Börsen Zeitung« erwähnen das Gesetz in ihren Ausgaben vom 1. Juni. Sie berichten von den Erwerbslosen, den Streikenden, den Hungernden – der Unterschied von Bett und Parkbank ist offenbar nicht mehr relevant.

Es wäre interessant, in diesen Tagen einem Gespräch zwischen Stefan Zweig und Maxim Gorki über den Sittenverfall der Deutschen zuzuhören. Leider begegnen sie sich nicht. Zweig hat Berlin im vergangenen Jahr besucht, auf der Durchreise in den Urlaub auf Sylt hat er Station gemacht bei seinem alten Freund Walther Rathenau, wenige Tage vor dessen Ermordung. Was er in Berlin sehen musste, hat ihn entsetzt. Stefan Zweig empört sich, überall schössen Bars, Rummelplätze und Schnapsbuden auf wie die Pilze. Selbst das alte Rom habe keine solchen Orgien gekannt wie die Berliner Transvestitenbälle, wo Hunderte von Männern in Frauenkleidern und Frauen in Männerkleidung unter den wohlwollenden Blicken der Polizei tanzten. Eine Art Irrsinn habe im Sturz aller Werte gerade die bürgerlichen, in ihrer Ordnung bisher unerschütterlichen Kreise ergriffen. Man betrachte nur die Mädchen. Sie rühmen sich stolz, pervers zu sein. Mit 16 Jahren noch der Jungfräulichkeit verdächtig zu sein, gelte in jeder Berliner Schule als Schmach. Jede will ihre Abenteuer berichten können und je exotischer, desto besser. Mit anderen Worten: Berlin ist für Zweig »das Babel der Welt«.

Was würde Gorki dazu sagen? Selbst wenn sich die beiden berühmten Schriftsteller in Berlin begegneten, würde es mit dem Gespräch nichts werden, es sei denn, Marija Baronin von Budberg, genannt »Mura«, Lebensgefährtin und Sekretärin Gorkis, wäre dabei. Zweig kann kein Russisch, Gorki nur ein paar Brocken Deutsch, die Baronin könnte dolmetschen – sie spricht perfekt Russisch, Deutsch, Englisch und Französisch. Auch der russische Schriftsteller ist auf die Sittlichkeit der Deutschen nicht gut zu sprechen, allerdings aus anderen Gründen als sein österreichischer Kollege.

Er bricht Anfang Juni die Zelte in Saarow ab. Sein Gesundheitszustand hat sich verschlechtert, für die nächsten Monate zieht er mit seiner Entourage nach Freiburg im Schwarzwald. Immerhin hatte sein Freund Tschechow schon 1904 das nicht weit entfernte Badenweiler gleichfalls wegen seiner Tuberkulose aufgesucht (allerdings erfolglos; im Juli 1904 war Tschechow in Badenweiler gestorben). Aber noch vor Beginn der Reise, beim Besteigen des Zuges in Berlin, stellen sich ihm »die gottesfürchtigen Deutschen« in den Weg, Beamte der Reichsbahn. Im Namen der Sittlichkeit verlangen sie von Gorki und der Baronin eine Heiratsurkunde, anderenfalls dürften sie nicht im gemeinsamen Coupé Platz nehmen. Gorki war zweimal verheiratet, aber mit der Baronin lebt er ohne Trauschein zusammen. Sie müssen in getrennten Abteilen reisen.

Die erzwungene Trennung ist weniger für Gorki ein Problem, schon eher für die Baronin. Sie gefährdet das System der Rundumüberwachung, die der junge Sowjetstaat misstrauisch über den berühmten Autor verhängt hat. Gorkis erste Frau, Jekaterina Peschkowa, die Mutter seines Sohnes Maxim, steht nicht nur im Dienst der Tscheka, der Geheimpolizei der Sowjetunion, sie ist auch eine leidenschaftliche Anhängerin von deren Chef, Feliks Dzierzyński. Trotz der Scheidung ist sie noch immer eine Vertraute Gorkis und hat ihn mehrfach in Saarow besucht, natürlich auch, um ihren Sohn zu treffen, der bei seinem Vater wohnte. Maxim – ein überzeugter Bolschewist, leidenschaftlicher Autofahrer und Tennisspieler – hat einige Jahre als diplomatischer Kurier im Ausland für die Moskauer Regierung gearbeitet, aber auf deren Geheiß seine politische Arbeit beendet, um sich ganz dem Vater zu widmen.

Auch Gorkis zweite Frau, die Schauspielerin Marija Andrejewa, ist mit Gorki nach der Trennung in engster Verbindung geblieben. Sie wurde mit ihrem Mitarbeiter und neuen Lebensgefährten Pjotr Krjutschkow nach Berlin geschickt, um als Abteilungsleiterin an der sowjetischen Handelsvertretung zu wirken. Beide sind mit der Führung von Gorkis Verlagsangelegenheiten im Ausland betraut, Krjutschkow gilt als Gorkis inoffizieller Sekretär und betreut die Werkausgabe Gorkis, die der Verlag Ladyschnikow, von Lenin und der Partei finanziell unterstützt, in Berlin betreibt.

Die wichtigste Frau im Leben des Schriftstellers ist seine derzeitige Lebensgefährtin Marija Ignatjewna Baronin von Budberg. Der »Bittere« (russisch: Gorki) nennt sie bewundernd »die eiserne Frau«, sie ist attraktiv, 32 Jahre alt und geheimnisumwittert. Es heißt, sie sei die »Mata Hari des Ostens«. Sie soll nicht nur für den sowjetischen, sondern auch für den englischen und den deutschen Geheimdienst arbeiten. Die Baronin hat die gesamte ausländische Korrespondenz Gorkis übernommen, seinen Haushalt unter ihre Kontrolle gebracht und weicht nicht von seiner Seite. Aber die unerschütterliche Sittlichkeit der deutschen Bahnbeamten unterbricht auf der Reise von Berlin nach Freiburg ihre fürsorgliche Überwachung Gorkis.

Der Kontrollverlust der Baronin dauert 22 Stunden. Die Verantwortung für die Reisedauer liegt nicht bei den deutschen Bahnbeamten, sondern bei den Franzosen. Sie haben die Rheintallinie unterbrochen und die Reise damit extrem verzögert. Zwar ist auch die Ankunft in Freiburg nicht besonders herzlich – die deutschen Zollbeamten benötigen für die Prüfung der Pässe der beiden russischen Reisenden eine Woche –, aber die Unterkunft im Hotel »Kyburg« in Günterstal ist angenehm, Stadt und Umgebung entzücken Gorki: »Hier muss man leben!« Zwar ist es regnerisch und auch ein wenig kalt, aber Gorki ist von Freiburg bezaubert.

Überhaupt die Deutschen, mit welcher Liebe sie die Spuren der Vergangenheit pflegen. Schon einige Tage später trübt allerdings schlechtes Wetter die Stimmung Gorkis ein, seine Gesundheit verschlechtert sich, erneut plagt ihn die Bronchitis mit teuflisch starkem Husten, Fieber, Kopfschmerzen und Atemnot, und auch die Einheimischen gefallen ihm nicht mehr besonders: »Die Deutschen schauen finster gen Himmel und werden demnächst wohl zu Atheisten.«

Am 9. Juni funkelt die Sonne endlich wieder über Freiburg. Aber die Blicke der Bürger bleiben finster, wie es sich für die Teilnehmer einer Trauerfeier geziemt, zumal wenn der Tod eines Märtyrers zu beklagen ist, der sein Leben für das deutsche Volk hingegeben hat. Trotz der Hitze zieht sich die Feier über Stunden, nicht nur einfache Bürger sind erschienen, auch Rektor und Senat der Universität in vollem Ornat und alle Korporationen, einschließlich des jüdischen Korps Ghibellina, entbieten Albert Leo Schlageter den letzten Gruß in langen gefühlvollen Reden mit nationalem Überschwang. Zuvor schon war die Trauergemeinde zum Freiburger Bahnhof gezogen, um dem Märtyrer bei der Durchfahrt auf seiner letzten Deutschlandreise Valet zu sagen.

Auf Wunsch seiner Eltern und auf Rechnung einiger Nationalsozialisten wird der Leichnam Schlageters auf den Friedhof seines Schwarzwälder Heimatortes Schönau übergeführt.

Nach der Hinrichtung war der Leichnam in einem vorläufigen Grab auf dem Düsseldorfer Nordfriedhof beigesetzt worden, ein Wachtmeister hatte ein schmuckloses Kreuz in die Erde gerammt: »Hier ruht Albert Leo Schlageter, ein deutscher Held.« Das Kreuz hatten die Franzosen akzeptiert, nur die zahlreichen schwarz-weiß-roten Kranzschleifen hatten sie entfernt. Nach seiner Exhumierung war der Leichnam zunächst nach Elberfeld gebracht und Schlageter in der Stadthalle in einer großen Gedenkfeier gewürdigt worden. Priester beider Konfessionen hatten gesprochen, doch dann war es zu einem kleinen Eklat gekommen. Der sozialdemokratische Regierungspräsident von Düsseldorf hatte einen Kranz geschickt. Nationalsozialistische Teilnehmer hatten den Kranz mit der – sehr wahrscheinlich erfundenen – Begründung zurückgeschickt, Schlageter habe darauf bestanden, nur unter schwarz-weiß-roten Fahnen bestattet zu werden. Dem Sozialdemokraten hatten sie höhnisch geschrieben: »Annahme verweigert. Zur Verwendung bei dem Begräbnis der deutsch-jüdischen Republik. In wonniglicher Erwartung. Der Festausschuss.«

Der Zug bringt den Sarg über Hagen, Gießen, Frankfurt, Mannheim, Karlsruhe, Freiburg und Basel nach Schönau. Nicht nur an den Bahnhöfen, überall an der Strecke versammeln sich Menschen, um Schlageter die letzte Ehre zu erweisen. Ein Triumphzug. Aber auch abseits der Bahnstrecke wird Schlageters gedacht. Zur Gedächtnisfeier in der Berliner Philharmonie haben die bürgerlichen Parteien Vertreter geschickt, auch der Adjutant des Reichswehrministers ist erschienen. In München organisieren die vaterländischen Kampfverbände die Gedächtnisfeier auf dem Königsplatz. General Ludendorff, der Verlierer des Weltkriegs, nimmt teil, aber Hauptredner ist ein anderer. Von Heilrufen empfangen, so berichtet es die »Berliner Börsen-Zeitung«, tritt Hitler auf und spricht: »Das deutsche Volk von heute hat den Heldentod Schlageters gar nicht verdient. Man darf nicht ruhen und rasten, um den Kampfeswillen bis zum letzten Atemzuge in unserem Volke zu verbreiten, bis die Parole kommt: Das Volk steht auf, der Sturm bricht los.« Aus der Menge erschallen laute Heilrufe. Die Kundgebung schließt unter den Klängen des Deutschlandliedes.

Ausgerechnet ein Franzose hat einem Jungen in Siebenbürgen vor vielen Jahren zum Lebenstraum verholfen. Seit der kleine Hermann Oberth in der rumänischen Kleinstadt Sighişoara, die damals noch Schässburg hieß und zu Österreich-Ungarn gehörte, Jules Vernes Roman »Reise um den Mond« gelesen hat, war er von der Idee beeindruckt, mit einem Hilfsmittel die Erdanziehungskraft zu überwinden. Schon früh war ihm klar, dass Jules Vernes Ideen von einer Riesenkanone, die einen Menschen zum Mond schießen würde, physikalisch unmöglich waren. Aber klar wurde ihm schnell auch, dass das eine Rakete schaffen könnte. Das belegt Hermann Oberth, nunmehr rumänischer Physikstudent, in seiner Dissertation »Die Rakete zu den Planetenräumen«, die er im vergangenen Jahr an der Heidelberger Universität eingereicht hat. Doch hat die Universität die Arbeit abgelehnt, nicht wegen gravierender wissenschaftlicher Mängel, sondern weil offenbar niemand über die Expertise verfügt, das zu beurteilen. Diese scheint die Universität der rumänischen Stadt Klausenburg in Siebenbürgen zu haben. Sie hat die Arbeit angenommen, in der Oberth auf 95 Seiten den mathematischen Nachweis liefert, dass mehrstufige Raketen in der Lage sind, den Bereich der Erdanziehungskraft mit einer Geschwindigkeit von 11 200 Metern pro Sekunde (zweite kosmische Geschwindigkeit oder Fluchtgeschwindigkeit) zu überwinden – und dass Menschen in der Lage sind, in der Rakete mitzufliegen. Die Arbeit erscheint im Juni in einem Münchner Verlag. Der 29 Jahre alte Hermann Oberth, frischgebackener Vater der Raumfahrt, übernimmt die Druckkosten.

Die »Leviathan«, angeblich der modernste und größte Dampfer der Welt, startet zur Probefahrt, ehe sie im nächsten Monat zu ihrer ersten Reise New York–Cherbourg–Southampton aufbricht. Seit Wochen schaltet die US-Reederei in deutschen Tageszeitungen aufwendige Anzeigen, in denen sie »unvergleichliche Bequemlichkeiten in allen Klassen« und die »höchsten Leistungen von Wissenschaft, Kapitalkraft und Erfindergeist« verspricht, die in dem Wunderschiff ihre Vereinigung finden. Für die Vereinigung hatten deutsche Ingenieure vor dem Weltkrieg gesorgt, das Schiff in eineinhalbjähriger Bauzeit im Auftrag Albert Ballins, Generaldirektor der Reederei Hamburg-Amerikanische-Packetfahrt-Actien-Gesellschaft (Hapag), fertiggestellt und im Mai 1914 unter dem Namen »Vaterland« auf seine erste Reise nach New York geschickt.

Zuvor hatte Egon Erwin Kisch im Bauch des gewaltigen Kahns »Bei den Heizern des Riesendampfers« vorbeigeschaut, war hinabgestiegen in die Teufelsküche, hatte ungläubig die stählernen Ungetüme besichtigt, vorbei an »Vorwärtsturbinen und Rückwärtsturbinen, an beschaufelten Rädern und beschaufelten Trommeln, Höllenhunde in glattschwarzem Fell«, so ohrenbetäubend, furchteinflößend, infernalisch, dass kein Leser ahnen konnte, hier habe einer das luxuriöseste aller deutschen Passagierschiffe besichtigt, mit einem Wintergarten, behaglichen Gesellschaftsräumen und einem »Ritz-Carlton«-Restaurant, dessen Personal vom Original in New York abgeworben worden war.

Kischs Blick in die lärmende Unterwelt, der Blick der deutschen Passagiere in die goldglitzernde Oberwelt – beides waren nur Impressionen eines Augenblicks. Gleich zu Beginn des Weltkriegs hatten die Amerikaner die »Vaterland« in New York beschlagnahmt, später zum Truppentransporter umgerüstet, umgetauft in »USS Leviathan« und mit Soldaten zurückgeschickt nach Europa. Die »Leviathan« hatte nicht nur Truppen mitgebracht, sondern auch die Spanische Grippe. Als ihre Reise im September 1918 begann, waren 11 800 Personen an Bord. Die Influenza-Pandemie hatte sich in rasender Geschwindigkeit ausgebreitet. Schon einen Tag nach der Abfahrt in Hoboken war ein Mann gestorben. Innerhalb weniger Tage verwandelte sich der Dampfer in ein Lazarett. Für die Kranken und die Sterbenden wurden Hunderte Kojen eingerichtet, hilflose Männer ins Lazarett gebracht, in dem die Pflegekräfte ungeschützt dem Virus ausgesetzt waren. In der rauen See waren kranke und gesunde Soldaten seekrank geworden. Viele Grippepatienten hatten eine Lungenentzündung bekommen und waren gestorben.

Bevor die »Leviathan« die französische Küste erreichte, hatten die Ärzte mindestens 2000 Grippefälle diagnostiziert. Als der Dampfer am 7. Oktober 1918 in den Hafen von Brest einlief, waren fast 100 Menschen an der Epidemie zugrunde gegangen. Im Weltkrieg, der wenige Wochen später zu Ende ging, sind 17 Millionen Menschen gestorben. Die Spanische Grippe hat zwischen 50 und 100 Millionen Menschen getötet. Das riesige Schiff heißt noch immer »Leviathan«, aber es transportiert keine Soldaten mehr, sondern steht wieder als Luxusliner für die Überquerung des Atlantiks zur Verfügung. Von der Spanischen Grippe ist keine Rede mehr.

Deutsche, denen es aus patriotischen Gründen widerstrebt, die Atlantiküberquerung auf der ehemaligen »Vaterland« in Diensten der United States Line zu unternehmen, bietet sich jetzt eine Alternative. Am 17. Juni wird die »Albert Ballin«, der neue Doppelschrauben-Turbinen-Dampfer der Hapag, in Dienst gestellt. Sie ist das neue Flaggschiff der vor dem Krieg größten Reederei der Welt. Und sie ist der erste Schiffsneubau der Hapag nach dem Weltkrieg für den Passagierverkehr, benannt nach dem berühmten früheren jüdischen Generaldirektor der Reederei, der sich vor dem Krieg für die enge politische und wirtschaftliche Zusammenarbeit zwischen dem Deutschen Reich und Großbritannien eingesetzt hatte. Resigniert hatte sich Ballin am 9. November 1918 mit Schlaftabletten und Quecksilberchlorid das Leben genommen, zur selben Mittagsstunde, in der der Sozialdemokrat Philipp Scheidemann in Berlin die Republik ausgerufen hatte. Der nach Ballin benannte Dampfer ist im Vergleich zur »Vaterland« bescheiden. Seine 3. Klasse soll vor allem dem Auswandererverkehr dienen.

Der Revolutionär geht durch die Stadt. Victor Serge ist im Auftrag der Kommunistischen Internationale (Komintern) in Berlin. Er prüft die Aussichten der Weltrevolution, das industrielle Deutschland Hand in Hand mit dem agrarischen Russland. In den Gesichtern der Frauen vom Wedding, aus Neukölln und Moabit erkennt er den grauen Teint, den er zuerst in Russland bei den Häftlingen der großen Gefängnisse gesehen hat, dann bei der Bevölkerung der ausgehungerten Städte während der Russischen Revolution.

Er sieht das Volk, das sich vor den Bäckereien und Lebensmittelgeschäften zusammenrottet, die Plünderung eines Ladens am Alexanderplatz in tadelloser Ordnung – niemand nimmt mehr als drei Dosen Konserven –, also proletarische Disziplin, am Abend schattenhafte Gestalten, die sich vor einem jüdischen Geschäft versammeln: Schreie, Schluchzen, das Klirren zerbrochener Schaufenster, aber nur für einen Augenblick – als die Schupostreife herbeikommt, erstirbt alles Geräusch, sind die Schatten verschwunden. Es gibt, schreibt er, keine reichen Straßen mehr, obwohl die Nachtlokale weiterhin die Lebemänner empfangen. Die Schieber tragen Pelzmäntel und fahren in Luxusautos. Sie kennen den genauen Preis der Aktien, der Waren, der Schiffe, der Menschen und der Maschinen, der Minister und der Polizeibeamten in schimmelgrüner Uniform.

Das Volk weiß von nichts mehr den Preis. Wenig beleuchtete Fenster, düstere Gruppen auf den Straßen. Jeden Tag gibt es einen Streik, jede Nacht zerreißen Revolverschüsse die verdächtige Stille. Die Stimme des Agitators, die das alles im Kreis der Straßengesichter kommentiert. Der gemäßigte Sozialdemokrat, mit seiner gemäßigten Empörung, der glühende Kommunist, der Patriot, der einem Geheimbund angehört, sie alle sind beinahe einer Meinung: Versailles ist eine tödliche Schlinge für die deutsche Nation, wehe über Frankreich, wehe über Polen, wehe über den Kapitalismus, schreibt Serge und denkt, den Kommunisten kommt das alles sehr gelegen. Deutschland und Russland können, wenn sie sich einigen, die Welt retten.

In einer Sitzung des Exekutivkomitees der Kommunistischen Internationalen in Moskau hat vor ein paar Tagen Karl Radek, Sekretär für Deutschland im Exekutivkomitee, den »kleinbürgerlichen Massen« in Deutschland die Hand gereicht, Schlageter als »mutigen Soldaten der Konterrevolution« und »Märtyrer des deutschen Nationalismus« betrauert und zur Bildung einer Einheitsfront der Arbeitenden aufgerufen: Der Feind sei nicht nur Poincaré, Feind sei nicht weniger Stinnes. Um den zur Rechten tendierenden Antisemiten entgegenzukommen, haben einige KPD-Funktionäre ihre Reden mit blutrünstigen Attacken auf das jüdische Finanzkapital gewürzt, zum Beispiel Ruth Fischer, Tochter eines jüdischen Vaters und Vorsitzende des KPD-Bezirks Berlin-Brandenburg: »Sie rufen auf gegen das Judenkapital, meine Herren? Wer gegen das Judenkapital aufruft, meine Herren, ist schon Klassenkämpfer, auch wenn er es nicht weiß. Sie sind gegen das Judenkapital und wollen die Börsenjobber niederkämpfen. Recht so. Tretet die Judenkapitalisten nieder, hängt sie an die Laterne, zertrampelt sie. Aber, meine Herren, wie stehen Sie zu den Großkapitalisten, den Stinnes, Klöckner?«

Die Annäherung an die Nationalisten ist ein Spiel mit dem Feuer, schreibt Serge, wohlan, spielen wir mit dem Feuer. Der Augenblick ist da, die Zeit ist reif. Leo Trotzki favorisiert – wie Adolf Hitler – den 9. November, aber das Exekutivkomitee hat den Aufstand für den 25. Oktober festgesetzt, den Jahrestag der Machtergreifung durch die Bolschewisten in St. Petersburg 1917. Der Deutsche Oktober als Frühling der Weltrevolution? Serge glaubt nicht daran. Die höheren Kader haben Schwung, aber sie sind auch die einzigen. Ein Genosse hat ihm vor einigen Tagen gesagt: »Wir werden sehr gut kämpfen, aber wir werden geschlagen werden.« Das, schreibt Serge, fühlen wir alle.

Marguerite hat Meier-»Rampe« auf Zahlung der Gage verklagt, aber zweimal den Termin verpasst. Das erste Mal ist sie zur verkehrten Stelle gegangen, das zweite Mal hat sie gedacht, ihr Termin sei einen Tag später. Wenn das nicht typisch ist, schreibt Marcellus Schiffer, für sie – für ihn – für sie alle. Wie soll man da zu etwas kommen! Und dann das Wetter. Ein total verregneter, kalter Sommer. Er erinnert Schiffer an das vorige Jahr. Da hofft man immer von einem Jahr zum anderen, und nun ist die erste Hälfte bald wieder vorbei. Das geht immer schneller. Und nichts passiert. Es regnet! Es wird regnen! Es ist kalt. Marcellus Schiffer hat Husten, schluckt Pillen und Bonbons. Er fängt an, sich die Zigaretten abzugewöhnen. Und was ist mit der Reise, die er mit Marguerite geplant hatte? Marguerite redet seit Wochen davon. Auch genau wie im vorigen Jahr. Wenn es wieder nichts wird – so ist das zum Kotzen. Also kotz – taedium vitae à la Berlin.

Am Freitag, dem 13. Juli, begegnen sich im Ostseebad Müritz zum ersten Mal der 40 Jahre alte, sterbenskranke Franz Kafka und die 25-jährige Dora Diamant, seine letzte Liebe.

Das 13. Deutsche Turnfest in München soll nach dem Willen der Veranstalter unpolitisch sein. Aber den Nationalsozialisten gelingt es, wie das »Berliner Tageblatt« berichtet, die Tage »im antisemitischen Sinne parteipolitisch zu missbrauchen«.

Die Reichsregierung veröffentlicht eine Bilanz der Ruhrbesetzung: 80 000 französische und 7000 belgische Soldaten sind im Ruhrgebiet stationiert. Als Ersatz ihrer ausgewiesenen deutschen Kollegen werden 11 000 Eisenbahner aus beiden Ländern eingesetzt. 70 000 Menschen wurden bisher ausgewiesen, 92 getötet. 169 Schulen sind beschlagnahmt worden, 50 000 Schüler sind betroffen. In fünf Monaten konnten die Besatzungstruppen nur knapp das Doppelte mehr an Kohle aus dem Ruhrgebiet holen, als in zwei Januarwochen freiwillig geliefert wurde. In Berlin streiken 90 000 Metallarbeiter, weil sie die ausgehandelten Lohnerhöhungen angesichts der extremen Preissteigerungen nicht akzeptieren. Die Besatzungsbehörden verschärfen die Grenzsperren zwischen dem besetzten Rheinland/Ruhrgebiet sowie dem unbesetzten Teil des Deutschen Reichs, es gelangt nur noch ein Drittel der bisherigen Lebensmitteltransporte ins Ruhrgebiet, sodass die Preise hier noch stärker steigen als in der übrigen Republik. Im besetzten Höchst kosten Nahrungsmittel 50 Prozent mehr als im unbesetzten benachbarten Frankfurt am Main. Überall im Reich kommt es zu Ausschreitungen und Plünderungen mit mehreren Toten. Die preußische Regierung erlässt ein Verbot von Versammlungen unter freiem Himmel. Dem Freikorpsführer Hermann Ehrhardt gelingt mit Unterstützung des Justizpersonals die Flucht aus der Untersuchungshaft in Leipzig. Adolf Hitler nutzt das 13. Deutsche Turnfest in München zu einer Großkundgebung seiner Partei im Circus Krone. Der Dollarkurs liegt im Monatsdurchschnitt bei 349 000 Mark. Ein Brot kostet 3465 Mark.

Das Amtsgericht Bunzlau verurteilt Rudolf Ditzen, alias Hans Fallada, wegen Unterschlagung zu sechs Monaten Freiheitsstrafe ohne Bewährung. Die Strafe muss er erst im Sommer nächsten Jahres antreten. Auch von der Verurteilung erzählt Fallada seinen Eltern nichts, ebenso wenig wie dem Gutsverwalter auf dem Gut Radach bei Drossen, wo Fallada dank der Vermittlung eines Freundes – er hatte Fallada falsche Zeugnisse ausgestellt – die Buchführung übernommen hat, angesichts des Marksturzes eine anspruchsvolle Aufgabe. Natürlich kommt die drohende Haft am Ende doch ans Licht, und Ditzen wird gekündigt. Wenn er sich im nächsten Jahr an einem heißen, sonnigen Junitag im Gefängnis von Greifswald zum Strafantritt meldet – trotz der frühen Stunde schon nicht mehr nüchtern –, wird ein Oberwachtmeister auf Falladas Koffer zeigen und fragen: »Na, und was soll denn der Koffer?« Fallada wird erwidern: »Da habe ich Papiere drin. Manuskripte. Ich dachte, ich könnte hier daran arbeiten. Ich bin Schriftsteller.« Der Oberwachtmeister: »Nee, so was gibt es hier nicht. Hier gibt es andere Arbeit. So was ist nicht erlaubt. Höchstens mal sonntags.« Hans Fallada muss also einstweilen draußen bleiben. Kein Problem. Denn mit Radach und Drossen hat Rudolf Ditzen zwei Schauplätze kennengelernt, die als Handlungsorte in Hans Falladas Romanen »Wolf unter Wölfen« und »Kleiner Mann – was nun?« wiederkehren.

Ehrhardt ist weg. Wenige Tage vor seinem Prozess am Staatsgerichtshof ist Korvettenkapitän a. D. Hermann Ehrhardt, einer der Hauptakteure des Kapp-Putschs und Chef der Organisation Consul, aus der Gefangenenanstalt II in Leipzig geflohen. Er hatte wegen unerträglich hoher Temperaturen um ein kaltes Bad gebeten, ein Wärter hatte ihn zum Baderaum geleitet, längere Zeit allein gelassen und bei seiner Rückkehr das Verschwinden Ehrhardts bemerkt. Einige Umstände haben die Flucht begünstigt: Dem Anführer der gefährlichsten Terrorgruppe der Republik – zuletzt hat sie im vergangenen Jahr Außenminister Rathenau ermordet, im Jahr davor den ehemaligen Finanzminister Matthias Erzberger – war erlaubt worden, Besucher ohne Aufsicht zu empfangen. Wenige Tage vor seiner Flucht hatten seine Frau und sein Vetter ihn im Gefängnis besucht und stundenlang mit ihm gesprochen. Seinen Briefverkehr hatte kein Richter, sondern ein subalterner Gerichtsbeamter kontrolliert. So blieb die Ankündigung in einem an Ehrhardt gerichteten Schreiben unbemerkt, demnächst sei ein für Ehrhardt »erfreuliches Ereignis« zu erwarten.

Es wird bekannt, dass Ehrhardt Helfershelfer unter dem Gefängnispersonal zur Verfügung standen und vor der Anstalt ein Auto auf ihn gewartet hatte. Von den drei Türen, die der Terrorist bei seiner Flucht passieren musste, war eine nicht abgeschlossen, die zweite, eine schwere Eisentür, war aufgeschlossen, die dritte hatte Ehrhardt mit einem offenbar von seiner Frau beschafften Nachschlüssel geöffnet. Zwar werden 25 Millionen Mark auf seine Ergreifung ausgesetzt, aber Ehrhardt bleibt verschwunden. Immerhin kommt es zur Verhaftung einiger Helfer. Bei einem Ehepaar wird der detaillierte Fluchtplan gefunden, der Frau gelingt es jedoch, vor den Augen der Polizeibeamten ein Papier zu verschlucken.

Der Prozess vor dem Staatsgerichtshof in Leipzig findet jedenfalls ohne Ehrhardt statt. Allerdings sind auch die mitangeklagten mutmaßlichen Komplizen nicht vollständig versammelt. Ein Student ist untergetaucht, ein Münchner Professor lässt sich ärztlich fehlende Transportfähigkeit bescheinigen, übrig bleibt Margarethe zu Hohenlohe-Öhringen, in deren Haus in München-Pasing sich der steckbrieflich gesuchte Ehrhardt nach dem Kapp-Putsch zwei Jahre lang vor der Justiz versteckt gehalten hatte. In der Verhandlung geht es nicht um Mord und Totschlag, nur um Meineid und Begünstigung. Die 29 Jahre alte frühere Prinzessin hatte zunächst vor einem Richter geschworen, Ehrhardt nicht zu kennen, sich wenige Stunden später aber korrigiert. Ihre Falschaussage hatte sie damit begründet, Ehrhardt habe ihr versichert, seine frühere Existenz als »Ehrhardt« rückstandslos ausgelöscht und sich in »Dr. von Eschwege« verwandelt zu haben, weshalb sie glaubte, unter Eid aussagen zu können, keinen Herrn Ehrhardt zu kennen. Nachdem sie aber erfahren habe, dass es Dr. von Eschwege nicht, sehr wohl und ausschließlich aber Herrn Ehrhardt gebe, habe sie ihre Falschaussage korrigiert. Sie kommt mit sechs Monaten Freiheitsstrafe davon. Aber wo ist Ehrhardt?

Eine Zeitung vermutet ihn in Jugoslawien, eine in der Schweiz, eine dritte in der Tschechoslowakei. Ernst Feder, Ressortleiter für Innenpolitik des Berliner »Tageblatts«, ruft dazu auf, den Blick nach Bayern zu richten, dem Ruhe- und Aktionsraum für Rechtsradikale und -extremisten, wo Ehrhardt auch bisher schon Unterschlupf gefunden habe. Tatsächlich flieht Ehrhardt zunächst nach Bayern, zieht dann aber weiter in die Tiroler Ortschaft Hinterriß, ins Jagdschloss seines Kumpans Carl Eduard von Sachsen-Coburg und Gotha. Dort ist er willkommen – in Tirol, weil die österreichischen Behörden deutsche Rechtsextremisten dulden, in Hinterriß, weil Carl Eduard selber Rechtsextremist ist.

Zumindest seine Herkunft prädestiniert Carl Eduard nicht für die Mitgliedschaft in einer deutschen Terrorgruppe. Er ist ein Enkel von Queen Victoria und ihrem deutschen Gemahl Prinz

Albert, Herzog von Sachsen-Coburg und Gotha. Vor 39 Jahren wurde er als Leopold Charles Edward, Duke of Albany, 2. Baron Arklow und 2. Earl of Clarence, in Claremont House, Esher, geboren. Nachdem sich aber der Thronfolger erschossen hatte, wurde der 14-jährige Schüler des Eton-College zum künftigen Herzog von Sachsen-Coburg und Gotha bestimmt. Aus Leopold Charles Edward wurde Carl Eduard, der mit 21 Jahren das deutsche Herzogtum übernahm. Und aus Herzog Carl Eduard wurde im Weltkrieg ein kompromissloser Reaktionär, ein unversöhnlicher Feind Englands und anlässlich der Revolution im Jahr 1918 ein eingeschworener Feind des Bolschewismus.

Sein verloren gegangenes Herzogtum war geteilt worden. Gotha fiel an Thüringen, Coburg an Bayern. Mit dem roten Thüringen befindet sich Carl Eduard noch in Verhandlungen über Ausgleichszahlungen. Mit dem bayerischen Coburg hat er zwar weniger Probleme – er hat eine großzügige Zahlung erhalten, Schloss Callenberg und Schloss Rosenau wurden sein Privatbesitz, und auf der Veste ist ihm ein lebenslanges Wohnrecht eingeräumt worden –, aber für die Demokratie ist Carl Eduard verloren, ein erklärter Feind der Republik. Er ist fasziniert von Mussolini. Dem italienischen Faschismus scheint gelungen zu sein, die alten Eliten – Monarchie und Adel – mit der neuen faschistischen Elite zu verschmelzen.

Nicht nur ist Bayern nach dem Scheitern der Räterepublik 1919 zu einem Sammelbecken rechtsradikaler Organisationen geworden. Speziell Coburg hat sich dank Carl Eduard zu einer Hochburg des Rechtsextremismus entwickelt. Von Anfang an fühlte sich der ständig kränkelnde Carl Eduard zu den männlichen Haudraufs der Freikorps hingezogen, insbesondere zu Hermann Ehrhardt, dessen Charisma und ungezügelte Brutalität er bewundert, und zu dessen Marine-Brigade, deren Mitglied er wurde (Brigade-Lied: »Wir brauchen keine Judenrepublik, pfui Judenrepublik!«). Zwar ist nicht klar, ob sich

Carl-Eduard persönlich am Kapp-Putsch vor drei Jahren beteiligt hat – mit dem die Freikorps ihre Auflösung verhindern und die Reichsregierung davonjagen wollten –, aber bekannt ist, dass Ehrhardt nach dem kläglichen Scheitern des Putschs nach Coburg geflüchtet war und sich unter dem Namen »Neumann« auf Callenberg und auf der Veste versteckt gehalten hatte.

Die Marine-Brigade Erhardt ist aufgelöst, etwa 5000 Mitglieder des harten Kerns haben sich aber zur Organisation Consul zusammengeschlossen, deren Ortsgruppe in Coburg Carl Eduard leitet. Die Vorbereitungen für einen Großaufmarsch extremistischer Verbände sind in vollem Gang. Am 1. und 2. September soll in Nürnberg ein weiterer Deutscher Tag, der Sedantag, mit völkischen Parteien, Verbänden und Organisationen stattfinden. Er verspricht wiederum größte öffentliche Aufmerksamkeit. Unvergessen ist der Deutsche Tag im vergangenen Jahr in Coburg. Am 14. und 15. Oktober, drei Monate nach dem Mord an Rathenau, waren die völkischen Gruppen zusammengekommen, auch die NSDAP mit ihrem damals noch nicht sehr bekannten Vorsitzenden Adolf Hitler.

Bisher hatte er Einladungen zum Deutschen Tag abgelehnt, jetzt sah er den Zeitpunkt gekommen, um diese Treffen der rechtsextremen Szene zu dominieren. Der Plan war aufgegangen. Sozialisten und Kommunisten hatten Gegendemonstrationen organisiert, zwischen den 600 Beteiligten auf jeder Seite hatte es erbitterte Straßenkämpfe gegeben. Abends war aus dem »Straßenkämpfer« Hitler wieder ein Politiker geworden. Zusammen mit Carl Eduard und anderen lokalen Würdenträgern hatte Hitler im Coburger »Hofbräuhaus« gefeiert und eine Rede gehalten. Und während Carl Eduard Adolf Hitler sein vormals herzogliches Ohr geliehen hatte, waren auf der Straße die Schlägereien weitergegangen, war auch ein jüdischer Geschäftsmann angegriffen worden. Das ist der Gründungsmythos für die in Coburg begonnene Freundschaft Adolf

Hitlers und Carl Eduards, der in den nächsten Jahren zu einem der wichtigsten Unterstützer der Nationalsozialisten werden wird. Nun also schon bald im September in Nürnberg der nächste Deutsche Tag. Neben 100 000 Teilnehmern werden als Ehrengäste Ludwig Ferdinand von Bayern, General Erich Ludendorff, Hitler und selbstverständlich Carl Eduard erwartet. Der Rechtsterrorist Hermann Ehrhardt kann sich also geborgen fühlen – der Arm der Reichsjustiz reicht nicht bis nach Bayern. Nur auf seine Komplizin Margarethe zu Hohenlohe-Öhringen muss er vorläufig verzichten.

Dem Onkel der verurteilten Margarethe, Christian Kraft zu Hohenlohe-Öhringen, geht es in diesem Sommer deutlich besser als seiner Nichte. Er ist einer der wenigen Deutschen, die die Nachrichten vom Untergang der Mark euphorisch verfolgen. Das hat mit Schadenfreude nichts zu tun, sondern mit der sich Tag für Tag verbessernden finanziellen Lage des ehemaligen Fürsten zu Hohenlohe-Öhringen und vormaligen Herzogs von Ujest. Sie ist ein wenig kompliziert. Jahre vor dem Krieg war Christian Kraft mit einem Vermögen von 151 Millionen Mark und einem Jahreseinkommen von sieben Millionen Mark einer der reichsten Deutschen. Er hatte in Oberschlesien mit der Hohenlohe-Werke AG ein Bergbauimperium mit zehntausend Arbeitern und Angestellten sowie eine Residenz in Slawentzitz mit Schloss, Dienerschaft und angeschlossenem Bahnhof, in Javorina in der Hohen Tatra ein Jagdschloss mit 38 000 Hektar Wald – zur Jagd wurden Wisente aus Polen, Steinböcke vom Sinai und Hirsche aus dem Kaukasus importiert –, in Franken Schlösser und mehr als 5000 Hektar Ländereien und in Berlin-Grunewald eine Villa. Er hatte ein Vollblutgestüt, Automobile und Chauffeure. Christian Kraft war einer der größten Zinkproduzenten der Welt, einer der bekanntesten Jäger Deutschlands und Österreich-Ungarns, Vizepräsident des

Deutschen Automobilverbands und Vorsitzender des Berliner Pferderennclubs Union.

Jahre nach dem Ende des Krieges hat Christian Kraft noch immer ein großes Vermögen, aber bis vor Kurzem drohte er von einem Schuldenbergmassiv erdrückt zu werden. Zusammen mit seinem ebenfalls schwerreichen Cousin Max Egon II. Fürst zu Fürstenberg (Donaueschingen) hatte er 1908 in Berlin die Handels-Vereinigung Aktiengesellschaft mit dem Ziel gegründet, ihren Reichtum rapide auf jede Weise zu vermehren – aus Reichtum sollte Superreichtum werden. Zum Geschäftsführer wurde ein Kölner Kaufmann mit katastrophalem Leumund bestellt, der in kürzester Zeit die Millionen der Fürsten in Reedereien und Werften investierte, in Kalibergwerke und Kohlegruben, Versicherungen, Straßenbahnen und vor allem in sogenannte Terraingesellschaften, die mit anderer Leute Geld Immobilienspekulationen finanzierten. Die Investitionen der alsbald als »Fürstentrust« berüchtigten Handelsvereinigung waren wahllos, die Methoden, die die Konkurrenz ausschalten sollten, rücksichtslos, in manchen Fällen kriminell, vor allem aber war das verrückte Unternehmen erfolglos: Im Juli 1913 war das größte Spekulationsprojekt des Kaiserreichs gescheitert, die Blase mit einem gewaltigen Knall geplatzt. Der Untergang der Handelsvereinigung hatte Dutzende Gesellschaften mit in den Abgrund gerissen, Baufirmen und Handwerker waren auf ihren unbezahlten Rechnungen sitzen geblieben, aber auch die fürstlichen Hasardeure hatten für ihren Dilettantismus bezahlt: Ihr ausgedehnter Immobilienbesitz war und ist in großen Teilen mit Hypotheken – vor allem der Deutschen Bank – belastet.

Im Sommer 1923 ist Christian Kraft aber seine größten Sorgen los. Ihn rettet vor allem die Inflation: Mit der Entwertung der Mark sinken von Monat zu Monat, von Woche zu Woche und von Tag zu Tag seine Hypothekenraten, die Schulden zerrinnen, wie ein Mitarbeiter Christian Krafts später sagen wird,

»in sich selbst«. Aber dass er die zehn Jahre seit dem Zusammenbruch der Handelsvereinigung überstanden hat, verdankt er vor allem seinem rührigen Kammerpräsidenten, dem Juristen Kurt von Kleefeld, Spross einer konvertierten jüdischen Unternehmerfamilie. Seit Christian Kraft ihn mit der Sanierung seines Vermögens beauftragt hatte – Kleefeld hatte Schuldverpflichtungen in Höhe von 160 Millionen Mark errechnet –, ging es bergauf. Kleefeld hatte sich die Unterstützung seines »alten Freundes« Hjalmar Schacht, damals Vorstandsmitglied der noch unbedeutenden Nationalbank, gesichert. Mit dessen Hilfe und dank seiner eigenen »diplomatischen, psychologischen und finanziellen Filigranarbeit«, die sich der jedem Understatement abgeneigte Kleefeld selbst attestiert, war es gelungen, Christian Kraft aus der Umklammerung der Deutschen Bank zu befreien.

So ist Kleefeld mit den Jahren zum Vertrauten, engsten Berater und Wegbegleiter Christian Krafts geworden, der seiner Dankbarkeit in der Nacht vom 11. zum 12. November 1918 in einzigartiger Weise Ausdruck verliehen hatte. Am 7. November hat die Rätebewegung die Bayerische Republik ausgerufen, am 9. November Reichskanzler Prinz Max von Baden im Namen, aber ohne Zustimmung des Kaisers dessen Thronverzicht erklärt, und am selben Tag wurde in Berlin die Republik gleich zweimal ausgerufen – vom Sozialdemokraten Philipp Scheidemann und vom Spartakistenführer Karl Liebknecht. Einen Tag später war Wilhelm II. aus dem deutschen Hauptquartier in der belgischen Stadt Spa in das holländische Exil geflohen.

Auch in Detmold hatte die rote Fahne über dem Schloss des Fürsten geweht. Aber noch residierte dort Fürst zur Lippe, Edler Herr und Graf zu Biesterfeld, Graf zu Schwalenberg und Sternberg etc. etc., schon zur Abdankung entschlossen, doch dazu erst bereit, wenn alle Pflichten erledigt wären. Die Zeit drängte. Seit Tagen lärmten Demonstrationszüge durch die

Straßen Detmolds, der Lippische Volks- und Soldatenrat – im »Teutoburger Hof« unter dem Vorsitz des sozialdemokratischen Geschäftsführers des Konsumvereins in Lemgo und eines Detmolder Verlagsbuchhändlers von der Liberalen Volkspartei konstituiert – bestand auf raschem Rückzug. In der Nacht zum 12. November rief der Fürst zum letzten Mal die engsten Vertrauten zu sich, ernannte die verdienstvollsten unter seinen Mitarbeitern noch eilig zu »Exzellenzen« und »Freiherrn« und erhob, ganz zum Schluss, Dr. Kurt Kleefeld, den bewährten Mitarbeiter Christian Krafts, auf dessen Wunsch und »in Anerkennung der diesem geleisteten langjährigen treuen Dienste« in den Adelsstand. Kurt von Kleefeld war der letzte nobilitierte Deutsche.

Man kann sagen, Kurt von Kleefeld hat mit Christian Kraft sein Glück gemacht. Denn auch materiell muss er sich keine Gedanken machen, die Inflation berührt ihn nicht. Im vergangenen Jahr hat er sich am Kocherufer in Weißbach inmitten des alten Herrschaftsgebiets der Hohenlohe eine prächtige Villa, das »Schlössle«, erbauen lassen: 490 m² Wohnfläche auf vier Etagen im Haupt- und 730 m² in Nebengebäuden. Die Finanzierung war und ist für von Kleefeld kein Problem. Er hat sich von Christian Kraft rechtzeitig einen Ausgleich des inflationsbedingten Geldwertverlusts zusichern lassen. So lebt es sich unbeschwert. Auch Kurt von Kleefelds Schwester Käte hat bis vor einiger Zeit keine Geldsorgen gekannt. Bei ihrer Heirat vor 20 Jahren hat sie – als wohlhabende Unternehmertochter – eine ansehnliche Mitgift in die Ehe gebracht. Doch hat das Ehepaar das Geld in die Vergabe von Hypotheken investiert. So ergeht es ihm wie den Gläubigern Christian Krafts: Die Hypotheken werden wertlos, das Geld ist verloren. Käte und ihr Mann, der Reichstagsabgeordnete der rechtsliberalen Deutschen Volkspartei (DVP) Gustav Stresemann, sehen anstrengenden Zeiten entgegen.

Angenommen, die Welt wäre nicht nur eine andere als die, die sie ist, sondern das ideale Gegenteil: In dieser Welt leben nur Kinder. Alle Menschen sind gleich. Geld gibt es nicht. Jeder nimmt sich, was er braucht. Und jeder produziert, was er kann. Es gibt keine Aufsteiger und keine Absteiger, keinen Neid, keinen Hass, keine Habgier und keine Heuchelei. Es ist die Welt des Friedens und des vollkommenen Glücks. Es ist die Welt, in die der Junge Peregrin gelangt. Ein Fisch trägt den Außenseiter – lat. peregrinus bedeutet so viel wie »Fremder« oder »aus einem anderen Land« – aus der katastrophalen Welt, in der er lebt, in dieses Traumland, in dem alles so ist, wie es gut ist.

Vom Traumland erzählt seine Schöpferin – die 30 Jahre alte Kinderbuchautorin und -illustratorin Tom Seidmann-Freud – später in diesem Sommer im Bilderbuch »Die Fischreise«. Es ist ein Kinderbuch, aber mehr noch ist es der Versuch der jungen Frau, die Trauer über den Unfalltod ihres jüngeren Bruders zu besänftigen. Am Freitag, dem 13. Juli ist im »Märkischen Stadt- und Landboten«, der Regionalzeitung von Eberswalde, zu lesen: »Ein Opfer des Badens. Am Dienstag ist im Mäckersee der 19 Jahre alte Kaufmannslehrling Theodor Freud, wohnhaft in Berlin-Schöneberg, welcher bei Herrn Administrator Dyk in [!] Messingwerk zu Besuch weilte, beim Baden ertrunken. Obgleich sofort Wiederbelebungsversuche angestellt wurden, waren diese erfolglos.« Unter Kunstkennern gilt die Nichte Sigmund Freuds seit Jahren als außergewöhnliche Illustratorin, »Die Fischreise«, die sie ihrem Bruder Theo widmet, erscheint als erstes Buch im von Tom Seidmann-Freud und ihrem Ehemann Jakob (Jankew) gegründeten Peregrin-Verlag. Es wird ihr bekanntestes und schönstes Buch. Ihr traurigstes Buch ist es natürlich auch.

Das Traumland Seidmann-Freuds (Berlin) wird Edward Bernays (New York) bestimmt nicht betreten. Nicht, dass er etwas gegen Träume hätte, er entwirft sie selbst im Auftrag seiner Kunden, und er verdient sehr gut mit ihnen. Aber Bernays Träume haben einen sehr speziellen Auftrag: Sie sollen in möglichst vielen Menschen möglichst viele Wünsche wecken, von denen die Menschen bisher nicht einmal wussten, dass sie sie hatten, und sie sollen Bedürfnisse schaffen, für deren Befriedigung Bernays' Auftraggeber perfekte Angebote machen. »Wer Hunger hat, isst«, ist im Traumland des kleinen Peregrin eine süße Verheißung, für Edward Bernays ist der Satz ein Anschlag auf den gesunden, jedenfalls auf den zeitgemäßen Menschenverstand. Dass zwischen Hunger und Essen ein Kausalzusammenhang besteht, steht nirgends geschrieben, Bernays würde die Behauptung als stupide Spekulation zurückweisen. Und selbstverständlich ist der Akt des Essens für ihn ohne Bedeutung, solange nicht klar ist, was gegessen wird – welche Marke, von welchem Hersteller.

Der 32 Jahre alte Edward Bernays ist nicht nur Spezialist für moderne Propaganda, sondern einer ihrer Väter (er wird den ein wenig aggressiven, aber präzisen Begriff später durch die sanfteren, aber verunklarenden Wörter Public Relations austauschen). Die Träume, die er kreiert, sind nicht seine eigenen, sie sollen im Interesse seiner Auftraggeber die Träume ihrer Kundschaft werden. Edward Bernays' Träume haben also mit den Träumen Tom Seidmann-Freuds nicht das Geringste zu tun, bis auf eine nicht ganz unwesentliche Gemeinsamkeit: Die einen wie die anderen sind Kreationen der jüdischen Familie Freud. Tom Seidmann-Freud ist die Tochter von Sigmund Freuds Schwester Maria (Mitzi), Edward Bernays ist der Sohn von Sigmund Freuds Schwester Anna.

Onkel und Neffe haben einander manches zu verdanken. Edward Bernays lässt die Werke »Onkel Sigis« ins Englische übersetzen und macht sie in den Vereinigten Staaten populär.

Nebenbei verhilft er damit dem berühmten Wiener Psychoanalytiker, dessen neuestes Werk »Das Ich und das Es« in diesem Jahr erschienen ist, zu amerikanischer Valuta. Bernays verbreitet nicht nur die Werke seines Onkels, er liest sie auch und lernt, dass irrationale Kräfte die Menschen zum Handeln bewegen: »Der Mensch ist nicht Herr im eigenen Haus.« Der Mensch beherrscht sich nicht, sondern er wird beherrscht – von seinen Gefühlen und Wünschen. Diese Erkenntnis bildet Bernays' Geschäftsgrundlage. Er erklärt sie in seinem soeben erschienenen Buch »Crystallizing Public Opinion«: Der PR-Berater kreiert ein Ereignis, das Ereignis kreiert eine Nachricht, und die Nachricht kreiert eine Nachfrage für das, was er verkaufen will.

Mit der passenden PR-Strategie kann, sagt Freuds Neffe, jede Ware zum Verkaufsschlager werden und jeder Politiker zum Helden der Masse. Die Macht der Manipulation hat Bernays in den vergangenen Jahren schon häufig überzeugend vorgeführt, unter anderem hat er das »American Breakfast« erfunden. Ein Lebensmittelkonzern hatte ihn in seine Dienste genommen, um den Verkauf von Speck anzukurbeln. Bernays hatte einen renommierten Arzt für eine Umfrage unter 5000 Medizinern gewonnen, aus der sich ergab, dass ein »herzhaftes« Frühstück mit Speck und Ei sehr viel gesünder sei als ein leichtes mit Kaffee und Gebäck. Das wunschgemäße Ergebnis hatte Bernays als Nachricht in den Medien verbreitet, was das Konsumverhalten der gutgläubigen Bevölkerung rapide veränderte. »Bacon and Eggs« sind seitdem vom amerikanischen Frühstückstisch nicht mehr wegzudenken. Nicht der Mensch ist also Herr in seinem Haus, sondern der Manipulator. Das wird auch in Deutschland von einigen gerne gehört. Zwar wird Bernays' Buch nicht ins Deutsche übersetzt, aber für angehende deutsche Demagogen wird es dennoch in den nächsten Jahren Pflichtlektüre.

Dr. Joseph Goebbels ist am Ende. Die Stadt Köln ist ihm ein Ekel, seine Arbeit bei der Bank ein Anschlag auf seine »deutsche Seele« und sein Verdienst »gleich Null«. Auf der einen Seite die Not der Armen, auf der anderen sagenhafte Gewinne skrupelloser Spekulanten. »Ihr sprecht von Kapitalanlage«, schreibt er, »aber hinter diesem schönen Wort verbirgt sich doch nur der tierische Hunger nach mehr. Ich sage tierisch: das ist beleidigend für das Tier; denn das Tier frisst nur, bis es satt ist.« Und dann das Chaos ringsumher, Anschläge auf die französischen und belgischen Besatzer und deren Vergeltungsaktionen. Überall Gesindel. Er selbst ist vor einigen Tagen überfallen und dabei angeblich schwer verwundet worden, ein Krankenwagen hat ihn zwar nicht in die Klinik gebracht, aber immerhin heimgefahren in sein Elternhaus zur mütterlichen Pflege. Dr. Goebbels fühlt sich wie ein Wrack auf der Sandbank, klagt über sein verpfuschtes Leben. Alles unerträglich, vor allem die Bank. Dr. Goebbels beschließt im Juli, krank zu sein. Doch verweigern zwei Ärzte das Attest. Ein dritter Arzt aber schreibt ihn wenig später krank für sechs Wochen. Denn es stellt sich heraus, dass der Simulant inzwischen tatsächlich gesundheitlich angeschlagen ist. Seine Genesung schreitet schnell voran, so schnell, dass Dr. Goebbels mit Else Janke, wie schon im vorigen Jahr, zum Urlaub nach Baltrum an die Nordsee dampft.

Am Freitag, dem 13. begegnen sich im Ostseebad Müritz zum ersten Mal die 25-jährige Dora Diamant und Franz Kafka, 40 Jahre alt und krank. Sie hat den groß gewachsenen, schlanken Mann schon vor zwei Tagen bemerkt, leider in Begleitung einer jungen Frau und zweier Kinder. Seine freundlichen Augen, sein jugendliches Lachen, die Mähne von tiefschwarzem Haar, die angenehme Stimme – Dora Diamant war der Gruppe unauffällig gefolgt. Als ihr sein beschwingter Gang auffiel, wurde ihr klar, dass er kein Deutscher sein konnte, nicht einmal Europäer. »Das muss ein Halbblut-Indianer sein«, hat Dora gedacht, jedenfalls ein interessanter Mann. Seitdem geht er ihr nicht mehr aus dem Kopf. Sie steht in der Küche des Ferienlagers des Berliner Jüdischen Volksheims und nimmt die eingekauften Fische aus, als der Mann plötzlich in der Tür steht, erst den Berg von Fischen betrachtet, dann mit hypnotischem Blick ihre Augen und mit sanfter Stimme sagt: »So zarte Hände, und sie müssen so blutige Arbeit verrichten.«

Es ist der angekündigte Ehrengast des heutigen Abends, Dr. Franz Kafka, seit Kurzem pensioniert, bis dahin hochrangiger Jurist, Obersekretär bei der Arbeiter-Unfall-Versicherungs-Anstalt in Prag, und: unverheiratet. Er wohnt mit seiner Schwester und den Kindern nebenan im Hotel »Haus Glückauf«. Also Entwarnung bei Dora. Beim Abendessen diese Szene: Ein kleiner, vier oder fünf Jahre alter Junge wird gebeten, etwas zu holen. Er stolpert beim Aufstehen, stürzt zu Boden und rappelt sich verwirrt und beschämt wieder auf. »Gelächter und Buhrufe würden nun jeden Augenblick losbrechen, umso mehr, da die anderen Kinder ebenso vor Scham gelähmt waren«, schreibt Dora. »Aber bevor das Gelächter anfing, rief Kafka mit völliger Bewunderung in seiner Stimme aus: ›Wie geschickt du gefallen bist und wie geschickt wieder aufgestanden.‹ Nicht nur die Selbstachtung des Kindes wurde gewahrt, es erfuhr darüber hinaus auch eine Anerkennung, um die es niemand zu beneiden brauchte.« Ihre Bewunderung Kafkas ist grenzenlos.

Später, nach dem Abendessen, liest sie ihm auf Hebräisch aus dem Buch des Propheten Jesaja vor. Ihr Hebräisch ist ausgezeichnet, Kafka versucht es seit einiger Zeit zu lernen, bisher nicht eben erfolgreich. Auch seine Bewunderung Doras ist grenzenlos und sein Lob überschwänglich. Am Morgen dieses Tages hat Kafka in einem Brief an Freunde in Jerusalem über die jüdischen Kinder im Ferienlager geschrieben: »Durch die Bäume kann ich die Kinder spielen sehn. Fröhliche, gesunde, leidenschaftliche Kinder. Ostjuden, von Westjuden vor der Berliner Gefahr gerettet. Die halben Tage und Nächte ist das Haus, der Wald und der Strand voll Gesang. Wenn ich unter ihnen bin, bin ich nicht glücklich, aber vor der Schwelle des Glücks.« Die Schwelle überschreitet Franz Kafka an diesem Abend. Es beginnt die letzte Liebe des sterbenskranken Tbc-Patienten.

Bei herrlichem Sonnenwetter beginnt am 14. Juli in München das 13. Deutsche Turnfest, das erste seit Kriegsende. Seit Tagen strömen Hunderttausende Besucher und Turner aus dem In- und Ausland in die festlich herausgeputzte Stadt, von der Bevölkerung freundlich empfangen zu den Turnertagen unter dem Motto: »Für deutsches Volkstum, deutsche Ehre, Freiheit und Einheit.« Die Veranstalter betonen den unpolitischen Charakter des Festes, ein großer Teil der Gäste betont das Gegenteil. Weil der französische Nationalfeiertag auf den 14. Juli fällt, weht über der Gesandtschaft in München die Trikolore. Aber sie weht nicht lange. Vor der Gesandtschaft versammelt sich eine wütende Menge, kurze Zeit später holen die Diplomaten die Fahne ein.

Noch lauter sind die Proteste, als bekannt wird, dass die Bierpreise um 300 Prozent erhöht werden. Die Preiserhöhung wird zurückgenommen, nachdem die Turnerschaft einen »allgemeinen Bierstreik« begonnen hat. Mag auch das Programm des Turnfestes unpolitisch sein, das von den Nationalsozialisten angesetzte »Nebenprogramm« ist es nicht. Sie hatten angekündigt, das Turnfest zu einer »einzigartigen, vaterländischen Kundgebung für das deutsche Volkstum, deutsche Ehre und Freiheit zu machen«. Das ist fast wortgleich das Motto des Turnfestes, nur ist die Aktion der NSDAP – wie das »Berliner Tageblatt« festhält – unverkennbar der Versuch, die Veranstaltung »im antisemitischen Sinne parteipolitisch zu missbrauchen«. Für die Dauer des Turnfestes ist das Tragen uniformähnlicher Kleidung, das Zeigen von Parteifahnen und -abzeichen untersagt, aber schon am Vorabend wurden die Nationalsozialisten von der Parteiführung dazu aufgerufen, die Anordnung zu ignorieren.

So hält Adolf Hitler auf der NSDAP-Großkundgebung im Circus Krone vor 5000 Teilnehmern inmitten flatternder Parteifahnen seine Rede zum »Fluch der November-Revolution. Internationale Sklavenkolonie oder deutscher Freiheitsstaat?«. Hitler habe, berichtet der Korrespondent des »Berliner Tageblatts«, »gegen Regierung und Parlament gehetzt« und sei danach mit dem Auto davongefahren. Geblieben aber sind die Nationalsozialisten mit Hakenkreuzfahnen und Standarten. Sie formieren sich zum geschlossenen Marsch in die Münchner Innenstadt, doch wird der Demonstrationszug von der Polizei gesprengt. Dazu vermerkt der Polizeibericht: »Mit geschwungenen Hakenstöcken, Fahnenstangen usw. drang die Menge unter den wüstesten Beschimpfungen wie ›Judenknechte‹, ›Judensöldlinge‹ usw. auf die Schutzleute ein. Diese sahen sich … genötigt, … die blanke Waffe … gegen die … Demonstranten anzuwenden.«

Das sportliche Hauptereignis des 13. Deutschen Turnfestes, den aus Geräteturnen, volkstümlichen Wettkämpfen und Freiübungen zusammengesetzten Zwölfkampf, gewinnt übrigens Rudolf Kobs vom TV Vorwärts Breslau.

Die Ermordung des sozialistischen Politikers Jean Jaurès jährt sich zum neunten Mal. Eine gute Gelegenheit für die SPD-Politikerin Toni Sender zu einem Gegenbesuch bei ihrem französischen Genossen Paul Faure in Paris. Doch haben die französischen Militärbehörden die deutsche Eisenbahn im Ruhrgebiet übernommen und so auf die Weigerung der Deutschen reagiert, für die Franzosen die Bahnen zu bedienen. Nun aber boykottieren die Deutschen die von den Franzosen kontrollierten Eisenbahnen, und Toni Sender weiß nicht, wie sie ins Innere Frankreichs kommen soll. Ein französischer Freund erklärt sich bereit, sie im Auto mitzunehmen, illegal selbstverständlich, aber es gelingt. Am Vorabend des Gedenktages für Jaurès trifft sie in Paris ein und wird, schreibt sie, stürmisch begrüßt von den Pariser Genossen, die sich daran erinnern, dass Toni Sender schon vor dem Krieg gegen das Gemetzel protestiert hat und für den Frieden eingetreten ist.

Die französischen Sozialisten feiern die deutsche Genossin, die französische Obrigkeit misstraut ihr. Als am Morgen nach der Abschiedsfeier um sechs Uhr laut an die Tür ihres Hotelzimmers geklopft wird, ist sie nicht überrascht. Es ist die Polizei, die die ganze Nacht in der Hotelhalle gewartet hat und sich nun nach den Papieren der Deutschen erkundigt. In diesem Augenblick hofft die Deutsche, vom französischen Staat zur unerwünschten Person erklärt zu werden. Denn würde sie mit einem Militärauto über die Grenze abgeschoben, könnte sie die Reisekosten sparen. Aber den Gefallen tun ihr die Beamten nicht. Toni Senders Papiere sind in Ordnung, die Polizisten entschuldigen sich für die Ruhestörung, und Toni Sender muss ihr letztes Geld für die Rückreise zusammenkratzen.

Der Begriff »Raffke« bezeichnet einen Wucherer, habgierigen Schleichhändler, Kriegsgewinnler, Emporkömmling oder ungebildeten Neureichen. Er ist eine Ableitung aus dem Mittelhochdeutschen »raffen«, also eilig an sich reißen. Seine berlinische Herkunft ist – wie bei Piefke und Steppke – an der Diminuitivendung »ke« zu erkennen. Vermutlich ist der Ausdruck bereits in der Gründerzeit, also nach 1871, aufgekommen, seit Ende des Weltkriegs ist er allgemein gebräuchlich. Als Inbegriff des Raffke gilt Hugo Stinnes mit seinem gigantischen Montan-, Industrie- und Handelskonzern, in der Öffentlichkeit zu Unrecht unbekannt ist sein Bruder im Geiste Jacob Schapiro, ein russisch-jüdischer Autohändler, Taxiunternehmer und Börsenspekulant aus Odessa. Der Aufbau eines der größten deutschen Automobilhandelsunternehmens ist dem 37-Jährigen seit Anfang der Zwanzigerjahre mit etwas ruppigen, doch sehr wirksamen Geschäftsmethoden gelungen. Er erwirbt von den Herstellern Automobile in größerer Zahl und bezahlt mit Wechseln. Die Wechsel lässt er so lange prolongieren, bis sich die realen Werte der Wechselbeträge durch die Geldentwertung derart verringert haben, dass er sie aus den Erlösen der Fahrzeugverkäufe bezahlen kann und darüber hinaus große Gewinne erzielt. Inzwischen verfügt Jacob Schapiro über 40 Prozent der Aktien der Benz AG und wird folgerichtig am 31. Juli in den Aufsichtsrat des Unternehmens gewählt.

Nach zwei Jahren endlich wieder einmal raus aus der Stadt. Marcellus Schiffer und Marguerite Lion machen Urlaub, fünf Wochen, zusammen, in Göhren (Villa Borgwardt) auf Rügen. Das Meer – jeden Tag baden, manchmal doppelt –, den ganzen Tag im Freien, abends sehen sie den Himmel. Marcellus Schiffer fühlt sich frei. Fünf Wochen keine Arbeit, kein Augenblick Langeweile. Er kann nicht sagen, notiert er in seinem Tagebuch, ob Göhren ein netter Ort ist oder nicht. Ist ihm auch ganz egal. Es ist gerade deshalb so wunderbar, weil alles so primitiv ist, weil man sich um nichts und niemanden zu kümmern braucht. Und auch mit Marguerite läuft alles gut. Sie vertragen sich. Ihm ist, als wären ihm die Augen aufgegangen: So musst du leben – nur nicht in der Stadt.

AUGUST

Tanzen kostet nichts. Auch deshalb ist es ein beliebtes Freizeitvergnügen.

Am Tag der Reichsverfassungsfeier demonstrieren Kommunisten in Berlin gegen Präsident Ebert und Kanzler Cuno. Sie werden mit Waffengewalt vertrieben.

Auf den Hamburger Werften kommt es zu Streiks und Krawallen, auf der Unterelbe streiken die Lotsen. Im Bergbau treffen die Tarifpartner ein Abkommen, wonach der Lohn wöchentlich unter Festsetzung des Entwertungsfaktors ausgezahlt werden soll. Streiks und Unruhen legen in Berlin die Metallindustrie und den Verkehr lahm. Nach zehn Wochen endet der Streik der Hochseefischer. Die Regierung Cuno tritt zurück, Gustav Stresemann, der Vorsitzende der DVP, bildet das erste Kabinett der großen Koalition aus SPD, Zentrum, DDP und DVP. Stresemann wird Reichskanzler und Außenminister, Rudolf Hilferding (SPD) Finanzminister, Gustav Radbruch (SPD) Justizminister. 43 Mitglieder der SPD-Fraktion lehnen die neue Reichsregierung ab, der vier Minister der SPD angehören. Auch in Bayern regt sich Widerstand, weil die Außenpolitik der Reichsregierung unter dem Einfluss von Sozialdemokraten steht. Stresemann besucht als erste deutsche Landeshauptstadt München. Wegen des katastrophalen Defizits wird der Berliner Straßenbahnbetrieb vorübergehend eingestellt. Die Reichsregierung beauftragt einen Ausschuss, Vorschläge für eine Währungsreform auszuarbeiten. Ein Liter Vollmilch kostet in Berlin 178 000 Mark. Angesichts der Lebensmittelnot sollen Schulkinder zur Kartoffelernte herangezogen werden. Die Schulbehörden werden zur Unterrichtsfreistellung ermächtigt. Innerhalb eines Monats hat sich die Zahl der Arbeitslosen von 3,5 auf 6,3 Prozent fast verdoppelt. Im Durchschnitt steht der Dollarkurs in diesem Monat bei 4,6 Millionen Mark. Ein Brot kostet 69 000 Mark.

Der Barbier Heidenreich aus Kreuzberg, verheiratet und Vater von neun Kindern, fährt in die Umgebung Berlins, um Pilze zu sammeln. Pilzgerichte sind in diesem Jahr in ganz Deutschland beliebt, besonders in Berlin. Sie sättigen und kosten nichts. Heidenreich hat sich schon gestern ein Pilzgericht bereitet, und ihm ist nichts passiert. Heute sammelt er für die Familie. Mit einer ansehnlichen Beute kehrt er in die Wohnung zurück. Zwei Kinder weigern sich, von dem Gericht zu essen, alle anderen können nicht widerstehen. Sie haben Angst zu verhungern. Einige Stunden später sind die Eltern und sieben der neun Kinder tot. Heidenreich hätte gewarnt sein können: Pilzvergiftungen belegen derzeit einen der vorderen Ränge in der Häufigkeit unnatürlicher Todesursachen, die Zeitungen berichten fast täglich darüber. Noch am Tag zuvor sind fünf Menschen, darunter zwei Kinder, an giftigen Pilzen gestorben. Die Zeitungen ermahnen ihre Leser zur Vorsicht. Zwar sei es eine natürliche Folge der Lebensmittelknappheit, dass sich insbesondere der verarmte Mittelstand auf jede mögliche Art Nahrungsmittel zu verschaffen versuche, derzeit besonders Pilze. Doch seien die Leute in ihrer Not wahllos und unvorsichtig. Vielleicht erreichen sie nur die Warnungen der Presse nicht. Die Ausgabe des »Berliner Tageblatts«, die den Tod der Kreuzberger Familie meldet, kostet 100 000 Mark.

In diesem Sommer entdeckt George Grosz, dass es nur wenigen Männern und Frauen außer vielleicht ein paar Heiligen gegeben ist, ohne Nahrung zu leben. Grosz sieht sich nicht als Heiliger, und als gewöhnlicher Sterblicher muss er essen, möglichst dreimal am Tag. Zum Frühstück bekommt Grosz Kohlrübenkaffee und kunsthonigbeschmierte, graugrüne Schrippe, mittags gibt es Kohlrübenkoteletts, Muschelpudding und Kohlrübenkaffee, abends Muschelwurst, graugrüne Schrippe, Kunsthonig und kalten Kohlrübenkaffee. Je hungriger ein Mensch, desto mehr träumt er, immer denselben Traum: von gutem und fettem Essen. Die Fachsprache nennt diese Wachträume Hungerphantasien. Sie sind, weiß Grosz, der Ursprung der Idee vom Schlaraffenland, wo Milch und Honig fließen und kühler Rheinwein dem Gebirge aus Schweizerkäse entspringt.

So glaubt Grosz natürlich an eine Hungerphantasie, als ihn Max, den er an diesem Abend in einem Berliner Restaurant kennengelernt hat, zum Besuch im Schlaraffenland einlädt. Im bürgerlichen Leben arbeitet Max als Koch, Grosz wird ihn irgendwann in dieser Nacht für einen Zauberer halten. Sie verlassen das Lokal nach dem Genuss einiger doppelter Kirsch, der Portier ruft ein Taxi heran, öffnet nach Empfang einiger Millionen Mark den Wagenschlag, und los geht die Fahrt in den Westen. Keine brennenden Laternen, denn gerade ist wieder einmal Gas- und Elektrizitätsstreik, kein Mensch auf der Straße. Sie halten vor einem gesichtslosen Haus, dann öffnet sich im obersten Stock hinter einer stahlverstärkten, mit drei armdicken Eisenriegeln gesicherten Tür das Zauberreich: »Wir gingen durch den engen Gang in das Berliner Zimmer. Rechts und links von uns waren Kisten, Eimer mit Marmeladen, riesige Einmachgläser mit Tomaten, Gurken und Delikatessen, blaue, russisch beschriftete Blechbüchsen mit Kaviar, aufgestapelt bis an die Decke, wenn überhaupt noch so etwas wie eine Decke zu sehen war. Denn wie Früchte oder Stalaktiten hingen da Hunderte von Würsten: rote Zervelatwürste mit den Schildchen ihrer aristokratischen Herkunft den Schlächter nennend,

Rügenwalder Mettwürste, fettglänzend und fröhlich, Reihen ausgetrockneter, ehrwürdiger Landjäger – Wurst neben Wurst, zu Hunderten. Und nicht nur Würste hingen da; nein, neben der kugeligen Zungenwurstreihe sah man Hunderte von Speckseiten, durchwachsen, undurchwachsen oder den von der Räucherkohle schwarzen Speck, der aus dem Schwabenlande kommt.« Man wisse gar nicht, wohin mit allem, beklagt sich Max bei Grosz. »Das Geld ist ja doch nischt wert, da mussten wir sogar noch diesen Korridor zu Hilfe nehmen.« Er bringt George Grosz ein Schinkensandwich, dazu ein Glas Wacholderschnaps, und dann zum Wohlsein auf die Inflation: »Prost, mein Lieber – es lebe das Schlaraffenland!« George Grosz wird den nächtlichen Besuch beim Hamsterer nicht vergessen.

Am 2. August promoviert Carlo Schmid, Rechtsreferendar am Amtsgericht Tübingen, zum Doktor juris. Vor zwei Jahren hat er das Erste Staatsexamen glänzend bestanden, entsprechend hoch waren seine Ansprüche an sich selbst als Wissenschaftler. Er hatte sich vorgenommen, nur ja keine »Wald- und Wiesen-Dissertation« zu schreiben, sondern eine Untersuchung zu einer »besonderen Problematik unserer Zeit«: das Verhältnis von Kapital und Arbeit. Sein Doktorvater war der Frankfurter Professor Hugo Sinzheimer, Pionier des Arbeitsrechts, ein undogmatischer Sozialdemokrat, der Artikel 165 der Weimarer Reichsverfassung kreiert hatte, mit dem die Räte in die Wirtschaftsverfassung der Republik eingebunden werden sollten. Dieser Artikel ist die Grundlage des Betriebsrätegesetzes, das im Januar 1920 gegen den Widerstand linkssozialistischer und kommunistischer Kräfte verabschiedet worden ist, juristisches Neuland also, das dringend seiner Vermessung durch einen begabten Nachwuchsjuristen harrte.

Denn in den Betrieben herrscht Verwirrung über die Stellung und die Aufgaben der Betriebsräte. Die wird Schmids

Arbeit kaum beseitigen. Er hat das Neuland nur betreten und intensiv betrachtet, vermessen hat er es nicht. Im ersten Teil referiert er ausführlich bereits von seinem Doktorvater formulierte Gedanken. Im zweiten Teil vertieft er sich umständlich in Einzelfragen, beispielsweise in das Problem, ob Beschlüsse der Betriebsvertretung auch bei »sinnloser Betrunkenheit« gültig sind. Gemessen an seinen eigenen Ansprüchen als Wissenschaftler ist Schmid gescheitert. Auch stilistisch wirkt die 270 Seiten lange Arbeit, als habe das Aktendeutsch das Kommando über die Sprache des 25 Jahre alten Juristen übernommen. Aber Schmid ist hochgebildet und trotz seiner Jugend ein erprobter Stilist, der Sohn eines Lehrerehepaars – seine Mutter ist Französin – spricht perfekt Französisch, er liest nicht nur die Klassiker, sondern rezitiert mit Freunden die derzeit sehr populären frechen Kuddel-Daddeldu-Verse des Bürgerschrecks Joachim Ringelnatz.

Wie konnte Carlo Schmid dann diese Dissertation passieren? Ihm hat die Muße zum Denken und Schreiben gefehlt. Im vergangenen Jahr ist seine Frau Lydia an Tuberkulose erkrankt. Zur Sorge um ihre Gesundheit sind die finanziellen Probleme gekommen. Das Geld reicht nicht, klagt Schmid, um »das Nötige für den Haushalt zu besorgen«. Also gibt er Nachhilfestunden: In Privatrepetitorien bereitet er Examenskandidaten auf die Justizdienstprüfung vor, Woche für Woche. Seine Dissertation ist zwar keine Wald-und-Wiesen-Arbeit, aber bahnbrechend, wie es sich Schmid gewünscht hat, ist sie ebenfalls nicht. Der Doktorvater ist enttäuscht und bewertet die Arbeit nur mit »bestanden«. Schmid ist auch enttäuscht, aber er weiß sich zu trösten: Wegen der hohen Kosten müssen die Doktoranden ihre Arbeiten in diesem Jahr nicht drucken lassen. So kommt es, vermerkt Dr. jur. Schmid selbstironisch, dass die Ergebnisse seines wissenschaftlichen Scharfsinns den Fortschritt der Rechtswissenschaft nicht werden befördern können.

Melli Beese hätte nicht heiraten dürfen, jedenfalls keinen Franzosen, jedenfalls nicht vor dem Krieg. Hätte sie nicht am 25. Januar 1913 im Rathaus von Johannisthal bei Berlin Charles Boutard das Ja-Wort gegeben, wäre sie nicht heute, wie sie klagt, verarmt, seelisch und körperlich zerrüttet, in unzurechnungsfähigem Zustand in einer Wohnung in Johannisthal, Postanschrift: bei Winkler, Parkstraße 8, II. Stock. Sie war auf dem Weg, eine deutsche Heldin zu werden, aber mit ihrer Hochzeit war sie, so wollte es das Recht, Französin geworden und mit Beginn des Weltkriegs eine feindliche Ausländerin, so wollte es die Politik.

Sie ist so gut wie vergessen, eine vereinsamte Morphinistin, die von deutschen Behörden Entschädigung verlangt für die ihr zugefügten Verluste. Manche werden sich erinnern, dass Melli Beese vor einigen Jahren als erste deutsche Pilotin – nach 114 Männern – gefeiert wurde, eine von weltweit 34 fliegenden Frauen. An ihrem 25. Geburtstag, am 13. September 1911, hatte sie das Examen als Flugzeugführerin bestanden. Natürlich hatte sie einige Hürden überwinden müssen, die ihren männlichen Kollegen nicht im Wege standen. Ein Fluglehrer, mit dem sie bei einem gemeinsamen Flug abgestürzt war – er war unverletzt geblieben, sie wurde mit einem fünffachen Beinbruch, Rippen- und Nasenbeinbruch ins Krankenhaus eingeliefert –, hatte die Ausbildung danach kurzerhand abgebrochen. Zwar hatte er am Steuer gesessen, aber offenbar war er davon überzeugt, dass die Frau im Flugzeug das Unglück verursacht habe.

Ihre männlichen Mitschüler hatten sich manch rohen Schabernack geleistet, den Melli Beese erstaunlicherweise überlebt hatte. Mal hatten sie intakte Zündkerzen gegen verrußte ausgetauscht, ein andermal Benzin bis auf einen geringen Rest abgelassen und Melli Beese zur Notlandung gezwungen. Aber dann, nach der bestandenen Prüfung auf einer Rumpler-Taube, war

Melli Beese aus Laubegast bei Dresden der Star der Saison, das »Flying Girl«. Auf der Berliner Herbstflugwoche 1911 hatte sie dem »Falkenmädchen«, der belgischen Fliegerin Hélène Dutrieux, den bisherigen Höhenweltrekord entrissen und ihn von 450 auf 825 Meter emporgeschraubt. Sie hatte auf dem Flugplatz Johannisthal-Berlin ihre eigene Flugschule eröffnet und mit der Konstruktion und dem Bau von Flugzeugen begonnen. Gemeinsam mit ihrem Mann – Pilot und Konstrukteur wie sie – baute sie ein Flugboot. Es sollte am 1. August 1914 beim internationalen nordischen Rundflug in Warnemünde starten.

Doch waren die europäischen Staaten gerade dabei, sich den Krieg zu erklären, und Melli Beeses Fabrik und Schule wurden geschlossen. Das Ehepaar durfte den Flugplatz, seine Flugschuppen und die Fabrik nicht mehr betreten. Die neuen Flugzeuge waren vernichtet und von den Anwohnern als Brennholz verwendet worden. Das Ehepaar hatte alles verloren, nicht nur die Maschinen, Werkzeuge und Material, auch ihr Automobil, schließlich sogar »unser ganzes, sehr kostbares Heim«. Charles Boutard wurde interniert, Melli Beese unter Hausarrest gestellt. Beide waren an Tuberkulose erkrankt. Als der Krieg zu Ende war, war es auch mit Melli Beese fast vorbei. Im August bekommt sie wieder einmal Besuch vom Gerichtsvollzieher, nicht zum ersten und nicht zum letzten Mal. Zwar macht sie noch Pläne, träumt davon, mit ihrem Mann in zwei Flugzeugen um die Welt zu fliegen. Aber bis zu ihrem Tod in zwei Jahren wird ihr nichts mehr gelingen.

Der Verfassungstag ist da. Der Arzt, Schriftsteller und Theaterkritiker Alfred Döblin sieht ihn sich an und geht an diesem 11. August zum Reichstag. Seit Tagen hat er in der Stadt eine erregtere Stimmung bemerkt, die Spannung ist gestiegen. Überall Menschenanhäufungen, Frauen, die ihre leeren Körbe zeigen und klagen, für Geld nichts kaufen zu können, Arbeiter, die

die angezeigten Preise mit ihren Löhnen vergleichen. In vielen Geschäften sind die Preisnotierungen verschwunden, an ihrer Stelle sind Nummern an den Waren; eine Tafel hängt im Schaufenster und im Laden, die angibt, mit welcher Nummer die Zahl zu multiplizieren ist, um den Preis zu ermitteln. Der Einzelhandel protestiert und kündigt an, aus Angst vor Plünderungen die Läden nur noch sechs Stunden täglich zu öffnen. Inzwischen steigen die Preise, notiert Döblin, für alles und jedes. Selbst noch im Ruhigsten wird so der Boden für rebellische Gefühle bereitet. Sogar die Vergnügungslokale leeren sich. In den riesigen Gärten und Hallen der Brauereien ertönt Blasmusik, nur vereinzelt sitzen Gäste an den Tischen. Nicht nur vor den Läden bilden sich Schlangen, selbst vor den Wagen mit Kartoffeln und Flundern.

Aber heute ist Verfassungstag. Die Stadt Berlin hat ihre Feier abgesagt, Reichspräsident Ebert die Abendfestlichkeit im Opernhaus, der ein Fackelzug folgen sollte. In den Eisenbahnwerkstätten soll es Einzelstreiks der Arbeiter geben, in Nowawes bei Potsdam einen Generalstreik. Die Buchdrucker sind in den Streik getreten, was sonst nur die Zeitungen beträfe, aber sie legen damit auch die Notenpresse still; stockt die Papiergeldproduktion, sind die Wirkungen katastrophal. Am Morgen sind keine Zeitungen erschienen, aber an Häusern und Säulen kleben Zettel, die sagen, dass der Preis für Kommunalbrot (auf Marken) auf das Zwei- und Dreifache erhöht wird. Die Stadt Berlin kündigt Notgeld an, die alten Scheine zu 100 oder 200 Mark sollen mit Zahlen 100 000 oder 200 000 überdruckt werden. Die Straßenbahn steht still. Von Streik ist die Rede, aber dann hört Döblin, dass nicht die Bahnen, sondern die Elektrizitätswerke von den Arbeitern stillgelegt worden sind. Die Kinder kommen aus den Schulen und berichten, man habe ihnen von der Verfassung erzählt und von Rhein und Ruhr. Sie hätten auch das »Deutschlandlied« gesungen. Die amtlichen Gebäude sind geflaggt, Alfred Döblin registriert fast erstaunt: in Schwarz-Rot-Gold.

Mittags dann die Feier im Reichstag und zugleich vor dem Reichstag. Eine Kompanie der Reichswehr in Stahlhelmen ist angetreten. Starke Schupomannschaften sind – zum Teil beritten – aufmarschiert. Ebert fährt im Auto vor, von einer kleinen Menge mit Hochrufen begrüßt. Eine Kapelle schmettert vor dem Reichstag allerlei, erst Beethoven, dann Vaterländisches, Militärisches. Das »Deutschlandlied« wird gesungen, für Döblin klingt es sehr durcheinander. Dann fällt ein Trupp mit der »Internationale« ein, und es beginnt ein Sängerkrieg. Der Trupp schmettert ein revolutionäres Lied nach dem anderen, dagegen spielt die Kapelle mit den Märschen an. Kaum sind die kommunistischen Sänger abgezogen, nimmt eine Schar von etwa hundert jungen Nationalsozialisten mit dem Hakenkreuzlied auf den Lippen ihre Stelle ein. Sie werden mit Beschimpfungen empfangen und verkrümeln sich wieder. Dann kommt der Parademarsch der Reichswehr vor dem Präsidenten.

Döblin sieht, wie Reichskanzler Cuno zu Ebert ins Auto steigt, ein starker, großer Mann, für den Schriftsteller sichtlich der Typ eines Direktors oder Industriellen – tatsächlich war der parteilose Wilhelm Cuno bis zur Bildung seines »Kabinetts der Wirtschaft« im November vergangenen Jahres Chef der Reederei Hapag –, und angesichts der strahlenden Laune des Reichskanzlers folgert Döblin: Er kann nicht mehr im Amt sein; er hat es überwunden. Hier irrt Alfred Döblin: Der mit dem passiven Widerstand im Rheinland gescheiterte Wilhelm Cuno macht erst morgen, am 12. August, Platz für Gustav Stresemann. Als der Vorsitzende der rechtsliberalen Deutschen Volkspartei am 13. August sein Doppelamt als neuer Reichskanzler und Außenminister antritt, kostet der Dollar 3,7 Millionen Mark, und die Eheleute Stresemann wissen nicht, ob sie das Studium ihres Sohnes Wolfgang an der Universität Heidelberg noch bezahlen können.

Den Deutschen schlägt in diesem Sommer jeden Tag um 15.00 Uhr die Stunde. Dann wird der Dollar-Mark-Kurs bekannt gegeben. Hat die Mark im Verhältnis zum Dollar wieder an Wert verloren – so ist es fast täglich –, dann ist das für die Händler das Signal, die Preise zu erhöhen. Es kommt also darauf an, das Geld vorher auszugeben. Die Arbeiter rennen mit ihrem Tageslohn zu ihren vor den Fabriktoren wartenden Frauen, die Frauen rennen zum nächsten Bäcker oder Lebensmittelladen, um vor der Preiserhöhung Brot zu kaufen, und die Einzelhändler rennen zur Bank, um die täglich wachsenden Papiergeldmassen loszuwerden und in Dollars, Pfund und Schweizer Franken umzutauschen oder um Aktien zu erwerben.

Nie zuvor war in Deutschland so viel Geld im Umlauf, nie zuvor war es so wenig wert, nie zuvor klagten so viele verarmte Millionäre über Hunger, und nie zuvor gab es so viele Banken und Filialen. Die Masse und die Komplexität der durch die Inflation verursachten Finanztransaktionen sind eine Wachstumsgarantie für das Gewerbe. 1913 hatte die Deutsche Bank nur 15 Filialen, inzwischen sind es rund 140. Das Filialnetz der Commerz- und Privatbank wuchs in der Zeit von acht auf 246 Standorte. Die Zahl der Mitarbeiter in der Bankenbranche hat sich von 100 000 im Jahr 1913 auf 375 000 in diesem Jahr erhöht, die Zahl der betreuten Bankkunden hat sich in der Zeit verfünffacht, von 552 599 auf etwa 2,5 Millionen. Vor zwei Jahren wurden in Deutschland 67 neue Banken gegründet, im vergangenen Jahr 92, in diesem Jahr werden es 401 Gründungen sein. Mehr oder weniger qualifizierte Mitarbeiter werden also dringend benötigt.

In einer Anzeige in der »Deutschen Allgemeinen Zeitung« vom 18. August werden »junge Kaufleute, banktechnisch vorgebildet, mit Buchführung vertraut, gute Handschrift, für Finanzabteilung großen Industriekonzerns sofort gesucht«. In derselben Ausgabe erfahren die Leser, dass die Lebenshaltungskosten in der vergangenen Woche vom 11. bis 17. August um 148,8 Prozent gestiegen sind, »auf den 439919fachen Vorkriegszustand (gegenüber 176 789 in der Vorwoche)«. Von der Misere bleibt auch die Zeitungsbranche nicht unberührt. Ebenfalls in dieser Ausgabe wird vom Beschluss der Zeitungsverlage von ganz Mitteldeutschland berichtet, »wegen des unerfüllbaren Spitzenwochenlohns von 36 Millionen Mark heute allen Buchdruckgehilfen zu kündigen und die Betriebe zu schließen«. Die Ausgabe der »Deutschen Allgemeinen Zeitung« von diesem Tag kostet 30 000 Mark.

Alles in allem sind die beruflichen Perspektiven des jungen Dr. Goebbels in diesen Monaten also gar nicht schlecht. Obwohl er von Bankgeschäften nichts versteht, hat er Arbeit in der Kölner Filiale der Dresdner Bank, nicht gut bezahlt, aber – immerhin – relativ sicher. Eine Arbeitsplatzgarantie ist es jedoch nicht. Wenn Dr. Goebbels demnächst aus dem Urlaub mit seiner Freundin Else Janke zurückkommt, wird er im Briefkasten die Kündigung seines offensichtlich mit ihm unzufriedenen Arbeitgebers finden und damit Teil der täglich wachsenden Masse der Arbeitslosen sein. Trotz der Unterstützung Else Jankes wird er hungern und in Lethargie verfallen. Er wird den Eltern seine Arbeitslosigkeit verschweigen, sich eine Nervenkrankheit andichten und um Aufnahme im Schoß der Familie bitten. Schon bald kehrt Dr. Goebbels ins Elternhaus in Rheydt zurück.

Heinrich Mann verlässt endlich sein Traumland, wenn auch nur für einige Tage, und steigt am 20. August in den Nachtzug von Berlin nach Paris. Als junger Mann hat er einmal vor 30 Jahren die französische Hauptstadt besucht, seitdem aber den

Kontakt mit französischem Boden vermieden und sich darauf beschränkt, Frankreich mit der Dichterseele zu durchstreifen. So ist in ihm mit den Jahren das Idealbild einer Zivilisation entstanden, die Vision einer mehr oder weniger perfekten Republik, durchdrungen vom Geist der Humanität, regiert von der Garantie der Freiheit und der Menschenrechte, herausgehoben vor anderen Völkern durch den tiefen Respekt vor der Literatur. Alles, was Heinrich Mann an Deutschland verachtet – den Untertanengeist, den Militarismus, die unterdrückte Leibes- und Lebenslust, die aggressiv dröhnende Hohlheit –, findet er im Frankreich seiner Träume ins Gegenteil verwandelt, hell und heiter, beseelt und lustbetont.

Ein besserer Mittler zwischen Deutschland und Frankreich lässt sich kaum finden. Den deutschen Schriftsteller hat die Einladung zu den diesjährigen *décades* in Pontigny erreicht, einem Treffen französischer Intellektueller, Schriftsteller und Künstler in einer gotischen Zisterzienser-Abtei im Burgund. Die jährlichen Sommergespräche stehen besonders in diesem Jahr im Zeichen der Verständigung zwischen Frankreich und Deutschland. Die erste Einladung hatte Mann abgelehnt, diesmal aber war er zur Teilnahme entschlossen und hatte sich auf dem französischen Konsulat in Berlin eine Einreiseerlaubnis besorgt. Ihn erwartet in Pontigny die literarische Elite Frankreichs, ein Kreis um André Gide, seit Jahren Zentralgestirn am literarischen Himmel und Spiritus Rector der führenden Literaturzeitschrift »Nouvelle Revue Française« (NRF).

Was auch immer sich der Deutsche und seine französischen Gesprächspartner von der Begegnung erhofft haben mögen – die Erwartungen erfüllen sich nicht. Heinrich Mann ist sich bewusst, »in Gesprächen nicht sehr produktiv zu sein«, weshalb er die Tage in Pontigny vor allem als Zuhörer erlebt. Zum Abschied sagt ihm André Gide, »dass wir einander noch mehr hätten sein können«. Mann scheint nicht zu begreifen, welch herausragende Rolle die Teilnehmer im literarischen Leben Frankreichs spielen. Das gilt nicht zuletzt für Aline Mayrisch de St. Hubert. Sie ist eine engagierte Frauenrechtlerin, Literaturkritikerin – unter anderem hat sie Rilke mit einem Aufsatz in NRF den Weg nach Frankreich geebnet – und Verfechterin der deutsch-französischen Verständigung. Sie ist aber auch die Frau des schwerreichen Industriellen Émile Mayrisch, und das verzeiht ihr Heinrich Mann offensichtlich nicht.

Er verabscheut die Wirtschaft, nicht nur Inflationskönige wie Hugo Stinnes, dem er in diesem Jahr eine ebenso ätzende wie missratene Satire (»Kobes«) gewidmet hat. Im Frühjahr hat Heinrich Mann im »Berliner Tageblatt« seinen Ekel vor der Wirtschaft noch einmal bekräftigt: »Politik ist Angelegenheit des Geistes. […] Wirtschaft ist und bleibt ein Mechanismus.« Dafür lässt Heinrich Mann Aline Mayrisch durch Missachtung büßen. Sie ist immerhin eine bedeutende Unterstützerin der *décades* in Pontigny, aber Mann erinnert sich an sie nur als »eine reiche Dame aus dem Saarland«, die ihm »gewisse Halspillen« empfohlen habe. Das Ehepaar Mayrisch kommt aus Luxemburg.

Wer das Vaterland verrät, ist ein Vaterlandsverräter. Aber was ist einer, der Vater- und Mutterland zugleich verrät, in ein, zwei Sätzen, im selben Augenblick? Annette Kolb hat den doppelten Verrat vor acht Jahren begangen, Anfang des Jahres 1915, also mitten im Krieg. Sollte sie geglaubt haben, sie könne den Folgen des Verrats durch Umzug nach Badenweiler im Schwarzwald entkommen, wo sie kürzlich, neben ihrem Freund René Schickele, ein kleines Haus bezogen hat, dann täuscht sie sich. Dafür sorgt Dr. Alfred Kefer. Der Gemeinderat hat ihn vor einigen Wochen zum neuen Bürgermeister Badenweilers gewählt.

Tatzeit und Tatort des Verrats Annette Kolbs sind genau ermittelt. Er geschah am 11. Januar 1915 im Dresdner Künstlerhaus. Auf Einladung der Literarischen Gesellschaft spricht an diesem Abend die pazifistische Schriftstellerin über den Krieg und den Hass, mit dem die Presse der Nationen das Gemetzel befeuert. Zum Nachweis ihrer Expertise kann Annette Kolb auf ihre Herkunft verweisen. Ihre Mutter war eine französische Konzertpianistin, ihr Vater – angeblich ein illegitimer Spross der Wittelsbacher – Gartenarchitekt und Leiter des Botanischen Gartens in München. Annette Kolb hat also zwei Heimatländer, der Krieg, den sie gegeneinander führen, ist für sie »Europas unsterbliche Blamage«, das komplette Versagen des gesunden Menschenverstandes.

Sie hat erst ein paar Sätze gesprochen, da schreit schon einer: »Sie verstehen gar nichts.« Sie spricht frei weiter – den Vortrag hat sie auswendig gelernt – und wundert sich, dass sich die Völker noch immer die hetzerische Presse gefallen lassen: »Argwöhnisch wird das Tun eines Monarchen verfolgt, wer aber hat es gewagt, gegen den ›Matin‹ einzuschreiten, der, schlimmer als eine russische Knute, Wahrheit, Vernunft und Mäßigung unterdrückt. Aber in jedem Lande gibt es Erscheinungen, welche dem ›Matin‹ nacheifern …« Das ist kein Seitenhieb, sondern ein gezielter Haken gegen deutsche Zeitungen, die dem Pariser »Matin« nicht nur nacheifern, sondern ihn gelegentlich noch übertreffen. So wird es auch verstanden. Einer brüllt: »Infamie«. Ein anderer springt auf, protestiert gegen die »unerhörte Gemeinheit« und schreitet empört zur Tür. Einer steht im Saal und hält aus dem Stegreif, den »bärtigen Kopf von Hass entstellt«, eine Rede gegen Annette Kolb, die plötzlich eine Kühle überkommt, wie aus der Tiefe eines Ziehbrunnens emporgeweht, und sie nimmt den Wutausbruch als Ehrung entgegen.

In dem entstehenden Tumult denkt sie an das Schauspiel junger Krüppel und Blinder, überfüllter Narrenhäuser, zu Greisen geschlagener Jünglinge, und was sie an diesem Abend denkt, das wird sie ein Jahr später in den »Briefen einer Deutsch-Französin« in den »Weißen Blättern« ihres pazifistischen Freundes René Schickele veröffentlichen: »Ja, hätte man zehntausend hetzerische Journalisten aus unseren Ländern zusammengetrieben und gehenkt, o wieviel wertvolle, hoffnungsvolle Menschen wären in all diesen Ländern heute am Leben! Stattdessen seid Ihr es, die ihr noch lebt, die Ihr den Glauben an die Menschheit und an die menschliche Güte vergiftet habt, die Ihr einer bösen Schwäre gleich Europa von einem zum anderen Ende überzieht …«

Das Publikum hatte es nicht mehr auf den Sitzen gehalten, alle hatten durcheinandergeschrien, die Anhänger Annette Kolbs und deren Feinde, sie war ins Künstlerzimmer geflüchtet, gefolgt von der tobenden Menge. Unter dem Schutz ihrer »Leibgarde« von vier Dresdner Damen war sie schließlich ins Hotel gelangt und hatte sofort die Koffer gepackt. Die Laternen brannten noch, schreibt sie, als sie am Morgen zum Bahnhof fuhr. Und als die Dresdner sich ihres Morgenkaffees erlabten und ihre Morgenzeitungen entfalteten, war Annette Kolb schon am Anhalter Bahnhof in Berlin aus dem Zug gestiegen. Das Honorar hatte sich die kluge Frau vor ihrem Vortrag auszahlen lassen.

Ihren Dresdner Auftritt und dessen Darstellung in den »Weißen Blättern« empfanden die getroffenen Journalisten als demütigende Provokation und schimpften über Annette Kolbs fehlende nationale Gesinnung. Aber nicht nur die deutsche Presse protestierte. Auch der »Matin« hatte sich beleidigt beschwert.

Annette Kolb ist Jahrgang 1870, also ein Kriegskind, das zeit seines Lebens Vater- und Mutterland zur Versöhnung drängt. So macht sie sich beide – Deutschland und Frankreich – zum Feind. Nach ihrer Dresdner Rede wurde sie in ihrer Geburtsstadt München vom bayerischen Geheimdienst überwacht und ihre Post kontrolliert. Das bayerische Kriegsministerium hatte ihr Kontakte ins Ausland und jegliche pazifistische Betätigung oder Veröffentlichung untersagt.

Mithilfe Walther Rathenaus konnte sie 1916 schließlich ihre geliebte Heimatstadt verlassen, war in die Schweiz emigriert und wurde weiterhin vom Geheimdienst observiert. Einige Freunde haben sie damals unterstützt – der deutsch-französische Schriftsteller René Schickele und der berühmte französische Pazifist Romain Rolland, der 1915 den Nobelpreis für Literatur erhielt. In der Schweiz wurde Annette Kolb zwar überwacht, aber nicht eingesperrt. Sie konnte reisen. Sie durfte publizieren. Sie schrieb viel, unermüdlich, immer im Geist der Verständigung zwischen Deutschland und Frankreich. Sie hätte auch mit ihren Fingern Figuren ins Wasser zeichnen können. Aber nach dem Krieg ist sie in der Republik in kurzer Zeit populär geworden, die angesehensten Zeitschriften drucken ihre Beiträge, die »Weltbühne«, das »Tage-Buch«, »Die Neue Rundschau«. Und dank ihrer rührigen Freundin Aline Mayrisch kann sie zahlreiche Artikel auch in der »Luxemburger Zeitung« veröffentlichen. Sie hat Erfolg, verdient etwas Geld, und endlich ist es ihr sogar gelungen, nach Utopia zu kommen.

Kolbs Utopia heißt Badenweiler. Noch Deutschland, aber Frankreich gleich nebenan, der Blick auf die Vogesen und ein Himmel, der an Italien erinnert – Badenweiler ist für Kolb ein wenig die Insel Nirgendwo, also der ideale Lebensort. Sie hat sich dort ein kleines Haus bauen lassen, in der Nachbarschaft von René Schickele, Ende der Unbehaustheit, zwischen den Heimatländern der Eltern inmitten himmlischer Landschaft, der Nicht-Ort als Paradies. Aber kein Paradies ohne Schlange.

Die Schlange im Paradies Annette Kolbs heißt Dr. Alfred Kefer. Der Gemeinderat Badenweilers hat ihn im Juli zum Bürgermeister des idyllischen Kurorts gewählt. Kefer ist Mitglied der Deutschnationalen Volkspartei (DNVP), also der Partei

Hugenbergs, dessen Zeitungen die Leser millionenfach Tag für Tag zum Hass auf die Republik und die Demokratie erziehen und Frankreich mit jeder Ausgabe den Krieg erklären, allen voran Adolf Stein: »Das Tier ist die Übergangsstufe vom Franzosen zum Menschen.« Kefers Wahl dürfte dem Willen der Mehrheit der Bürger Badenweilers entsprechen. Um das Amt des Bürgermeisters hatten sich 84 Kandidaten beworben. Die Badenweiler haben sich für den deutsch-völkischen Kefer entschieden. Das muss die Pazifistin Annette Kolb als Kriegserklärung empfinden, als Vertreibung aus ihrem Paradies. Schon bald beklagt sie sich, sie werde auf der Straße »nach Belieben beleidigt«. Sie wird Badenweiler immer öfter durch kleinere und größere Fluchten entkommen.

Das eine ist, den Reichspräsidenten auf offener Straße anzupöbeln, etwas ganz anderes, Geschäftsleute um Spenden anzubetteln – auch wenn beide Maßnahmen denselben Zweck verfolgen, die Beseitigung der Republik. Emil Gansser beherrscht das eine wie das andere. Vor einem Jahr hat er auf dem Münchner Bahnhofsvorplatz Friedrich Ebert öffentlich als »Landesverräter« beleidigt und damit dem Chefredakteur des »Völkischen Beobachters«, seinem Kumpan Dietrich Eckart, eine Hetzkampagne gegen den Reichspräsidenten ermöglicht. Aber Gansser versteht sich auch auf das Gespräch mit der Geschäftswelt, das Besonnenheit und Diskretion erfordert. Er ist der aktivste und erfolgreichste Spendensammler der NSDAP. Bei deutschen Konzernen wie Siemens und Borsig hat er schon Gehör gefunden, aber die Inflation hat die Partei in eine Finanzkrise getrieben, der mit einigen Großspenden der deutschen Wirtschaft nicht beizukommen ist.

Gansser hat schon vor längerer Zeit die Schweiz in den Blick genommen. In den vergangenen Monaten sind einige hohe NSDAP-Funktionäre zum Zweck der Geldbeschaffung in die

Schweiz gereist, allerdings mit bescheidenem Erfolg. Der eine, klagt Gansser, sei viel zu forsch aufgetreten, ein anderer habe durch das Nichtbegleichen der Hotelrechnung eine Konfrontation mit der Fremdenpolizei riskiert. Auch Parteigenossen wie Dietrich Eckart seien als Spendensammler offensichtlich ungeeignet: »Der Schweizer Boden erfordert weltgewandtere Typen, wenn die Sachen überhaupt reüssieren sollen.« Denn die Gleichsetzung »Reichsdeutsch gleich Schweizerdeutsch« werde dort »auf das Peinlichste« empfunden. Mit anderen Worten: Die Schweiz ist Chefsache.

Am 25. August beantragt Adolf Hitler auf dem Schweizer Konsulat in München ein Visum, nennt »Studienzwecke« als Reisegrund und verspricht, von »jeglicher politischen Tätigkeit« in der Schweiz Abstand zu nehmen. Einen Tag später beginnt Hitler dort mit seiner politischen Tätigkeit und startet eine Fundraising-Tour. Ihr Höhepunkt ist Hitlers Rede »Zur Lage in Deutschland« am 30. August in der Villa Schöneberg in Zürich beim Sohn des Schweizer Generals Ulrich Wille, dem Instruktionsoffizier Ulrich Wille junior. Der junge Wille hat seit Jahren enge Kontakte zum Alldeutschen Verband, ist befreundet mit dem NSDAP-Mann Rudolf Heß und seit dem Besuch einer Veranstaltung Hitlers vor einem Jahr von dessen Führungsqualitäten überzeugt: »Heute will ich nur melden, dass Hitler mir einen guten Eindruck gemacht hat und seine Person und Arbeit für die Zukunft von großer Bedeutung ist.« Als Zeichen seiner Sympathie hatte er Hitler 2000 Franken Wahlkampfspende zukommen lassen.

Auch in seinem Vortrag vor einigen Dutzend Offizieren und Geschäftsleuten in der Villa Schöneberg ist Hitler um einen guten Eindruck bemüht. Zwar prophezeit er angesichts der katastrophalen Versorgungslage in Deutschland den bevorstehenden Zusammenbruch der neuen Regierung Stresemann, den Ausbruch einer kommunistischen Revolution, vermeidet aber – ganz im Sinn der von Gansser gewünschten Weltgewandtheit – seine üblichen Hassattacken auf das »internationale jüdische Börsenkapital«. Zur Beseitigung der Not in Deutschland fordert er den sofortigen Stopp der Papiergeldproduktion, Beamtenentlassungen, radikale Einsparungen bei allen Staatsbetrieben und tiefgreifende Einschnitte in die Arbeitnehmerrechte. Und weil eine solche Umwälzung einer parlamentarischen Regierung unmöglich sei, führe an einer Diktatur kein Weg vorbei: »Entweder nehmen die Dinge den Verlauf, wie in Russland, und es kommt zu einer Diktatur des Proletariats. Oder es geht wie in Italien mit der Diktatur eines Mussolini [...] Ein Mittelding zwischen der Diktatur des Proletariats oder der Diktatur von rechts gibt es nicht.«

Die Meinungen über den Auftritt Hitlers in der Villa Schöneberg sind offenbar geteilt. Die Mutter des Gastgebers, Clara Wille, notiert begeistert: »Hittler [sic!] äußerst sympathisch! Der ganze Mensch bebt, wenn er spricht; er spricht wundervoll.« Den alten General stört zwar nicht der Inhalt der Rede, aber die Lautstärke des Vortrags: »Um Gottes willen, warum muss der Mann die ganze Zeit so schreien.« Unter dem Strich ist Hitlers Schweizer Fundraising-Tour ein Erfolg. Die Schätzungen über die Höhe der Spenden – bar und ohne Quittung – variieren zwischen 11 000 und 123 000 Franken.

Hätte sich Marcellus Schiffer auf Rügen nicht so gut erholt, wüsste er nicht, wie er es jetzt in Berlin aushalten soll. Kaum ist er wieder da, sind seine Nerven wie Stricke gespannt. Seine Abwehr gegen die Zeit in Berlin ist die Gleichgültigkeit: »Ich lebe hier gar nicht.« Er ist nur, schreibt er, vorübergehend hier, um wieder ans Meer zu kommen. In den ersten Tagen nach der Rückkehr aus dem Urlaub ist er restlos unglücklich über Berlin gewesen. Allmählich, »zum Glück«, versinkt er jetzt wieder in der Stadt. Sonst würde er es vor Sehnsucht nicht ertragen.

SEPTEMBER

Der Regierung unter Reichskanzler Gustav Stresemann gelingt es, den Ruhrkampf zu beenden und die Währung mit der Einführung der Rentenmark zu stabilisieren.

Zum Deutschen Tag in Nürnberg kommt zusammen, was unter Rechtsextremisten und Nationalisten Rang und Namen hat, allen voran Hitler und Ludendorff. Obwohl der Ruf nach einem Umsturz unüberhörbar ist, hört die Polizei nur einen »freudigen Aufschrei hunderttausender Verzagter, Verschüchterter«.

Die Vaterländischen Verbände veranstalten in Nürnberg einen Deutschen Tag, an dem sich auch die SA und der Bund Oberland beteiligen. Der Deutsche Kampfbund wird gegründet, dessen politische Führung Adolf Hitler übernimmt. Der Reichsrat genehmigt den 3. Nachtragsetat – zur Beschaffung von Brotgetreide kann ein Kredit von 1200 Billionen Mark aufgenommen werden. Die Reichsregierung beschließt, die Währungsfrage durch Schaffung einer Goldnotenbank zu lösen. Stresemann macht Frankreich ein Verständigungsangebot in der Ruhrfrage durch »produktive Pfänder«. Die Grenzsperre zwischen dem besetzten und dem unbesetzten Gebiet wird aufgehoben. Reichsfinanzminister Hilferding hat für die Reichsregierung ein Währungsprogramm ausgearbeitet. In der gesamten Republik kommt es zu blutigen Zusammenstößen zwischen Rechts- und Linksradikalen, im Rheinland beginnen Separatistenunruhen. Ebert und die Reichsregierung verkünden das Ende des passiven Widerstands wegen der völligen Zerrüttung der Wirtschaft. Bilanz des Ruhrkampfs: 132 Tote, elf Todesurteile, fünf Verurteilungen zu lebenslangem Zuchthaus, 150 000 Ausgewiesene. Auf die Beendigung des passiven Widerstands reagiert die Regierung Bayerns mit der Ausrufung des Ausnahmezustands und ernennt Gustav Ritter von Kahr zum Generalstaatskommissar. Daraufhin erklärt Ebert den Ausnahmezustand für die gesamte Republik. Die Reparationszahlungen an Frankreich werden wieder aufgenommen. Der Großindustrielle Stinnes fordert, den Achtstundentag aufzuheben. Der Durchschnittskurs des Dollars liegt bei 98,8 Millionen Mark. Ein Brot kostet 1 512 000 Mark.

Nürnberg hat mehr als 350 000 Einwohner, einen roten Stadtrat, einen liberalen Oberbürgermeister und einen Rathenauplatz, die erste Stadt, die einen Platz nach dem vor einem Jahr ermordeten Außenminister benannt hat. Nicht alle Bürger sind damit einverstanden. Obwohl vorsorglich in schwindelnder Höhe angebracht, wurde das Schild in der kurzen Zeit schon ein-, zwei-, drei-, vier-, fünfmal demoliert oder gestohlen. Jetzt wird es rund um die Uhr von einem Schutzmann bewacht. Der Volksmund hat den Platz deshalb in Schutzmannsplatz umgetauft. Der Mann ist an den ersten zwei Septembertagen um seine Aufgabe nicht zu beneiden. Mehr als 100 000 Nationalisten feiern wieder einmal den Deutschen Tag, der heute zusammenfällt mit der Feier des Sedantags – an dem die Deutschen sich seit 1870 zum Sieg über den französischen Erbfeind gratulieren – und des Tannenbergtags – die gegen die Russen gewonnene Schlacht reklamiert Erich Ludendorff für sich und Paul Hindenburg, die Verantwortung für den von den Generälen verlorenen Krieg schieben sie den Demokraten zu.

Erschienen sind Abordnungen der »Vaterländischen Verbände«, rechtsextreme Organisationen, die außerhalb Bayerns verboten und aufgelöst sind. Die NSDAP mit Hitler an der Spitze, die SA unter Hermann Göring, die Reichsflagge und Bund Oberland nutzen die Gelegenheit und schließen sich zum Deutschen Kampfbund zusammen. Optisch dominieren die Nationalsozialisten Adolf Hitlers, die mit großen roten Fahnen, Hakenkreuz auf weißem Grund, »Heil« schreiend durch die Straßen ziehen und jeden bedrohen, der kein »Festabzeichen« trägt (Preis pro Stück 150 000 Mark, einzuzahlen in die Kasse der Vaterländischen Verbände). Offiziell heißt der Aufmarsch »Deutscher Tag zum Angedenken an die alte Wehrmacht«, deren frühere Spitzen nehmen die Parade ab: Ludendorff, Admiral Scheer, der in der Skagerrakschlacht England die Stirn geboten hatte, natürlich Carl Eduard von Sachsen-Coburg und Gotha, aber auch Prinz Schönaich-Carolath, jüngster Stiefsohn von Wilhelm II., der mit seiner zweiten Frau Hermine, der Prinzenmutter, in Doorn auf den Rückruf durch die Deutschen wartet.

Parade, Feldgottesdienst, dann spricht Ludendorff, der die Schaffung eines »neuen deutschen Blutsgefühls« verlangt, beruhend auf dem deutschen Volkstum. Alles Undeutsche soll ausgeschieden werden, geschaffen werden muss ein Volk von Brüdern: »Weil ich mitkämpfen will im deutschen Freiheitskampf, darum bin ich heute hier. Unsere Kampfgemeinschaft wird siegen, auch wenn unsere Waffen scheinbar schwach sind.« Ein ausländischer Journalist fragt nach der Rede Ludendorff, wie das zu verstehen sei – als Aufruf zu den Waffen? Darauf Ludendorff: »Die Berliner Regierung mit ihrem ewigen Verhandeln schafft es nicht. Freiheit kann man nicht erhandeln – man kann sie nur erkämpfen.«

Die Drohung mit dem Umsturz ist unmissverständlich. Doch die Polizei hört sie nicht, im Gegenteil, sie erfreut sich an der Heerschau der Rechtsextremisten, an der sich auch Einheiten der Bayrischen Landespolizei beteiligen. Aus einem Bericht des Staatspolizeiamts Nürnberg-Fürth: »Die Straßenzüge waren in ein Meer von schwarzweißroten und weißblauen Fahnen gehüllt, brausende Heilrufe der Straßen, Gehsteige und Fenster in dicht gedrängten Massen füllenden Bevölkerung umtosten Ehrengäste und Zug, zahllose Arme streckten sich ihm mit wehenden Tüchern entgegen, ein Regen von Blumen und

Kränzen schüttete sich von allen Seiten über ihn: Es war wie ein freudiger Aufschrei hunderttausender Verzagter, Verschüchterter, Getretener, Verzweifelnder, denen sich ein Hoffnungsstrahl auf Befreiung aus Knechtschaft und Not offenbarte. Viele, Männer und Frauen, standen und weinten, überwältigt von seelischer Erregung.«

Der 50 Jahre alte Arbeiter Georg Krämer, verheiratet und Vater von fünf Kindern, bezahlt den freudigen Aufschrei der Verzagten und Verschüchterten am 2. September in Nürnberg mit seinem Leben. Der Sozialdemokrat wird von einem Studienprofessor der Nürnberger Fortbildungsschule erschossen, ein anderer Arbeiter schwer verletzt. Einige Teilnehmer des Deutschen Tages werden in spontanen Gewaltaktionen von republikfreundlichen Arbeitern aus Nürnberger Betrieben geprügelt, die Anführer dieser Aktionen verlieren ihre Arbeitsplätze, werden angeklagt und wegen Landfriedensbruchs und Körperverletzung zu Freiheitsstrafen verurteilt. Im Nürnberger Stadtrat kommt es zu Tumulten, weil ein deutschnationales Ratsmitglied allein die Linken für die Gewaltexzesse verantwortlich macht. Es scheint, als solle ein Redner des Deutschen Tages mit der Ankündigung recht behalten, dies sei »die letzte Heerschau vor der Schlacht«. Hugo Stinnes' »Deutsche Allgemeine Zeitung« aber berichtet vom »ungestörten Verlauf« der Veranstaltung.

Der Fahrschein für die Berliner Straßenbahn hat am 16. Juli 3000 Mark gekostet, am 30. Juli 6000 Mark, am 6. August 10 000 Mark, am 14. August 50 000 Mark und am 20. August 100 000 Mark. Die Berliner empören sich über die »unersättliche Straßenbahn«, aber sie wissen sich zu helfen. So wie sich das Pilzgericht – zumindest unter finanziellem Aspekt – als Hauptgericht empfiehlt, steht als billigste Alternative zur Straßenbahn das Fahrrad bereit. In den ersten Septembertagen berichtet die Presse, Berlin sei die Stadt der Fahrräder geworden, es habe sogar Kopenhagen den Rang abgelaufen. Ein unwiderlegliches Indiz für die gestiegene Popularität des Fahrrads erkennt das »Berliner Tageblatt« in der Zunahme der Diebstähle, die oftmals durch die Leichtfertigkeit der Radeigentümer begünstigt werden. Die Stadt hat auf die neuen Bedürfnisse der Verkehrsteilnehmer reagiert und auf allen Straßen Durchfahrverbote für Fahrradfahrer aufgehoben. Allerdings haben nicht alle zuständigen Stellen der Entwicklung Rechnung getragen. Nicht überall wird dem Fahrrad die ihm zukommende freie Bahn verschafft. In Radfahrerkreisen werden deshalb ungeduldig verkehrspolizeiliche Bestimmungen erwartet, die den Fuhrwerken und Automobilen eine größere Rücksichtnahme auf das gleichberechtigte Fahrrad vorschreiben. Den Lesern wird der Besuch von Lernkursen nahegelegt, schon aus dem plausiblen Grund, dass eine Übung unter geschulter Hand dem Radsport auch jene Ängstlichen zuführt, die es angeblich doch nicht lernen.

Maximilian Bern, 73 Jahre alt, fährt nicht Fahrrad. An einem seiner letzten Lebenstage entwickelt er vielmehr zur Berliner Straßenbahn ein sehr persönliches Verhältnis. Er ist in jungen Jahren Schriftsteller gewesen, aber, wie ein Nachruf beklagt, nur ein kleines Talent, wenngleich ein braver Mann, etwas verträumt und ohne Ellenbogenkraft, ein Förderer der jungen Generation, immer zur Stelle, wenn ein Talent seiner Entdeckung harrte. Sofern sich überhaupt jemand an ihn erinnert, dann wegen der Anthologie »Die zehnte Muse« mit humoristischen Gedichten und Chansons, die es lange vor dem Weltkrieg zu hohen Auflagen brachte. Noch weniger werden wissen, dass Maximilian Bern einst mit der Schriftstellerin und Schauspielerin Olga Wohlbrück verheiratet war, der ersten deutschen Filmregisseurin. Bern ist verstummt und vergessen, aber zumindest eines hat er – wie er lange Zeit glaubte – richtig gemacht. Jahrelang hatte er für die Rente gespart und noch vor dem Weltkrieg 100 000 Mark auf die hohe Kante gelegt, ein kleines Vermögen, wenn bedacht wird, dass das durchschnittliche Sparguthaben auf Konten der Sparkassen im deutschen Reich im Jahr 1906 durchschnittlich 719 Mark betrug. Das Geld reicht jetzt nur mehr zum Kauf einer Bahnfahrkarte. Bern ist vor einigen Tagen noch einmal, ein letztes Mal durch Berlin gefahren, sein stummes Valet. Dann ist er in seine – unkündbare – Wohnung zurückgekehrt, dort fand man ihn entkräftet und schaffte ihn ins Krankenhaus. In einem Nachruf steht: »Und da er es nicht für ratsam hielt, in dieses armselige Leben zurückzukehren, so starb er eben.«

Einen Tag vor dem Tod Maximilian Berns am 10. September wird die Berliner Straßenbahn eingestellt. In wesentlich bescheidenerem Umfang und mit einem anderen Tarifsystem nimmt im unmittelbaren Anschluss daran eine städtische Betriebsgesellschaft den Verkehr wieder auf. Allerdings werden nur noch 28 Linien mit insgesamt 4000 Beschäftigten bedient. 14 000 Beschäftigte werden entlassen.

Lange nichts von Anita Berber gehört, der Königin des Berliner Nachtlebens. Vor ein paar Tagen hat der Berliner Polizeipräsident in einer Verordnung Nackttänze verboten und alle anderen Veranstaltungen, die geeignet sind, »das Scham- und Sittlichkeitsgefühl gröblich zu verletzen«. Das betrifft nicht die Berber. Erstens ist sie gar nicht im Paradies des Lasters, zweitens tanzt sie nicht. Nach ihrer Ausweisung aus Wien hat sie sich mit ihrem Partner Sebastian Droste zuerst nach Budapest begeben, ist nach diversen Affären auch dort abgeschoben worden und befindet sich zurzeit in Urlaub in Bad Reichenhall. Aber selbst aus dieser Distanz gelingt es ihr, die Wiener Gesellschaft mit einem Skandal zu versorgen, nicht durch eine Flasche Sekt auf dem Kopf eines ungezogenen männlichen Gastes, sondern mit der angeblichen Entführung der geschiedenen Frau des Direktors der Wiener Allgemeinen Verkehrsbank: »Anita Berber auf Frauenraub.«

Die Zeitungen berichten in großer Aufmachung, die Berber habe die 21 Jahre alte Frau im bayrischen Kurort kennengelernt und sich gefügig gemacht. Sie habe ihr Opfer so vollkommen bestrickt, dass dieses ihr ganz ergeben war und »Tage und Nächte mit dem Tänzerpaar« verbrachte. Als die Mutter der jungen Frau versucht habe, ihre Tochter dem verderblichen Einfluss der Tänzerin zu entziehen, soll die Berber sie übel beschimpft und sogar mit Kaffeetassen nach ihr geworfen haben.

Der Skandal ist vollkommen, als sich das Trio nach Berlin absetzt. Aber vielleicht ist es überhaupt kein Skandal, denn die Frau ist volljährig und nicht entmündigt. Die Mutter erstattet dennoch Anzeige und schickt einen Anwalt nach Berlin, die Berliner Polizei nimmt die Tochter für kurze Zeit in Schutzhaft, weiß aber nicht, warum, und lässt sie wieder laufen, der Anwalt setzt Detektive auf das vermeintliche Ganovenpärchen samt Opfer an, die sie in einem »minderen« Hotel aufspüren. Die junge Frau erklärt sich schließlich zur Rückkehr nach Wien bereit, die Zeitungen melden, sie sei nach ihrer Ankunft erkrankt: Ende des Skandals.

Und was ist mit der Berber? Wenn die Wiener Gesellschaft sie als Künstlerin sehen will, muss sie nur ins Kino gehen. Derzeit läuft der Film »Lucrezia Borgia« von Richard Oswald, unter anderem an der Seite des berühmten Alexander Granach spielt Anita Berber die Gräfin Orsini. Es ist keine große Rolle und der Film nicht besonders erfolgreich. Aber wie schon in den Dr. Mabuse-Filmen, mit denen Fritz Lang im vergangenen Jahr berühmt geworden ist und in denen die Berber eine Tänzerin spielte, macht sie klar, dass ihr Platz nicht nur in den

Klatschspalten ist und im Halbdunkel der Nackttanzkaschemmen.

Das Gespräch, das der umjubelte Bühnen- und Stummfilmstar Alexander Granach und die nicht nur von Tucholsky hemmungslos gefeierte Elisabeth Bergner in diesen Tagen im Restaurant des Deutschen Theaters miteinander führen, wird Klabund das Leben retten. Granach sagt: »Dort sitzt der arme Klabund.« Die Bergner fragt: »Ist das der Klabund, von dem ich so wunderbare chinesische Gedichte kenne? Warum ist er arm?« Und Granach erzählt ihr die Geschichte Alfred Henschkes, alias Klabund, dessen tuberkulosekranke Frau Irene 1918 wenige Monate nach der Hochzeit bei einer Frühgeburt gestorben ist, von Klabunds Kehlkopf-Schwindsucht, die er dringend wieder einmal in Davos behandeln lassen müsse – er war schon einige Male dort –, von Klabunds Armut, die die Behandlung unmöglich mache und deshalb schon demnächst zu seinem Tod führen werde.

Die Bergner fordert Granach auf, Klabund an ihren Tisch zu holen. Granach sagt: »Er hat ja keine Stimme mehr, er kann gar nicht sprechen.« »Er braucht ja nicht zu kommen, wenn er nicht will«, erwidert die Bergner, und Granach holt Klabund. Er sieht aus, schreibt die Bergner, wie ein lebender Leichnam. Immerhin kann er sprechen: Sieht man ihm auf den Mund, sind seine spärlichen Worte gut zu verstehen. Die Bergner fragt Klabund, ob er schon einmal ein Stück geschrieben habe. Klabund, der Gedichte und Prosa schreibt, verneint. Sie fragt ihn, ob er vielleicht das alte klassische chinesische Werk »Der Kreidekreis« kenne. Klabund verneint erneut. Sie fragt ihn, ob er es lesen wolle, sie habe es zu Hause und könne es ihm sofort schicken. Klabund sagt, er wolle es gerne lesen. Wenn ihm das Stück gefalle, sagt die Bergner, und er Lust habe, es zu bearbeiten, dann werde sie versuchen, ihm einen Vertrag zu verschaffen – dann könne er sich im Schweizer Sanatorium behandeln lassen und zugleich den »Kreidekreis« bearbeiten. Klabund ist einverstanden.

Einige Wochen später sitzt der 33 Jahre alte Klabund im Zug nach Davos. Dort wird es Dr. Rüedi gelingen, die Geschwüre am Kehlkopf Klabunds durch dreimaliges Ausglühen zur Vernarbung zu bringen und das Leben des Patienten für einige Jahre zu verlängern. Der »Kreidekreis« wird Klabunds erster großer, ein überwältigender Bühnenerfolg.

Gorkis Kater ist ermordet worden. Ein Freiburger Nachbarsjunge, Sohn eines deutschen Generals a. D., hat die Persianerkatze mutwillig erschossen. Zu anderen Zeiten wäre das nicht mehr als ein Dummejungenstreich, im Herbst dieses Jahres aber ist es für Gorki ein weiteres Zeichen der politischen Radikalisierung der Deutschen. Sie erinnert ihn an die Oktoberrevolution. Überall um ihn herum können es die Deutschen kaum erwarten, mit der Revolution zu beginnen, klagt er, das Leben hier fängt an, unruhig zu werden (ihm allzu bekannt). Arbeiter laufen durch die Straßen mit Fahnen, auf denen der Sowjetstern prangt, Bauern werfen Granaten auf die Polizisten, die Polizei schießt zurück. Gorki ist mit seiner Entourage in den oberbadischen Aufstand geraten, der am 14. September in Lörrach beginnt und sich schnell auf das Land Baden ausweitet.

Er ist der vorläufige Höhepunkt einer beispiellosen Eskalation: Der Dollarkurs der Mark betrug im Januar 1922 rund 192, im Januar 1923 schon 18 200; Ende Juli hatte er 1 Million, Ende August 10 Millionen erreicht, Mitte September liegt er bei 100 Millionen. Am 21. September kommt die Milliardennote in Umlauf. Unter den Gewerkschaftsmitgliedern steigt die Arbeitslosigkeit 1922 bis 1923 von 1,5 auf 10,2 Prozent. Am Morgen des 14. September ziehen hinter einer roten Fahne 2000 Arbeiter und Arbeiterinnen durch Lörrach, angeführt von Betriebsräten und kommunistischen Obmännern, Stunden später protestieren 15 000 Menschen auf dem Lörracher Marktplatz. Sie fordern eine Einmalzahlung von 50 Franken zur Linderung ihrer Not, Anpassung ihrer Löhne an die Inflation, eine Missbrauchskontrolle für Preise lebenswichtiger Waren und Dienstleistungen. Sie haben Erfolg. Glauben sie. Am Abend verkündet ein kommunistischer Landtagsabgeordneter eine entsprechende Einigung mit den Unternehmern.

Zwischenzeitlich ist es hier und da zu Ausschreitungen gekommen, unter anderem sind zwei Kriminalbeamte verprügelt worden. Zwei Tage später weisen die Unternehmer das Verhandlungsergebnis zurück, weil es unter dem Druck der Straße zustande gekommen sei, gleichzeitig besetzen zwei mit Maschinengewehren ausgerüstete Hundertschaften der Polizei die Stadt Lörrach, ein Generalstreik wird ausgerufen, der sich auf umliegende Ortschaften ausweitet, sogenannte Proletarische Hundertschaften, kommunistisch dominierte, bewaffnete Verbände, greifen die Stellungen der Polizei an, es kommt zu Schießereien mit mindestens drei Toten und Dutzenden Verletzten, der Ausnahmezustand wird verhängt, zunächst nur für Lörrach und benachbarte Amtsbezirke, schließlich für das ganze Land Baden. Am Ende einigen sich die Streikenden mit den Unternehmern auf die anfangs getroffenen Vereinbarungen. Der Generalstreik wird beendet, der Ausnahmezustand aufgehoben.

Und auch in der Umgebung Gorkis beruhigt sich die Lage, zumindest vorläufig. Gorki hatte dem Nachbarjungen, der seine Katze erschossen hatte, angedroht, ihn umzubringen, und war mit einem Stock auf ihn losgegangen. Doch war es gelungen, ihn ins Haus zurückzubringen. Der Vater des Missetäters, der pensionierte General, hatte den aufgebrachten Schriftsteller schließlich dadurch besänftigt, dass er sich als Kenner und Bewunderer seiner Werke ausweisen konnte.

Von den Streiks, den Demonstrationen und den gewalttätigen Auseinandersetzungen in Baden bekommt Albert Speer offenbar nichts mit. Der 18 Jahre alte Student der Architektur an der Universität Karlsruhe macht Mitte September eine Radtour durch den Schwarzwald. Als Sohn eines wohlhabenden Architekten kann er sich über persönliche Finanzprobleme nicht beklagen. Er beklagt sich auch nicht, er wundert sich nur, dass die »märchenhafte Summe« des wöchentlichen elterlichen Wechsels am Ende jeder Woche »in ein Nichts zerschmolzen« ist. Aber dann wartet auf ihn schon der nächste, der Inflation angepasste Wechsel. Erfreut berichtet er den Eltern von der wirtschaftlichen Lage: »Sehr billig hier! Übernachten 400 000 Mark und Abendessen 1 800 000 Mark. Milch ein halber Liter 250 000.«

Seit Neuestem wird die Druckerei des Ullstein-Verlags in der Berliner Kochstraße von Beamten der Reichsbank bewacht. Zu anderen Zeiten entstehen hier unter anderem die »Berliner Illustrirte Zeitung« (BIZ), die reichweitenstärkste und einträglichste Zeitschrift Deutschlands, die »B. Z. am Mittag«, Deutschlands erste Boulevardzeitung, und die »Berliner Morgenpost«, Deutschlands größte Tageszeitung, allesamt politisch liberal, antinationalistisch und antimilitaristisch. Wer aber kauft eine Zeitung für einige Hundert Millionen, wenn eine Schrippe am Tag fast unbezahlbar ist. Die Auflage der BIZ ist von fast zwei Millionen auf 300 000 Exemplare gesunken, und Hermann Ullstein, der Marketingexperte unter den fünf Ullstein-Brüdern, weiß nicht, wie er die geschrumpfte Kundschaft noch bedienen soll. Er kann nicht garantieren, dass der Preis, der heute auf der Titelseite steht, morgen noch stimmt. Die BIZ wird montags gedruckt, erreicht die Kioske im Reich aber nicht vor Donnerstag. Ullstein hat sich zunächst auf die Schätzung des angemessenen Preises am Erscheinungstag verlegt. Aber er liegt damit regelmäßig daneben, die Verluste sind exorbitant.

Und dann sind da auch noch die Beamten der Reichsbank, die an den Eingängen der Druckerei Wache schieben. Neben der zentralen Reichsdruckerei in Berlin sind 130 weitere Druckereien damit beschäftigt, den gigantischen Bedarf an Papiergeld zu befriedigen. Eine von ihnen ist die Ullstein-Druckerei, deren Zugänge jetzt verschlossen sind. Um die bewachten Maschinen sitzen ältere Frauen, die das frisch gedruckte, wertlose Geld in Körben sammeln und den Beamten aushändigen. Die Tresore im Hause Ullstein aber bleiben leer. Es gibt, denkt Ullstein, nur einen Weg, um den Bankrott des Verlagshauses abzuwenden: Ausländisches Geld muss her, Schweizer Franken, schwedische Kronen, polnische Zloty oder englische Pfund.

Aber wer kauft im Ausland schon deutschsprachige Zeitungen, selbst für die illustrierten Zeitschriften dürfte sich niemand interessieren. Zwei Mitarbeiter erinnern ihren Chef daran, dass der Konzern noch etwas anderes zu bieten hat: die Ullstein-Schnittmuster, also Vorlagen auf Papier, die das exakte Anzeichnen und Zuschneiden des Stoffes für Damen-, Herren- und Kinderbekleidung ermöglichen. Hermann Ullstein lässt Kataloge und Zeitschriften in zwölf Sprachen übersetzen – Französisch, Englisch, Schwedisch, Dänisch, Polnisch, Finnisch, Ungarisch, Jugoslawisch, Spanisch, Italienisch, Holländisch und Rumänisch – und bietet sie inner- und außerhalb Europas an. Ullstein-Schnittmuster kommen jetzt fast weltweit auf den Markt, in Brasilien und Batavia, in Argentinien, Surabaya und Australien. Die ausländischen Währungen füllen die Kassen in der Kochstraße, sogar die Auslandskorrespondenten, die in der jeweiligen Währung zu bezahlen sind, kann sich der Verlag wieder leisten. Es ist der Coup, der das Verlagshaus Ullstein in diesem Herbst vor dem Konkurs bewahrt.

Es werden einige Tage vergehen, bis Häftling Nr. 44 von seinem jüngsten Erfolg im Alten Theater Leipzig am 19. September erfährt. Das Exemplar der »Deutschen Allgemeinen Zeitung« aus dem Hause Stinnes gelangt zu den Häftlingen im bayrischen Festungsgefängnis Niederschönenfeld stets mit einigen Tagen Verspätung, was aber in diesem Fall ohne Bedeutung ist, denn die Berliner Zeitung berichtet ohnehin nicht über die Uraufführung in Leipzig. Aber natürlich spricht es sich herum, dass Häftling Nr. 44, Ernst Toller, der bekannteste Dichter der Republik, wieder einmal von seiner Zelle aus eine Bühne erobert hat. Soldat, Räterevolutionär, Häftling – der 29-Jährige, wegen Hochverrats vom Standgericht des Landgerichts I München im Sommer 1919 zu fünf Jahren Festungshaft verurteilt, ist seit »Masse – Mensch« – in Bayern verboten, in Berlin umjubelt – eine Leuchte des Expressionismus, ein Held der linken Intellektuellen, also der bayrischen Regierung und der Landesjustiz nicht nur ein Dorn, sondern ein Balken im Auge.

Sein neues Stück heißt »Der deutsche Hinkemann« und hat alles, um es für die Nationalsozialisten zu einem Skandal zu machen. Allein die Handlung: Es ist die Geschichte vom Leben und Sterben des durch eine Kriegsverletzung entmannten Eugen Hinkemann und dessen Frau Grete. Und dann der provokante Titel: Hinkemann genügt wohl nicht, ein *deutscher* Hinkemann muss es sein. Die Kritik spricht von einem Theaterereignis, die Nationalsozialisten sprechen vom Juden Toller, der den deutschen Mann für impotent erklärt und auf die Bühne stellt. Aber noch machen sie keinen Skandal. Den machen sie erst in ein paar Wochen, im Januar im Staatstheater Dresden (das Stück hat Toller inzwischen vorsorglich entdeutscht und in »Hinkemann« umbenannt). Die Nationalsozialisten inszenieren einen Tumult, in der Loge des ersten Ranges bricht ein Mensch zusammen, vom Herzschlag getroffen, die Nachbarn bitten die Schläger, auf den Sterbenden Rücksicht zu nehmen. Einer neigt sich über ihn, betrachtet sachkundig sein Gesicht, sieht die gebogene Nase und wendet sich zu seinen Kumpanen:

»Es ist nur ein Jud«, sagt er. Die anderen toben weiter. An diesem Abend im Januar werden die Nazis in Dresden Rache nehmen für die schmähliche Niederlage Adolf Hitlers wenige Wochen zuvor in München.

Die Duse kommt! Nach Wien! »La divina«, weltberühmt, die Italienerin, die einst der Französin Sarah Bernhardt in deren Paraderolle – der »Kameliendame« – Paroli bot, vor Jahrzehnten die Geliebte Gabriele D'Annunzios, verehrt von Rilke, Hofmannsthal, George Bernard Shaw und Tschechow (»Ich habe noch nie zuvor etwas Gleichartiges gesehen«). Zwar ist Eleonora Duses Ruhm verblasst, seit sie vor 14 Jahren von der Bühne abgetreten ist, aber nun kommt sie zurück zum allerletzten Abschiedsgastspiel in der Neuen Wiener Bühne, stürmisch gefeiert von den Kritikern. War es nicht in Wien, wo sie in deutschen Landen »zum ersten Mal Lorbeeren pflückte«? Hat sich nicht hier vor drei Jahrzehnten »die Pforte des Ruhmes erschlossen«, der sich nun schon seit drei »Jahrzehnten über Land und Meer ergießt«? Seit jenem denkwürdigen 20. Februar 1892, an dem die Duse die »Kameliendame« trotz vieler Freikarten vor fast leeren Rängen spielte, aber am Ende mit donnerähnlichem Applaus entlassen wurde, flammte der Name der Duse in ganz Wien auf, war sie über Nacht berühmt geworden. Seitdem waren die Wogen des Erfolgs immer höher gerauscht, hatten sie empor- und dank der internationalen Tourneen in die ganze Welt getragen.

Eine Zeitung aber beschäftigt sich nicht mit der bejahrten Kunst der Schauspielerin, sondern mit den Methoden des »Kunstwucherers« Eugen Robert. »Die Stunde«, das Krawallblatt Imre Békessys, wirft dem Theaterunternehmer vor, durch die »Wahnsinnspreise« für die Duse-Vorstellungen die Wiener Intellektuellen und Arbeiter vom »höchsten Kunstgenuss« auszuschließen und die »Kunstbegeisterung Wiens auf Flaschen« abzuziehen.

Robert wehrt sich und beteuert, ihm gehe es in diesem Falle nicht um Gewinnchancen; ihm bedeute es »nur Freude, nur Stolz, nur ein einmaliges Glücksgefühl, wenn die Kunst der Eleonora Duse gerade in meinem Theater neu erklingt«. Darauf wirft der Redakteur der ersten Wiener Boulevardzeitung die Frage auf, ob Robert das gutgläubige Wien für so »vertrottelt« halte, »dass er annimmt, hier werden sich Leute finden, die ihm Begeisterung zollen, nur weil er sich das ›einmalige Glücksgefühl‹, die Duse in seinem Theater spielen zu sehen, mit täglichen Einnahmen von 208 Millionen Kronen bezahlen lässt«. (Ein Platz in einer Duse-Vorstellung kostet 400 000 Kronen.)

Die Ausgabe mit der Anti-Robert-Polemik vom 27. September kostet 800 Kronen, aber den passenden Vergleich liefert ein Blick in das weniger prominente Kulturleben Wiens. Das »Neue Wiener Tagblatt« vom 27. September (1200 Kronen) kündigt ein Konzert des Wiener Frauen-Symphonie-Orchesters im Großen Saal des Wiener Musikvereins an, ein europaweit einmaliges Orchester mit 50 Berufsmusikerinnen. Die Karten kosten nur zwischen 5000 und 30 000 Kronen. Was macht den Unterschied zwischen diesem Orchester und der Duse? Natürlich die Prominenz: Eleonora Duse bricht demnächst zu einer USA-Tournee auf, und das Magazin »Time« hat ihr deshalb vor ein paar Wochen eine Titelgeschichte gewidmet. Nach 21 Männern, darunter Atatürk und Winston Churchill, war die Duse die erste Frau auf dem Titelbild von »Time«. Etwas anderes kommt hinzu: Mag auch der Theaterunternehmer Eugen Robert, nicht sehr glaubwürdig, versichern, ihm gehe es nicht um Geld, Eleonora Duse zumindest geht es um nichts anderes. Nur deshalb das Gastspiel in New York. In einigen Tagen wird sie 65 Jahre alt, und sie steht fast vor dem Nichts.

»Innerhalb meiner Verhältnisse«, gesteht der verliebte, sterbenskranke Franz Kafka einem Freund, war der Umzug von

Prag nach Berlin »eine Tollkühnheit, für welche man etwas Vergleichbares nur finden kann, wenn man in der Geschichte zurückblättert, etwa zu dem Zug Napoleons nach Russland«. Entsprechend umsichtig hatten er und Dora das Unternehmen vorbereitet. Sie hatte in Berlin nach einem geeigneten, bezahlbaren Zimmer gesucht, doch selbst nachdem es gefunden war – am Rand der Großstadt, in der Miquelstraße 8 in Steglitz –, hatte Kafka gezögert. Die 25 Jahre alte Ostjüdin Dora, die noch nie mit einem Mann zusammengelebt hat, und der 40 Jahre alte Westjude Franz, der schon dreimal verlobt war, aber noch nie mit einer Geliebten die Wohnung geteilt hat – es gibt unkompliziertere Konstellationen. Aber es gelingt.

Sie wissen, dass ihnen nicht viel gemeinsame Zeit gegeben ist, also keine Heiratspläne, keine Familienplanung, was zählt, ist die zusammen verbrachte Zeit. Das Zimmer, das Dora gefunden hat, ist groß, freundlich möbliert, mit Erker, der Balkon der Vermieter zur freien Verfügung. Steglitz ist zwar kein Dorf mehr, seit drei Jahren gehört es zum neu geschaffenen Groß-Berlin, aber noch immer ein Idyll. Die Miquelstraße, notiert Kafka, ist die letzte, die noch städtischen Charakter trägt.

Geht er weiter stadtauswärts, ist er nach wenigen Schritten umgeben von Gärten und ländlichen Villen: »Trete ich abends an diesen lauen Abenden aus dem Haus, kommt mir aus den alten üppigen Gärten ein Duft entgegen, wie ich ihn in dieser Zartheit und Stärke nirgends gefühlt zu haben glaube.« Der Neue Botanische Garten liegt in Fußweite, nur eine halbe Stunde entfernt beginnt der Grunewald, gleich nebenan die Schlossstraße als regionales Zentrum des Einzelhandels. Die Tram der Linie 6 bringt ihn in die Innenstadt, aber Kafka versucht ängstlich, sie zu vermeiden. Er wagt die Fahrt nur ein- bis höchstens zweimal wöchentlich, die Nachrichten, die ihn aus der Stadt erreichen – er liest sie im »Steglitzer Anzeiger«, der in der Schloßstraße ausgehängt wird –, schrecken ihn ab. Er liest von Raubüberfällen und Plünderungen, von aggressivem Betteln, spontanen Zusammenrottungen und blutigen Auseinandersetzungen mit der Polizei. Von seinen Ausflügen in die Innenstadt kommt Kafka stets »elend zurück und tief dankbar, dass ich in Steglitz wohne«. Was er vermisst: genießbare Butter. Er bittet seine Eltern, ihm aus Prag ein wenig davon zu schicken. Was ihn stört und was ihm das Leben zunehmend verleidet: die Folgen der Inflation. Die ursprünglich vereinbarte Miete hatte sich schon bei seinem Umzug fast verdreifacht. Das Zimmer kostet monatlich 500 000 000 000 Mark.

Marcellus Schiffer zweifelt nicht länger: Die Zeit ist verrückt geworden. Ein Erdbeben hat vor ein paar Tagen Japans Städte vernichtet, und es geht einen nichts mehr an. Alles ist eine große Unlust. Leben ohne Freude, kaum mit der Hoffnung, dass es besser werden kann. Er kann kaum noch lachen, klagt er, wie schon früher einmal. Etwas ist in der Luft, das alle bedrückt. Eine Frau hat ihm kürzlich gesagt: »Warum fühle ich mich immer so niedergeschlagen ohne Grund. Mein Mann sagt das auch immer.« »Ich auch«, hat Schiffer erwidert. Man hat, schreibt er, gar keinen direkten Grund mehr. Man ist nicht verzweifelt, nicht erregt, nicht unglücklich, nicht deprimiert – aber es liegt in der Luft, dass man schlecht atmen kann. Alles – alles ist so gleichgültig geworden. Er weiß nicht, was geschehen müsste, um einen wieder wachzumachen, aufzurütteln aus dieser Stumpfheit, an der die Zeit Schuld trägt.

Die von der KPD geplante Oktober-Revolution wird abgeblasen, nur vereinzelt kommt es zum Aufruhr. Der Hamburger Aufstand wird schnell und blutig niedergeschlagen. Dabei sterben 24 Kommunisten und 17 Polizisten.

Gerhart Hauptmann (Mitte) hat es Thomas Mann (links neben ihm) nicht lange verübelt, dass er ihn im »Zauberberg« als Urbild des stammelnden, steinreichen Kaffeekönigs im Ruhestand, Mynheer Peeperkorn, verwendet hat.

In Küstrin scheitert ein Putschversuch der Schwarzen Reichswehr. Stresemann fordert ein Ermächtigungsgesetz zur Sanierung der Wirtschaftslage, die SPD verweigert die Zustimmung. Die Regierung tritt zurück, Stresemann wird mit der Bildung einer neuen Regierung beauftragt. In der neuen Reichsregierung unter Reichskanzler Stresemann tritt als Finanzminister anstelle Rudolf Hilferdings (SPD) der parteilose Hans Luther. In Sachsen tritt die KPD mit zwei Ministern in die bisher sozialdemokratische (SPD und USPD) Regierung ein. Für den Aufkauf von Brotgetreide, die Bezahlung der Ruhrschäden und die Auszahlung der Beamtengehälter sollen 578 416 Billionen Mark aufgebracht werden. Der Reichstag verabschiedet das von Stresemann verlangte Ermächtigungsgesetz, das der Regierung erlaubt, im wirtschaftlichen Bereich Gesetze ohne Befragung des Parlaments zu erlassen. Der Reichsverkehrsminister fordert die Eisenbahner auf, ihren Dienst unter der französischen Eisenbahnregie aufzunehmen. Die Reichsregierung verbietet die Proletarischen Hundertschaften in Sachsen. Blutige Auseinandersetzungen zwischen Arbeitslosen und der Polizei in deutschen Städten. Die Reichsregierung verkündet die Errichtung der Deutschen Rentenbank und schafft damit die Grundlage für den Übergang zu einer neuen Währung, der sogenannten Rentenmark. Der Konflikt zwischen Bayern und Reich eskaliert, die Länder stellen sich auf die Seite des Reichs. Ebert ermächtigt die Reichsregierung zur Reichsexekution gegen Sachsen, dessen Regierung wird abgesetzt. Die Arbeitslosigkeit steigt von 6,3 Prozent im August über 9,9 Prozent im September auf 19,1 Prozent. Ein Brot kostet 1 743 000 000 Mark (1,743 Billionen Mark).

Der Staatsstreich der Schwarzen Reichswehr sollte folgendermaßen ablaufen: Ihre in und um Berlin zusammengezogenen Regimenter würden mit einem »Marsch auf Berlin« das Regierungsviertel besetzen und die demokratische Regierung stürzen. Benito Mussolini hat es vor einem Jahr mit seinem »Marsch auf Rom« vorgemacht. Die Minister der Berliner Regierung würden von speziellen Kommandos aus den Betten geholt und sofort exekutiert. Die Sprengung der Börse und die Ermordung des in rechtsradikalen Kreisen verhassten sozialdemokratischen preußischen Innenministers Carl Severing sollten den Auftakt des Putschs bilden. Die notwendigen Verbindungen mit der Hitlerbewegung in Bayern und anderen rechtsradikalen Organisationen waren hergestellt. Das Ziel des Staatsstreichs: Errichtung einer rechten Militärdiktatur nach dem Vorbild des faschistischen Italien. Aber die Putschpläne für September sind in den Schreibtischen geblieben, kein Schuss ist gefallen, angeblich hat sich Hitler, so kolportieren es Angehörige der Schwarzen Reichswehr, nicht an die Abmachungen gehalten.

Kein Staatsstreich also in Berlin, aber am 1. Oktober ein Putsch in Küstrin. Am Vorabend ist der Chef der Schwarzen Reichswehr, Major a. D. Bruno Ernst Buchrucker, mit dem Zug aus Berlin in der Festungsstadt an der Oder eingetroffen. Er wird mit Haftbefehl gesucht. Das bedeutet nicht nur das Ende der vertrauensvollen Zusammenarbeit Buchruckers mit der Reichswehr, sondern zugleich das Ende der Schwarzen Reichswehr als mobile Reservearmee der legalen Reichswehr von rund 20 000 Mann.

Nach der Besetzung des Rheinlands durch französische und belgische Truppen Anfang des Jahres hatten Reichskanzler Cuno und die Reichswehrführung die im Versailler Vertrag vereinbarte Begrenzung der Reichswehr auf 100 000 Mann für inakzeptabel befunden und den Aufbau der illegalen Truppe forciert. Aber jetzt haben Reichspräsident Ebert und die von Stresemann geführte Reichsregierung den passiven Widerstand abgebrochen, Bayern hat darauf mit der Verhängung des Ausnahmezustands reagiert und den rechtsradikalen Regierungspräsidenten von Oberbayern, Gustav Ritter von Kahr, zum »Generalstaatskommissar« mit diktatorischen Vollmachten ernannt. Kahr will in Bayern die Monarchie wieder einführen. Er hat den zur Fahndung ausgeschriebenen Kapitän Hermann Ehrhardt mit der Bildung und Leitung des »Grenzschutzes« gegenüber Sachsen und Thüringen beauftragt und lässt ihn deshalb mit einem Reichswehrautomobil aus Österreich holen.

Ehrhardt fasst Angehörige seiner und anderer Organisationen an der entscheidenden Aufmarschstelle im Raum Coburg zu einer schlagkräftigen Sturmtruppe von 6000 Mann zusammen. Auch Ebert hat den Ausnahmezustand für die gesamte Republik verhängt und Reichswehrminister Otto Geßler die vollziehende Gewalt übertragen, die faktisch der Chef der Heeresleitung, Hans von Seeckt, ausübt. Seeckt hat angeordnet, die Reichswehr von »privaten Organisationen«, also vor allem von der Schwarzen Reichswehr, zu lösen. Aber in den letzten Septembertagen hat die Berliner Polizei Anmärsche einiger Hundertschaften bewaffneter junger Männer in und um Berlin registriert. Zur Rede gestellt, hat Buchrucker eingeräumt, die Schwarze Reichswehr geheim weiter aufgerüstet und personell verstärkt zu haben, aber nur, weil er einen Aufstand der Kommunisten in nächster Zeit erwarte. Zwar hat er versprochen, das Personal wieder abzubauen, aber das Vertrauen in ihn ist perdu, es wird nach ihm gefahndet.

1. Oktober, 7.45 Uhr. Der Putsch beginnt. Major a. D. Buchrucker steht vor den angetretenen Soldaten und versucht eine Ansprache. Es bleibt beim Versuch, denn niemand, sagt später einer der Soldaten, versteht ihn. Buchrucker setzt zum Sprechen an, bringt Töne hervor, reiht Worte sinnlos aneinander, betont falsch und gestikuliert. Keiner weiß, was Buchrucker will. Danach begibt sich Buchrucker zum Festungskommandanten, fordert ihn auf, sich nicht in den Weg zu stellen, der große nationale Moment sei gekommen, aber der Kommandant lehnt ab und ordnet die Festnahme Buchruckers an. Doch ist inzwischen in die Geschäftsstelle der Kommandantur ein Stoßtrupp der Schwarzen Reichswehr eingedrungen, dessen Offiziere von Buchrucker Befehle zum weiteren Vorgehen erwarten. Aber Buchrucker schweigt. Erneut verlangt ein Offizier von Buchrucker Befehle. Buchrucker sagt kein Wort. Daraufhin erklärt der Offizier, er habe sich in Buchrucker geirrt. Er habe keinen Führer vor sich, sondern einen Waschlappen. Mit diesen Worten unterstellt er sich mit seinen Soldaten wieder dem Befehl des Kommandanten, der Stoßtrupp wird entwaffnet und in der Kommandantur festgehalten.

Die Schwarze Reichswehr räumt die in Küstrin besetzten Stellungen, nur ein Oberleutnant in einem nahe gelegenen Fort erklärt, trotz der veränderten Lage den Putsch fortzusetzen. Als er mit der Hälfte seiner Kompanie in der Festung eintrifft, wird er vom Maschinengewehrfeuer der Reichswehrsoldaten empfangen. Ein Mann wird getötet, sieben werden verletzt, alle 381 anderen Soldaten – bis auf zwei Offiziere, die fliehen – werden gefangen genommen. Das ist der Putsch von Küstrin.

Was genau in der Festungsstadt geschieht, weiß außer den beteiligten Soldaten zunächst niemand, offenbar nicht einmal das Reichswehrministerium. In seinem amtlichen Bericht von diesem Tag heißt es: »In den frühen Morgenstunden des 1. Oktober haben nationalkommunistische Haufen den Versuch gemacht, sich durch Überrumplung der Festung Küstrin in deren Besitz zu setzen. [...] Die Kämpfe dauern noch an.« Was sind nationalkommunistische Haufen, und was haben sie mit dem Aufstand in Küstrin zu tun?

Egon Erwin Kisch fährt – wie Buchrucker zwei Tage zuvor – mit dem Zug nach Küstrin und erkundet die Lage. Es stellt sich heraus, dass die Bürger Küstrins noch weniger über das Geschehen in ihrer Stadt wissen als der Journalist. Wer kämpft hier gegen wen, und wie lassen sich die Kontrahenten auseinanderhalten? Kisch bemerkt, dass die Soldaten der legalen Reichswehr und der Schwarzen Reichswehr dieselben Uniformen tragen, die Reichswehrsoldaten aber zusätzlich die Schleife »Deutsches Reichsheer«. Was genau ist nun aber die Schwarze Reichswehr? Kisch erklärt es den ratlosen Bürgern von Küstrin und seinen Lesern. Die Schwarze Reichswehr gibt es nicht, aber es gibt sie eigentlich doch, nämlich illegal, aber doch wiederum legal, denn Reichskanzler Cuno hat sie zur Organisation des Ruhrwiderstands gegründet, und weil man sie jetzt abbauen will, sind sie national und antirepublikanisch und haben sich mit jungen Zivilisten verstärkt, um die Reichswehr zu entwaffnen und der Republik zu zeigen, dass die monarchistischen Zivilisten die besseren Soldaten sind, weshalb die Republik den antirepublikanischen Soldaten weiter den Sold bezahlen soll.

Die Regierung jedoch will nicht eingestehen, dass es die Schwarze Reichswehr gibt, weshalb sie die meuternde Truppe »Nationalkommunisten« nennt, obwohl es so etwas auch nicht gibt. So erklärt Kisch den Bürgerkrieg von Küstrin, ehe er sich in den Zug setzt zurück nach Berlin. Von der Oderbrücke fällt sein Blick auf das Küstriner Schloss, auf dessen Wiese die verhafteten Soldaten der Schwarzen Reichswehr lümmeln, Zigaretten rauchen und darauf warten, schreibt Kisch, dass man sie, die Blutvergießen verschuldet und den ohnedies verzweifelten Staat in neue Unruhe gestürzt haben, nach Feststellung ihrer Personalien wieder freilassen wird. Immerhin wird der Chef der Schwarzen Reichswehr, Major a. D. Bruno Ernst Buchrucker, wegen Hochverrats zu zehn Jahren Festungshaft verurteilt (und in vier Jahren anlässlich des 80. Geburtstags Hindenburgs amnestiert).

Wenige Tage nach dem gescheiterten Putsch druckt die »Deutsche Allgemeine Zeitung« unkommentiert einen Aufruf des »Stahlhelm« als Nachricht unter der Überschrift: »Diktatur und Disziplin – Das Gebot der Stunde«. »Der Stahlhelm, der weitverbreitete rechts orientierte Bund der Frontsoldaten, wendet sich in einem Aufruf an seine Gau- und Ortsgruppen, in dem als das Gebot der Stunde die Aufrichtung der Diktatur gefordert wird.« Dann heißt es weiter: »Die Bundesleitung fordert von allen Stahlhelmkameraden unbedingte vaterländische Disziplin. Der Stahlhelm hat nur ein Ziel – das heißt: Deutschland. Extratouren, Parteifragen, persönlicher Ehrgeiz kleiner Führer und Bonzen, ein Narrentum wie den Küstriner Putsch, gibt es für den Stahlhelm nicht. Die Kameraden vom Stahlhelm, die deutschen Frontsoldaten, sind Deutschlands Rückgrat und Rippen, nicht seine Totengräber. Wer das nicht einsieht, scheidet aus unseren Reihen.«

Das muss man den Berlinern lassen: Flughäfen bauen können sie. Auch in der Bauzeit lassen sie sich nicht gerne von anderen übertreffen. Am 8. Oktober wird der Flughafen Tempelhofer Feld eröffnet. Am 14. April war das Provisorium eingeweiht worden, schon ein halbes Jahr später wird der neue Berliner

Zentralflughafen fix und fertig den Luftverkehrsgesellschaften Junkers und Aero Lloyd AG übergeben. Er besteht aus einem Verwaltungsgebäude, zwei großen Flugzeughallen, Lagerräumen einer Werkstatt und zwei Landebahnen. Fahrplanmäßig startet um 10.30 Uhr eine Junkers-Maschine mit zwei Passagieren an Bord nach München. Wenig später folgt eine Maschine nach Danzig-Königsberg. Schon im nächsten Frühjahr sollen die Arbeiten an der dritten Landebahn abgeschlossen werden.

Wo ist eigentlich Kapitän a. D. Ehrhardt nach seiner Rückkehr nach Bayern abgeblieben? Sein Kamerad Oberleutnant a. D. Gerhard Roßbach ist auf der Fahrt zu ihm. Anders als Ehrhardt hat er sich aber nicht aus der Untersuchungshaft in Leipzig mit Unterstützung der Justiz befreit, vielmehr ist er auf ausdrückliche Weisung der Justiz auf freien Fuß gesetzt worden. Am 15. Oktober beendet der Staatsgerichtshof in Leipzig Roßbachs Haft mangels Flucht- und Verdunkelungsgefahr, eine Einschätzung, der Roßbach unmittelbar nach seiner Entlassung ebenso nachdrücklich wie überzeugend widerspricht: Er flüchtet. Das hat die sächsische Regierung erwartet und ihn in Schutzhaft nehmen wollen, denn »die weitere Festhaltung Roßbachs [ist] zur Abwendung einer Gefahr für die Sicherheit des Reichs erforderlich«. Doch hat das entsprechende Ersuchen der sächsischen Regierung den Staatsgerichtshof zu spät erreicht, Roßbach ist – ohne Hinterlegung einer Kaution – bereits verschwunden. Nicht den kleinsten Schwindler würde man so auf freien Fuß setzen, klagt ein Autor der »Weltbühne«: »Roßbach wurde nur die Verpflichtung auferlegt, den Untersuchungsrichtern jederzeit seinen Aufenthaltsort anzugeben. Hat man ihm auch das große Offiziersehrenwort abgenommen?« Wo also ist Roßbach? In München, schreibt der Autor der »Weltbühne« und berichtet, Roßbach halte dort Reden an sein Volk, an seine Völkischen: »Und vielleicht stößt er mit Ehrhardt auf das Wohl des naiven Staatsgerichtshofes an.« Aber Roßbach hat bis zum 9. November noch anderes zu tun.

In Doorn hat Wilhelm eine Offenbarung und fühlt sich »wie erlöst«. Die Offenbarung ereignet sich während eines Vortrags des Afrikaforschers und Kulturmorphologen Leo Frobenius, in dessen Verlauf Wilhelm vor Ergriffenheit immer stiller wird, denn er erkennt schlagartig das wahre Angesicht Deutschlands – es ist das Angesicht des Morgenlandes. Seit der Revolution hat er darüber nachgedacht, welche Zukunft die Deutschen haben, wozu sie berufen sind, erzählt er enthusiastisch seinem Adjutanten Ilsemann und seinem Leibarzt Haehner, »jetzt endlich weiß ich es: wir werden die Führer des Orients gegen den Okzident. Mein Bild ›Völker Europas‹ muss ich jetzt ändern. Wir gehören ja auf die andere Seite! Wenn wir den Deutschen erst einmal beigebracht haben, dass Franzosen und Engländer gar keine Weißen, sondern Schwarze – die Franzosen z. B. Hamiten – sind, dann werden sie schon gegen die Bande vorgehen.« Einen Tag nach dem Vortrag schenkt Wilhelm Frobenius sein Bild mit der Unterschrift: »Hiddek, das Abendland kann untergehen, nicht aber die Deutschen! Denn sie gehören nicht dazu, sie sind das Gesicht des Ostens gegen den Westen. W.« Hiddek bezieht sich, schreibt Ilsemann, auf eine Erzählung Frobenius' und bedeutet: »Die Hauptsache ist, dass England untergeht.« Warum England, warum nicht der Erbfeind Frankreich, warum nicht der Vatikan, die Wittelsbacher, die Jesuiten, die Freimaurer und das Weltjudentum? Wilhelms Vernichtungskonzept ist noch nicht ganz ausgereift. Vielleicht benötigt er eine weitere Offenbarung.

Der österreichische Bundesminister für Handel und Verkehr, Hans Schürff, veröffentlicht in österreichischen Tageszeitungen einen dramatischen Aufruf an die Öffentlichkeit: »Deutschlands große Not ist auch in die Arbeitszimmer der deutschen Schriftsteller und Künstler eingekehrt und bedroht das geistige Leben, das Schaffen der Phantasie, die starken und freien Gedanken, die aus der Welt der Not und Sorge mit immer mehr ermattendem Flügelschlag ins Reich der Ideale fliegen wollen. Das wertvollste Stück der Zukunft des Deutschen Reiches und der ganzen Welt, in deren geistigen Werkstätten der deutsche Schriftsteller und Künstler wertvolle Arbeit leistet, ist bedroht. Wir alle sind den deutschen Schriftstellern und Künstlern verpflichtet. Österreich nicht nur durch Gefühle der Dankbarkeit, sondern auch durch solche der Verwandtschaft des Stammes und gemeinsamer Arbeit.« Stresemann bedankt sich öffentlich für die »Bekundung selbstloser brüderlicher Hilfsbereitschaft in Zeiten der Not«.

Noch ehe die österreichische Hilfsaktion Fahrt aufnimmt, reist Hermann Baum aus Wien mit einem großen Koffer, beladen mit Nudeln, Schweineschmalz, Zucker und Süßigkeiten, nach Hannover. Er besucht seine Tochter und deren Familie in der Podbielskistraße 335 im gutbürgerlichen Stadtteil List. Als er klingelt, öffnet ihm sein sechs Jahre alter Enkel Wolfgang, der den Großvater noch nie gesehen hat. Für den Enkel ist der unangekündigte Besuch, wie er Jahre später sagen wird, ein »außergewöhnliches Ereignis«, für die Tochter aber, die österreichische Harfenistin und Schriftstellerin Vicki Baum, Rettung in höchster Not. Nachdem ihrem Vater klar geworden ist, dass sie erst kürzlich eine Fehlgeburt erlitten hat, besorgt er ihr einen Arzt, Brennholz und warme Decken. Dann verschwindet er wieder, plötzlich und unerwartet, wie er gekommen ist.

Auf seine Fürsorglichkeit war Vicki Baum nicht vorbereitet. Sie entsprach nicht ihren Erfahrungen. Schon in ihrer Kindheit hatte er ihr klargemacht, dass sie den Fehler begangen hatte, kein Junge geworden zu sein. Und für die künstlerischen Ambitionen seines einzigen Kindes hatte der »Privatbeamte«

im Getreidehandel – ein Mann des Geldes, der Zahlen, der Geschäfte – so viel Interesse gezeigt wie ein Tauber am hohen C. Zeit ihres Lebens hat Vicki Baum von ihm also fast nur Zurückweisung erfahren. In diesen Tagen in Hannover lernt sie einen neuen Vater kennen, und der Vater kehrt nach Wien im Bewusstsein zurück, dass seine Tochter alle Ansprüche erfüllt, die er an einen Sohn gestellt hätte: Vicky Baum ist eine populäre, umworbene Autorin des Ullstein-Verlags, verheiratete Hausfrau und Mutter zweier Söhne. Ihren Makel, als Mädchen geboren zu sein, hat sie damit wiedergutgemacht.

»Das ist er!« Thomas Mann entdeckt in Bozen-Gries endlich das Urbild des sechzigjährigen, steinreichen Kaffeekönigs im Ruhestand, Mynheer Peeperkorn, der, geplagt von Tropenfieber, im letzten Kapitel des »Zauberbergss« seinen großartigen Auftritt mit dem Einzug an der Seite der zurückkehrenden Clawdia Chauchat in den »Berghof« haben wird. Mann hat ihn als raumgreifende Persönlichkeit angelegt, die allein durch ihre Erscheinung die Umgebung beherrscht und selbst die intellektuellen Widersacher Naphta und Settembrini verzwergt. Das Bild von Peeperkorn steht Mann also schon vor Augen, aber noch fehlen die Details, die charakteristischen Merkmale der Gestik, der Mimik, der Sprache. Bedrückt durch diese »erzählerischen Sorgen«, ist Mann nach Südtirol gereist, und hier, in einer Hotelpension mit Blick auf die Berge des Rosengartens, begegnet er seinem berühmten Kollegen, dem Literatur-Nobelpreisträger Gerhart Hauptmann.

Sie verbringen in Bozener Gasthäusern gemeinsame Abende mit Wein und Kaffee, und Mann wird plötzlich klar, dass ihm das Urbild Peeperkorns gegenübersitzt, von dem er nur einige Züge entlehnen muss, um die Romanfigur zum Leben zu erwecken. Dazu gehören Peeperkorns wehende weiße Haare und die fahlen kleinen Augen, die mächtigen Stirnfalten, aber auch der karierte Gehrock über der geschlossenen Weste. Vor allem aber stattet Mann seinen Pieter Peeperkorn mit einer stammelnden Sprache aus, deren Botschaft für Außenstehende unverständlich ist, auch weil Peeperkorn die Sätze ungern beendet. Wer Hauptmann jemals gehört hat, weiß sofort, dass er unfreiwillig Pate stand: »Meine Herrschaften. – Gut. Alles gut. Er-ledigt. Wollen Sie jedoch ins Auge fassen und nicht – keinen Augenblick – außer Acht lassen, dass – Doch über diesen Punkt nichts weiter. Was auszusprechen mir obliegt, ist weniger jenes, als vor allem und einzig dies, dass wir verpflichtet sind – dass der unverbrüchliche – ich wiederhole und lege alle Bedeutung auf diesen Ausdruck – der *unverbrüchliche* Anspruch an uns gestellt ist – *Nein!* Nein, meine Herrschaften, nicht so! Nicht so, dass ich etwa – Wie weit gefehlt wäre es, zu denken, dass ich – Er-*ledigt*, meine Herrschaften! Vollkommen erledigt. Ich weiß uns einig in alldem, und so denn: zur Sache!« Bei der Sache handelt es sich, wie Thomas Mann erst zwei Seiten später verrät, um die Bestellung und den Genuss eines Gläschens Genever. Die ebenso boshafte wie perfekte Persiflage führt später zwar zu einer vorübergehenden Verstimmung zwischen den Schriftstellern (»Dieses idiotische Schwein soll Ähnlichkeit mit meiner geringen Person haben?«), aber dem im Umgang mit Kritik souveränen Hauptmann vernebelt die verständliche Wut nicht das literarische Urteil über den Roman: »Bedeutendes Werk: Endlich etwas Diskutables in Deutschland.«

Trude Hesterberg beobachtet in ihrer »Wilden Bühne« die Geburt einer Sensation. Sie ist das Ergebnis deutsch-französisch-russischer Zusammenarbeit. Die Musik hat der Russe Mischa Spoliansky geschrieben, den Text Marcellus Schiffer. »Die Linie der Mode«, die die Diseuse Margo Lion an diesem Oktoberabend zum ersten Mal mit kalkweißem Gesicht besingt, ist nicht nur, wie ein verzückter, aber mit dem Genre offenbar noch nicht vertrauter Kritiker der Leserschaft versichert, ein »Shanson« von meisterhafter Präzision, sondern der Hit der Saison. Allein die Sängerin ist ein Ereignis: Vollends oder vielmehr schlankstens Margo Lion, schreibt einer, die letzte Kreation dieses Hauses, spindeldürr, wie ein endloses Gerippe, in wattierte schwarze Seide eingenäht, das Gesicht kalkweiß, dennoch aber keineswegs preußisch, sondern entfesselte Lasterhaftigkeit, gebändigt zu statuarischen Bewegungen der gespreizten Arme und Beine, sie plärrt mit hohler Stimme wüste Gassenhauer. Sie singt nicht, sie spricht mit französischem Akzent, mit lang gezogenen Vokalen, betont durch das schlangenhafte Rudern ihrer Arme, alles zusammen geladen, schreibt die Hesterberg und kann offenbar gar nicht glauben, was sie da eben erlebt hat, mit einer Art von parfümiertem Sex:

»Es steht in dem Fenster der Menschheit zur Schau / eine magere Frau unbeweglich. / Es hat zum Kostüm ihr der Stoff nicht gereicht / was oben sie zeigt ist recht kläglich. / Sie kann sich nicht brüsten – sie hat keine Brust, / ein Leibchen ist Hülle des Leibes. / Sie hat keine Hüften – sie hat keine Lust, / dieser Restbestand eines Weibes! / Sie spreizt ihre Arme – sie dreht sich im Kreis. / Was will sie? Was hat sie? Was kann sie? – Wer weiß? / Wer ist dieses Ausrufungszeichen der Not? / Welch Abgesandter vom Tode? / Man weiß nicht – ist sie der Hungertod? / Oder die neueste Linie der Mode?«

Das Chanson ist der Durchbruch Margo Lions, der Auftakt ihrer Karriere, die sie auch an die Seite Marlene Dietrichs führen wird. Aber Marcellus Schiffer bedeutet er nichts. In seinem Tagebuch vermerkt er in einem Halbsatz: »Marguerite sehr schnellen Erfolg gehabt.« Im Übrigen ist sie mal wieder übergeschnappt und macht ihm zänkische Szenen wie ein altes Eheweib. Sie ist verrückt, aber, fragt Marcellus Schiffer, sind nicht alle verrückt?

Die Opernsaison in den Vereinigten Staaten beginnt erst im November. Aber Curt Riess, 21 Jahre alt und vor der Inflation von Heidelberg nach New York geflüchtet, sitzt schon im Oktober Abend für Abend in der Met, dem berühmtesten Opernhaus der Welt. In ein paar Wochen werden hier die berühmtesten Sänger auftreten und vor dem berühmtesten und reichsten Publikum – den Rockefellers, den Vanderbilts, den Astors – zu den höchsten Eintrittspreisen die berühmtesten Opernarien singen. Riess kommt in die Met nicht wegen des Gesangs, er kommt nur wegen einer älteren Frau, nur wegen Eleonora Duse, der vor Jahren – wer weiß: vielleicht sogar vor Sarah Bernhardt – größten Schauspielerin der Welt.

Sie gibt Henrik Ibsens Nora, sie gibt sie vor voll besetzten Rängen. Riess geht in jede Vorstellung. Seit er die Duse zum ersten Mal in der Met gesehen hat, ist er ihr verfallen. Auf der Bühne sieht er eine Frau von 65 Jahren mit weißen Haaren, keine Perücke, obwohl Ibsens Nora eine Frau von Mitte bis Ende Zwanzig ist. Die alte Duse ist für den jungen Mann nicht nur Ibsens Nora, sondern die Nora der ganzen Welt. Von ihrem ersten Schritt auf der Bühne und ihrem ersten Satz an hatte Riess nicht das Gefühl, im Theater zu sein oder einer Vorstellung beizuwohnen. Keine Vorstellung, aber was dann? Ein Gefühl an sich, schreibt Riess so begeistert wie Tucholsky über die Bergner.

Apropos Bergner. Mit ihr hatte Riess, gerade volljährig geworden, eine stürmische, aber unglückliche Affäre – sie hat ihn für einen anderen verlassen –, hier, in New York, beginnt Riess eine neue Liebesbeziehung, ein Theaterereignis, das, wie er schreibt, weit über das Theater hinausreicht. Jedenfalls reicht es bis zu ihm. Jeden Abend stürzt Riess nach der ausverkauften Vorstellung zum Bühneneingang und wartet auf die Duse. Irgendwann bemerkt sie ihn: »Wollen Sie ein Autogramm?« Er versucht auf Italienisch zu sagen, dass er kein Italienisch spricht. Ob sie es vielleicht mit Englisch versuchen könnten? Nein, sagt die Duse, aber wie wäre es mit Französisch? Er nickt, und so fragt die Duse den jungen Deutschen auf Französisch, warum er in ihre Vorstellungen komme, wenn er nicht Italienisch spreche. »Ich komme Ihretwegen«, antwortet Riess. Tag für Tag werden sie sich nun wochenlang zu Spaziergängen im Central Park verabreden, und sie wird Riess, der sein Literaturstudium gerade mit einer Doktorarbeit beendet hat und noch nicht weiß, ob er Kaufmann, Schauspieler, Schriftsteller oder Journalist werden soll, vom Glück ihres Lebens als Diva und vom Unglück ihrer späten Tage erzählen.

Als Diva hatte sie ein Vermögen verdient und seine Verwaltung dem Berliner Bankier von Mendelssohn anvertraut, einem Nachfahren Felix Mendelssohn Bartholdys. Mit ihm hatte sie nicht nur geschäftliche, sondern auch geschlechtliche Beziehungen unterhalten. Als er während des Weltkriegs starb, hatte seine Frau neben dem Vermögen auch seine Vollmachten geerbt. Die Duse hatte keinen Grund gesehen, an den Vollmachten etwas zu ändern. Ihr war nicht klar, dass die Witwe – übrigens ebenfalls gebürtige Italienerin – wusste, dass ihr Mann sie mit der Duse betrogen hatte. Die Rache traf die Duse also unerwartet: Die Witwe hat sämtliche Wertpapiere der Duse, den Ertrag ihres Künstlerlebens, kurz vor dem Höhepunkt der Inflation verkauft und den Erlös in Reichsmark der Duse übersandt. Er hat gerade noch für eine Mahlzeit gereicht. So kommt es, dass die Duse im Herbst in New York Abend für Abend die Nora gibt und danach noch – trotz der Ermahnungen ihrer Freunde, die Kräfte zu schonen – zu einer Provinztournee aufbricht. In Pittsburgh wird sie im nächsten Frühjahr durch den Regen zu einem Theater laufen, um sich ihren nächsten Spielort anzusehen, eine Lungenentzündung bekommen und sterben. Mussolini wird ein vor der Küste der Vereinigten Staaten kreuzendes Kriegsschiff nach New York beordern, um die berühmte Tote in die Heimat zurückzubringen.

Telegramm des Kreiswirtschaftsverbandes Niederbarnim vom 20. Oktober 1923 an den Reichslandbund in Berlin wegen Maßnahmen gegen Kartoffelstoppler:

»Die Plünderung der Felder in unserem Kreise nimmt ungeheuren Umfang an, besonders an Vorortstrecken nach Strausberg, Bernau und an der Wriezener Bahn. Jeder Zug bringt Tausende von Plünderern heraus. Eisenbahnverwaltung fährt auf Wriezener Strecke sogar mehrere Sonderzüge. Die Polizeikräfte reichen bei Weitem nicht aus. Tausende und Abertausende lagern in den Wagen und fallen, wenn die Polizei verschwunden ist, über die Kartoffelschläge her. Auf schwache Polizei nehmen Plünderer gar keine Rücksicht.

Wir bitten, bei Regierung zu erwirken: 1. Verlegung von Reichswehr in unseren Kreis. 2. Ausstellung von Wochenkarten für die Eisenbahnfahrt nur an solche, die vom Gemeindevorsteher abgestempelte Nachweise des Arbeitgebers vorlegen, dass sie außerhalb angestellt sind. 3. Einstellung des Sonderzugverkehrs für Kartoffelstoppler. 4. Zulassung zur Eisenbahnfahrt mit Kartoffeltraglasten nur mit vom Gemeindevorsteher abgestempeltem Nachweise, dass Kartoffeln oder Rüben rechtmäßig erworben sind. Wird nicht eingeschritten, so sind landwirtschaftliche Betriebe nicht mehr in der Lage, Landabgabe und überhaupt die für die Steuer nötigen Gelder aufzubringen.«

Der Deutsche Oktober, in diesem Jahr der entscheidende Monat im Kalender der Weltrevolution, geht dem Ende entgegen, aber wo bleibt der fest eingeplante kommunistische Umsturz der Reichsregierung? Alles ist bereit, um am 25. Oktober die Macht zu ergreifen, schreibt Victor Serge, der von der Komintern nach Berlin entsandte Revolutionär. In Sachsen und Thüringen ist es der KPD gelungen, mit der SPD Regierungsbündnisse – eine linke Einheitsfront – zu bilden mit kommunistischen Ministern. Die bewaffneten proletarischen Hundertschaften erwarten die Kommandos.

Aber es bleibt bei den Vorbereitungen. Aus Moskau geschickte Militärexperten beklagen die jämmerliche Bewaffnung der Revolutionäre, eine von der KPD nach Chemnitz einberufene Konferenz von Gewerkschaftern und Betriebsräten widersetzt sich dem von der KPD verlangten Generalstreik. Der KPD-Vorsitzende Heinrich Brandler sagt den Umsturz ab, die Hamburger Genossen, schreibt Serge, erreicht der Gegenbefehl nicht, ihr Aufstand wird von der Polizei niedergeschlagen – 24 Aufständische und 17 Polizisten sterben –, die Reichswehr marschiert in Sachsen ein und tötet in Freiberg 26 Aufständische. Am 29. Oktober ermächtigt Ebert die Reichsregierung zur Reichsexekutive gegen Sachsen, dessen SPD/KPD-Regierung wird abgesetzt (wenige Tage später tritt die Thüringer Regierung zurück). Am 30. Oktober besteigt Victor Serge mit seiner Frau und dem vierjährigen Sohn den Expresszug nach Prag. Die Familie hat kein Geld, nicht einmal falsche Papiere. Er fühle sich von der sowjetischen Botschaft schmählich im Stich gelassen, schreibt Serge wütend, die sich nicht dadurch bloßstellen wolle, dass sie Illegale unterstütze. Im Abteil fragen Mitreisende Serges kleinen Sohn, der nur Deutsch gut sprechen kann, was er tun werde, wenn er groß sei, und er antwortet ohne Zögern auf Deutsch: »Krieg gegen die Franzosen.«

Die kommunistische Revolution scheitert also im Oktober noch vor ihrem Beginn, aber der von den nationalen Verbänden um Hermann Ehrhardt geplante Bürgerkrieg ist bestens vorbereitet. Ehrhardt ist nicht nur Gast auf Carl Eduards Callenberg, zugleich ist Coburg auch sein Hauptquartier. In Franken hat er mehr als 5000 Mann zusammengezogen, im Coburger Land 6000 Männer seiner eigenen und anderer nationaler Verbände. Sie stehen bereit zum Einmarsch nach Thüringen. Die Truppen halten ständig Kontakt zum Bund Wiking – der Nachfolgeorganisation der Organisation Consul – in Berlin, der wiederum mit der NSDAP organisatorisch verbunden ist. Ein wichtiger Stützpunkt der Kampftrupps ist die Veste in Coburg, ihre antisemitische Gesinnung offensichtlich: In der Umgebung Coburgs werden jüdische Wohnungen geplündert.

Carl Eduard ist in die Planungen der nächsten Wochen selbstverständlich eingeweiht. Es machen sogar Gerüchte die Runde, er wolle »König von Thüringen« werden. Einen Tag nach der Niederschlagung des KPD-Aufstands in Hamburg, am 28. Oktober, halten Adolf Hitler und die NSDAP ungestört einen SA-Aufmarsch mit militärischen Übungen in der Fröttmaninger Heide bei München ab. Bei dieser Gelegenheit begrüßt Hitler auch Carl Eduards Cousine Victoria Melita, gewesene Großfürstin von Russland, die zum einen für die Sache ihres Mannes Spenden gesammelt hat – der gewesene Großfürst Kyrill hat sich im vergangenen Jahr zum Chef des Hauses Romanow erklärt und wird sich in ein paar Monaten zum Zaren von Russland ausrufen –, zum anderen aber auch für die NSDAP.

Die Zeichen stehen in Bayern Ende Oktober unübersehbar auf Bürgerkrieg. An Hermann Ehrhardt und Carl Eduard wird es nicht liegen, dass der Umsturzversuch ohne sie stattfindet. Adolf Hitler hat einen anderen Plan.

Die Deutschen schwimmen im Geld und drohen darin zu ertrinken. Vor ein paar Tagen hat die Reichsbank die Eine-Milliarde-Mark-Note in Umlauf gebracht, jetzt folgen die Zehn-Milliarden-, die Hundert-Milliarden-, die Zweihundert-Milliarden-, die Fünfhundert-Milliarden-Mark-Scheine. Die Banken müssten vor der gewaltigen Papierflut kapitulieren, könnten sie nicht auf ein Heer von Geldzählern zurückgreifen, die die Scheine zu Türmen schichten.

Am 21. Oktober findet ein Fußballderby zwischen dem VfR Mannheim und dem SV Waldhof statt. 10 000 Zuschauer sind erschienen, Eintrittspreis pro Person: 500 Millionen Mark. Die Kassierer haben einen Extradienst organisiert, um die Billioneneinnahme zu sichern. Die Dresdner Bank setzt einen jungen Fußballspieler als Geldzähler ein, der vor einiger Zeit nach einem anrüchigen Wechsel vom Proletarierverein SV Waldhof zum reichen VfR Mannheim wegen Verletzung des Amateurparagraphen gesperrt worden ist. Im Zuge des Vereinswechsels ist es dem 26 Jahre alten Sepp Herberger gelungen, den Job eines Geldzählers bei der Dresdner Bank an Land zu ziehen.

Die Ausgabe immer größerer Milliarden-Mark-Noten hat selbstverständlich praktische Vorteile. Wäre es bei der Eine-Milliarde-Mark-Note geblieben, dann müsste Wilhelm Kollhoff, Besitzer eines Zigarrenladens in Berlin-Moabit, eine größere Tasche mit sich führen, um die Gebühren für die erste Radio-Hörer-Lizenz in Deutschland zu bezahlen, die er am 31. Oktober bekommt. Sie kostet 350 Milliarden Mark.

Zwei Tage zuvor hat der Öffentliche Rundfunk in Deutschland mit der ersten Sendung der Berliner Rundfunkgesellschaft Radiostunde AG den Betrieb aufgenommen. Aus dem Studio im Berliner Voxhaus sendet die Radiostunde AG ein Eröffnungsprogramm mit klassischer Musik, angeführt vom Cellosolo mit Klavierbegleitung »Andantino« von Fritz Kreisler, gespielt von Herrn Kapellmeister Otto Urack. Am Klavier Herr Fritz Goldschmidt.

Warum eigentlich Klassik? Warum nicht Charleston? An dem Tag, an dem der Öffentliche Rundfunk in Deutschland beginnt, startet im New Colonial Theatre am Broadway das Musical »Runnin' Wilde« des afroamerikanischen Pianisten und Komponisten James Price Johnson mit dem Song »The Charleston« – die Premiere des Soundtracks der 20er-Jahre. Hier kommt zusammen, was zusammengehört – der neue Tanz für die neue Frau, in dem nichts mehr zusammengehört, nicht Mann und Frau als Paar, nicht Arme und Beine, alles getrennt, in rasender Bewegung. Es wird noch einige Zeit vergehen, bis der Charleston den Tanz in Frankreich und wenig später in Deutschland revolutioniert. Dazu muss erst eine junge schwarze Tänzerin und Sängerin aus den Slums von St. Louis, die derzeit in New York als namenloses Chorus-Girl in dem all-black-musical »Shuffle Along« ihr Geld verdient, in zwei Jahren nach Europa kommen.

Aber dann wird Josephine Baker schon mit ihren ersten Auftritten in Paris und Berlin eine Charleston-Hysterie auslösen, zum ersten schwarzen Sexsymbol Europas werden und die Rassisten in Raserei versetzen. Adolf Stein wird sich über »dieses ganze Höllengelichter aus dem Urwald« empören: »Die Füße trillern wie verrückt. Der Bauch zuckt im Vierundsechzigsteltempo und schnappt nach den Hüften. Der federgeschmückte Steiß hat sich selbständig gemacht und rotiert rasend wie Feuerwerk.«

Und der österreichische Musikkritiker Hans Liebstöckl wird aus dem Charleston nicht nur eine Kampfansage zwischen Mann und Weib heraushören, sondern in dem wilden Tanz einen Anschlag auf das Leben selbst erkennen: »So wenig sie einander mögen, so wenig halten sie offenbar vom Dasein, denn sie suchen sich krampfhaft und mit den größten Anstrengungen ihrer Körper zu entledigen. Zuerst möchten sie Arme und Beine wegwerfen, aber es will nicht gelingen. Gleich darauf geht dieser Hass gegen das Leben auf den Körper selbst über, den sie schütteln, als wäre er eine reife Frucht und als erwarteten sie jeden Augenblick, dass sie vom Ast falle.« Würde sie fallen, würde sich Liebstöckl kaum nach ihr bücken, um sie aufzuheben. Liebstöckl ist Nichttänzer.

NOVEMBER

Ein Blick in den Wohnraum des Serienmörders Fritz Haarmann in Hannover, der im nächsten Jahr wegen Mordes an 24 Jungen und jungen Männern zum Tod verurteilt werden wird.

Der sogenannte Hitlerputsch – hier eine Kundgebung von NSDAP-Anhängern vor dem Münchner Rathaus am 9. November – war dilettantisch vorbereitet und endet im Kugelhagel der Polizei.

Ebert verbietet durch eine Notverordnung Arbeitsniederlegungen in allen Betrieben. Die SPD fordert die Aufhebung des militärischen Ausnahmezustands, schärferes Vorgehen gegen Bayern und die Einstellung der Maßnahmen gegen Sachsen. Stresemann lehnt ab, die sozialdemokratischen Minister treten zurück, doch duldet die SPD die »Rumpfkoalition«. Die in Sachsen eingerückte Reichswehr besetzt Chemnitz und Zwickau. Die Reichswehr rückt auch in Thüringen ein. Wegen der exorbitanten Brotpreiserhöhung Hungerkrawalle in Berlin, im Scheunenviertel ein von völkischen Agitatoren initiiertes antisemitisches Pogrom. Hitler verkündet im Münchener Bürgerbräukeller die »nationale Revolution«. Polizei und Reichswehr schlagen den »Hitlerputsch« gewaltsam nieder. Hitler wird Tage später verhaftet. Nun wird auch in Bayern die NSDAP verboten, ebenso die KPD. Der frühere deutsche Kronprinz kehrt aus dem niederländischen Exil nach Deutschland zurück. Die neue Rentenmark wird ausgegeben, für die der Einheitskurs »eine Billion Papiermark ist eine Rentenmark« gilt. Damit beginnt die Rückkehr zu stabilen Währungsverhältnissen. Stresemann fordert vom Reichstag ein Vertrauensvotum, das mit 231 Nein-Stimmen (SPD, KPD, DNVP) gegen 156 Ja-Stimmen (DVP, Zentrum, DDP) abgelehnt wird. KPD, NSDAP und die Deutschvölkische Freiheitspartei werden reichsweit verboten. Zentrumsführer Wilhelm Marx bildet eine Koalition der bürgerlichen Mitte von Zentrum, DDP und DVP, wie Stresemanns »Rumpfkabinett« eine Minderheitsregierung. Ein Brot kostet 201 000 000 000 Mark.

Der 17 Jahre alte Handwerksbursche Adolf Hannappel, ein treuer, anhänglicher Mensch auf Stellungssuche, wird am 10. November in Hannover auf dem Bahnhof im Wartesaal dritter Klasse zum letzten Mal lebend gesehen. Er sitzt bescheiden in einer Ecke auf seiner selbst gezimmerten großen Reisetruhe und trägt eine schöne neue Breecheshose. In seinem Prozess wird der angeklagte Serienmörder Fritz Haarmann später behaupten, sein mitangeklagter Komplize Hans Grans habe ihn auf Hannappel aufmerksam gemacht und gesagt, er hätte gern dessen neue und qualitativ hochwertige Hose. Hannappel lässt sich nach einigem Zögern überreden, seine Kiste bei der Gepäckaufbewahrungsstelle abzugeben. Grans gibt ihm Zigaretten, spendiert ein Bier und verspricht ihm eine Unterkunft. Grans geht nach Hause und Hannappel mit Haarmann in dessen Wohnung, Rote Reihe 2, wo er mit ihm »poussiert«. Als Grans am nächsten Morgen die Hose des Hannappel abholen will und ihn immer noch am Leben sieht, ist er verärgert.

Hannappel wird sich noch mehrere Tage bei Haarmann aufhalten, seine Arbeitssuche bleibt erfolglos. Schließlich tötet Haarmann Hannappel. Haarmann und Grans eignen sich die Sachen Hannappels an und lösen seine Kiste am Hauptbahnhof ein. Die erbeuteten Gegenstände verkauft Haarmann. Einige der Kleidungsstücke werden später von Zeugen bei der Polizei abgegeben und identifiziert. Ein mit Kuchen, Blumen und Würsten gefülltes Paket zum Martinstag ist das letzte Lebenszeichen ihres Sohns, das die Eltern Hannappels in Düsseldorf erreicht.

Der etwa 45 Jahre alte homosexuelle Haarmann, 17 Vorstrafen wegen diverser Unterschlagungen, Einbrüche, Diebstähle und Hehlereien, Polizeispitzel, Händler von Altkleidern und Fleischkonserven, tötet seine jungen männlichen Opfer während des Geschlechtsaktes mit einem Biss in die Kehle und durch gleichzeitiges Würgen und Drosseln. Es ist der Polizei nicht bekannt, wie viele Männer er ermordet hat. Doch wird im Prozess gegen Haarmann im Dezember nächsten Jahres festgestellt, dass Adolf Hannappel in diesem Jahr mindestens sein zwölftes Opfer ist.

Am 5. November wird in Hannover das jüngste von sieben Kindern des Ehepaars Augstein, Rudolf, geboren, der spätere Gründer und Herausgeber des Hamburger Nachrichtenmagazins »Der Spiegel«.

Berlin ist eine geteilte Stadt. Alfred Döblin läuft Anfang November durch die Tauentzienstraße im Westen. Ihm begegnen ganze Trupps wohlgenährter Damen mit Silber- und feinen Ledertaschen und Paketchen im Arm. An allen Straßenecken werden Blumen verkauft wie Gummiabsätze im Osten und Norden Berlins. Was ist mit den Bäumen in der Mitte der Straße? Döblin muss sie sich ansehen. Im Osten hat man die Bäume eingehen lassen, hier steht jeder Baum fürstlich in einem Steinbehälter. In fantastischen Kostümen spazieren die Damen die Tauentzienstraße herauf und herunter, schleppen Reichtümer im Pelzmantel, Kragen, Ohrjuwelen, Ringen mit sich. Sie genießen im Sonnenschein diese Dinge, bemerkt der Armen- und Irrenarzt Döblin mit Wohnung und Praxis in der Frankfurter Allee in Friedrichshain, und sie genießen sich selbst. Ihre Männer sind nicht da: »Das spekuliert, arbeitet, hetzt sich jetzt ab. (Arbeitsteilung wie im Bienenstaat).«

Nun ein Blick Döblins in die Fruchtstraße, jenseits des Küstriner Platzes in der Nähe des Ostbahnhofs. Frauen und Kinder stehen vor Bäckereien und Gemüsegeschäften, auch vor Läden mit Fett und Seefischen. Sie stehen, meist stumm, zu zweien in Reih und Glied; sie werden in Schüben eingelassen. Vor einer Anschlagsäule recken Männer die Hälse, einige machen Notizen: eine Magistratsankündigung für Erwerbslose. Es ist Vormittag kurz vor 12 Uhr. Am nahe gelegenen Schlesischen Bahnhof und an der Wriezener Bahn warten Frauen und ältere Mädchen mit Handwagen und Karren auf die Stoppler, Kartoffelsammler, die – staubig und müde – schon bald die Treppe mit schweren Säcken herunterstapfen werden. Der Zug läuft ein, gestopft voll mit Menschen, die Säcke, Kisten, Taschen schleppen. Ein älterer ernster Mann redet laut, er steht im Mittelgang im Gedränge: »Das kann mich immerzu ärgern, dass sie den kleinen Leuten die Läden einschlagen. Gehen in die Gemüsekeller und plündern. Was kann denn die Frau dafür. Die muss es auch teuer bezahlen. Warum geht ihr nicht in die Warenhäuser?«

Im Scheunenviertel südlich des Alexanderplatzes gibt es keine Warenhäuser. Hier ist das Zentrum der ostjüdischen Auswanderung, hier leben die »Galizier«, aus Polen, Litauen und der Ukraine geflohen aus Angst vor Pogromen, die »Kaftanjuden«, orthodoxe Ostjuden mit Betstuben, Druckereien hebräischer Bücher, Ritualienverkäufern und koscheren Läden. Sie leben Seite an Seite mit Zuhältern, Kleinkriminellen, Arbeits- und Obdachlosen. Not und Elend gibt es fast überall in Berlin, hier ist ihre Hochburg.

Anfang November steigt der Preis für einen Laib Brot auf 140 Milliarden Mark, eine Versechsfachung des Preises binnen einer Woche. Nachrichten über die im großen Stil betriebene Hortung von Brotgetreide machen die Runde, dazu kommt das Unvermögen der Behörden, die Not zu lindern. Am 5. November versammeln sich vormittags in der Gormannstraße Tausende Erwerbslose. Sie haben gehört, dass Unterstützungsgelder ausgegeben werden. Wie jeden Tag wird diskutiert und gestritten. Heute aber haben sich auffällig gut gekleidete Männer unter die Wartenden gemischt, völkische Agitatoren, die Flugblätter verteilen und in kurzen Ansprachen die Stimmung aufheizen. Ihre Stunde schlägt an diesem Tag, als das Arbeitsamt mitteilt, für Unterstützungszahlungen stehe kein Geld bereit. Sie verbreiten das Gerücht, ein jüdischer Händler habe in der Münzstraße einen Arbeitslosen betrogen.

Die Fama verbreitet sich wie ein Lauffeuer, die Masse ruft: »Schlagt die Juden tot! Juden nieder!«, setzt sich in Bewegung, und die Jagd auf Juden beginnt. Sie werden vom rasenden Mob überfallen, geschlagen und ausgeraubt. Jüdische Geschäfte und jüdische Wohnungen werden geplündert. Ladenbesitzer, die sich vor Überfällen schützen wollen, hängen eilig Schilder in die Schaufenster: »Christliche Geschäftsleute!« Autos mit jüdischen Insassen werden angehalten und die Menschen verprügelt. Wer jüdisch aussieht, ist seines Lebens nicht mehr sicher. In der Münzstraße wird ein junger Jude verfolgt, bis aufs Hemd ausgezogen und halb totgeschlagen, ehe ihn die Polizei in Schutzhaft nimmt und zum Präsidium transportiert.

Der Geschäftsführer des Verbandes Groß-Berliner Ortsgruppen des Centralvereins Deutscher Staatsbürger jüdischen Glaubens, der sich, von den Nachrichten alarmiert, zum Ort des Geschehens begibt, wird von einem völkischen Agitator, der mit einem Trupp antisemitischer Tumultuanten unterwegs ist, mit den Worten festgehalten: »Der Jude hat mit dem Messer gestochen.« Der Jude führt weder ein Messer bei sich noch eine andere Waffe, aber er ist ein Jude, also wird er niedergeworfen, geschlagen, getreten und bedroht: »Umlegen!« Auch ihn rettet erst die Schutzpolizei. Dazu fühlt sie sich nicht in jedem Fall berufen.

Ein jüdischer Arzt, der zusammen mit anderen Juden vom Mob überfallen wurde, berichtet: »Wir wehrten uns, so gut es ging. Ein Automobil mit einem Major und zwei Schupoleuten erschien. Der Mob stob auch im selben Augenblick zurück. Der Major gab aber sofort das Zeichen weiterzufahren.« Er selbst und die anderen bedrohten Juden seiner Gruppe seien von Schupomannschaften misshandelt, verhaftet und zur Polizeikaserne gebracht worden, wo 200 Schupobeamte die Misshandlungen fortgesetzt hätten. Ihm sei dabei der Mittelhandknochen der rechten Hand gebrochen worden. Die Berliner Polizei weist Vorwürfe zurück, ihre Mannschaften und Offiziere seien antisemitisch eingestellt. Es ergeht der Tagesbefehl an die Beamten, wonach Gut und Leben eines jeden bedrohten Bürgers, gleichgültig welcher Konfession, unbedingt mit allen Machtmitteln zu schützen sind. Der misshandelte Arzt fasst seine Eindrücke der vergangenen Stunden zusammen: »Die Zustände machen auf mich nicht den Eindruck, in einem Rechtsstaat zu leben.«

Das »Berliner Tageblatt«, das am 7. November in großer Aufmachung über die antisemitischen Ausschreitungen im Scheunenviertel berichtet, veröffentlicht in derselben Ausgabe eine Zuschrift aus Nürnberg, die offenbar noch unter dem Eindruck des Aufmarschs der völkischen Verbände Anfang September steht: »Die Judenhetze hier in Nürnberg ist unbeschreiblich, kein Mensch besucht mehr den anderen am Abend; es ist unmöglich, dass wir zum Vater gehen könnten, auch wenn wir mit der elektrischen Bahn fahren könnten. In der Nacht von Sonnabend zu Sonntag wurden Plakate an alle Litfaßsäulen geklebt, dass Judenblut so viel wie möglich fließen soll. Jeder, der dafür etwas tut, wird nicht nur nicht bestraft, sondern für seinen Dienst fürs Vaterland belohnt. Kahr duldet das und der hiesige Polizeikommissar auch. Die Polizei ist angewiesen, sich bei Überfällen nicht zu zeigen, nichts dagegen zu tun.«

Am Abend des 5. November, als die Juden im Scheunenviertel um ihr Leben fürchten, besucht der jüdische Theaterkritiker Alfred Döblin die Premiere von Gerhart Hauptmanns »Hanneles Himmelfahrt« mit Elisabeth Bergner in der Titelrolle. Sie gefällt ihm nicht ganz so gut wie in anderen Rollen. Für das Hannele, das jämmerlich erschlagene Schlesierkind, fehlt der feinen Bergner die Natur. Aber immerhin spielt sie keine der üblichen Theaterschablonen, und der Regisseur glänzt mit prächtigen Einfällen. Auch das »Schauspielertheater« im Gebäude des frisch renovierten ehemaligen Friedrich-Wilhelm-Städtischen Theaters in der Chausseestraße überzeugt Döblin, alles zwar recht eng, aber hell, an diesem Abend jedoch nicht sehr behaglich: »Ein schöner und interessanter Anblick, aber unheimlich der Gedanke: in der Nähe ist die Invalidenstraße [im Scheunenviertel, Anm. des Verfassers]; wie kann man jetzt feiern, spielen.« Entsprechend erscheint Döblins Korrespondentenbericht am 11. November 1923 im »Prager Tagblatt« unter der Überschrift: »Während der Schlacht singen die Musen«.

»Theodor wuchs im Hause seines Vaters heran, des Bahnzollrevisors und gewesenen Wachtmeisters Wilhelm Lohse. Der kleine Theodor war ein blonder, strebsamer und gesitteter Knabe. Er hatte die Bedeutung, die er später erhielt, sehnsüchtig erhofft, aber niemals an sie zu glauben gewagt. Man kann sagen: er übertraf die Erwartungen, die er niemals auf sich gesetzt hatte.« Mit diesen Sätzen beginnt die Geschichte von Theodor Lohse, die die Wiener »Arbeiter-Zeitung« seit dem 7. Oktober als Fortsetzungsroman veröffentlicht.

Es ist die Geschichte eines Kriegsheimkehrers, der mit unerbittlichem Opportunismus und mörderischer Gewalt seinen Aufstieg in einer rechtsextremen Geheimorganisation beginnt, in der er die Anerkennung sucht, die ihm die bürgerliche Gesellschaft verweigert, ein enthemmter Kleinbürger, von keiner

Überzeugung, aber von Hass auf alle getrieben, die haben, was er begehrt, die sind, was er gerne wäre, die ohne Ehrgeiz und Bemühen bekommen, was er kaum zu träumen wagt, und das sind vor allem erfolgreiche Juden. Den Hass auf die Juden muss der Reserveleutnant Theodor Lohse, Hauslehrer in Diensten des jüdischen Juweliers Efrussi, nicht lernen, und auch der Mord an einem Konkurrenten geht ihm leicht von der Hand.

Joseph Roth ist kein Visionär, aber ein genauer Beobachter. Seine Figur des Theodor Lohse ist keine Erfindung, sondern Ergebnis präziser Wahrnehmung. Im Grunde ist er nicht einmal eine Figur, sondern ein Typus, der in München, Wien und Berlin an manchen Tagen das Bild der Straße prägt mit Aufmärschen, Gewaltexzessen und antisemitischen Hasstiraden. »Oh, glaubten sie, er wäre harmlos und ungefährlich? Sie sollten sehen. Alle sollten es sehen! Bald wird er aus seinem ruhmlosen Winkel treten, ein Sieger, nicht mehr gefangen in der Zeit, nicht mehr unter das Joch seiner Tage gedrückt. Es schmetterten helle Fanfaren irgendwo am Horizont.« Noch ist seine Zeit nicht gekommen. Aber wenige Stunden nach dem Ende des Vorabdrucks von Roths Roman »Das Spinnennetz« am 6. November wird er zum ersten Mal aus seinem ruhmlosen Winkel treten.

Eugeni Xammar hat es zwei Diktatoren zu verdanken, dass Adolf Hitler ihn und seinen Kollegen Josep Pla am 8. November in seinem Büro des »Völkischen Beobachters« in München-Schwabing empfängt. Generalstaatskommissar Gustav Ritter von Kahr, der Diktator von Bayern und erklärter Monarchist, hatte nach seiner Ernennung im September den Ausnahmezustand erklärt, die Grundrechte außer Kraft gesetzt und das Kommando von bayerischen Truppen der Reichswehr übernommen. Auf die verfassungswidrige Aktion hatte Reichspräsident Ebert mit der Verhängung des reichsweiten Ausnahmezustands reagiert und die vollziehende Gewalt auf Reichswehrminister Otto Geßler übertragen, der sie an die Wehrkreisbefehlshaber delegiert hatte. Das war in München – Wehrkreis VII – Generalleutnant Otto von Lossow, zugleich bayerischer Landeskommandant der Reichswehr. Von Kahr hatte sofort zusammen mit Lossow und Hans Seißer, dem Chef der bayrischen Landespolizei, begonnen, seine republikfeindlichen Pläne in die Tat umzusetzen, mit den Worten von Kahrs Stellvertreter, Hubert von und zu Aufseß: »Es heißt für uns nicht: Los von Berlin! Wir sind keine Separatisten. Es heißt für uns: Auf nach Berlin!« Die »Judenregierung« habe die Deutschen »in unerhörter Weise belogen«, in Berlin sei alles »verebert und versaut«.

Von Kahr hat das nach dem Mord an Rathenau verabschiedete Republikschutzgesetz in Bayern außer Kraft gesetzt, das Organisationen verbietet, die sich gegen die »verfassungsmäßige republikanische Staatsform« richten, sowie deren Druckerzeugnisse und Versammlungen. Und um sein Renommee bei den Anhängern seines Konkurrenten Adolf Hitler zu heben, hat er Mitte Oktober mit der Ausweisung einiger Hundert ostjüdischer Familien begonnen. Vor einigen Tagen ist es zum Eklat gekommen: Nachdem der »Völkische Beobachter« wieder einmal einen diffamierenden Artikel gegen Ebert und den Chef der Heeresleitung veröffentlicht hat, verlangt Reichswehrminister Geßler das Verbot des NSDAP-Parteiorgans, aber von Lossow weigert sich und wird deshalb seines Amtes enthoben. Von Kahr ordnet jedoch an, von Lossow solle Landeskommandant bleiben, betraut ihn »mit der Führung des bayerischen Teils des Reichsheeres« und lässt die 7. Reichswehrdivision auf Bayern und seine Regierung vereidigen.

Das ist der offene Bruch mit der Republik. Eine Reichsexekution wie im Falle Sachsens und Thüringens läge nah. Aber Geßler winkt ab: Sie sei gegen Bayern aussichtslos. Denn die Reichswehr unter dem Chef der Heeresleitung Hans von

Seeckt sei nicht bereit, auf Einheiten der Reichswehr zu schießen: »Truppe schießt nicht auf Truppe!«

Von Kahr hat also dafür gesorgt, dass der »Völkische Beobachter« weiterhin Tag für Tag erscheinen kann und die katalanischen Journalisten am 8. November nicht vor verschlossenen Redaktionsräumen stehen. Aber den Interviewtermin mit dem Herausgeber Adolf Hitler hat ihnen mittelbar Primo de Rivera verschafft, seit September Chef der spanischen Militärdiktatur. »Den Spaniern stehen in Bayern alle Türen offen«, ruft Adolf Hitler, als Xammar und dessen Kollege Josep Pla sein Büro betreten. Er empfängt die beiden Journalisten in einem Regenmantel mit aufgenähtem Hakenkreuz, behält die Mütze auf und grüßt mit militärischem Hackenschlag. Die Spanier, sagt er, seien in Bayern willkommen, für andere Ausländer hege man in Bayern nur geringe Sympathien: »Wir brauchen sie nicht, und wir wollen sie nicht, und Gott sei Dank gibt es in München so gut wie keine mehr. Die meisten Ausländer in dieser Welt sind Juden, verstehen Sie? Man darf ihnen nicht trauen. Italiener, Engländer, Rumänen, Holländer … sie alle haben ihre Pässe. Dass ich nicht lache! Das sind alles Juden.«

Er sage ganz offen, dass es noch vor einigen Monaten gefährlich gewesen sei, durch München zu laufen, wenn man wie ein Ausländer aussah. Die Jugend sei sehr erregt gewesen, oft habe es Prügel gesetzt: »Mit Ihrer Nase wären Sie nicht davongekommen. Hätten Sie allerdings nach dem ersten Schlag gesagt, dass Sie Spanier sind, hätte niemand Ihnen einen zweiten versetzt.« Hitler lacht, Xammar ebenfalls, allerdings nicht so ganz aus vollem Herzen. Die Judenfrage, fährt Hitler mit seiner Suada fort, sei ein Krebsgeschwür, das den deutschen nationalen Organismus zerfresse, ein politisches und soziales Krebsgeschwür: »Glücklicherweise sind die sozialen und politischen Geschwüre nicht unheilbar. Man kann sie herausschneiden. Wenn wir wollen, dass Deutschland lebt, müssen wir die Juden vernichten ...« »Mit Prügeln?«, fragt Xammar. »Das wäre das Beste«, antwortet Hitler, »aber sie sind zu viele.«

Als die beiden spanischen Journalisten Hitlers Büro verlassen, sind sie davon überzeugt, niemals einem dümmeren Menschen begegnet zu sein, »ein maßloser, nicht zu bremsender Dummkopf«, »ein gewaltiger, großartiger Dummkopf, der zu einer glanzvollen Karriere berufen ist«, von der Hitler noch fester überzeugt sei als die beiden Spanier.

Einige Stunden später sprengt Adolf Hitler in Begleitung des SA-Kommandeurs Hermann Göring und anderer bewaffneter Angehöriger des Deutschen Kampfbundes im voll besetzten »Bürgerbräukeller« eine Veranstaltung Gustav von Kahrs. Der Generalstaatskommissar spricht seit einer halben Stunde vor Mitgliedern der bayrischen Regierung und nationalistischen Honoratioren über seine politischen Ziele, ihm zur Seite stehen Lossow, Seißer und Ministerpräsident Knilling. Hitler lässt ein Maschinengewehr auf die Menge richten, steigt auf einen Stuhl, schießt mit einer Pistole in die Decke, um sich Gehör zu verschaffen, schreit, das Versammlungslokal sei von der SA umstellt, verkündet die »nationale Revolution« und erklärt die bayrische und die nationale Regierung für abgesetzt. Er erzwingt die Zusage Kahrs, Lossows und Seißers, sich gemeinsam mit Ludendorff an einer von ihm geführten Reichsregierung zu beteiligen. Nach dem Vorbild von Mussolinis »Marsch auf Rom« sollen die in Bayern stehenden Reichswehreinheiten zusammen mit republikfeindlichen Wehrverbänden nach Berlin marschieren und die demokratische Regierung stürzen.

Knilling, einige Minister seines Kabinetts, der Münchner Polizeipräsident und weitere prominente Politiker werden von bewaffneten SA-Männern unter der Leitung von Rudolf Heß als Geiseln genommen, dann löst sich die Versammlung auf. Noch in der Nacht leitet das Triumvirat – Kahr, Lossow und

Seißer – Maßnahmen zur Niederschlagung des Putsches ein, Polizeistationen und Kasernen werden alarmiert. Reichspräsident Ebert ersetzt zur selben Zeit den »zivilen« durch den militärischen Ausnahmezustand und überträgt die vollziehende Gewalt im Reich vom Reichswehrminister auf den Chef der Heeresleitung.

Der Putsch droht zu scheitern. Also erteilt Hitler seinem Vertrauensmann Max Neunzert einen dringenden Auftrag: »Fahren Sie so schnell wie möglich im Kraftwagen nach Berchtesgaden zu S. M. dem König und bitten Sie in meinem Namen, er möchte, nachdem die größte Gefahr bestünde, dass Nationale auf Nationale schießen, die Vermittlung übernehmen zwischen dem Kampfbund und Herrn von Kahr, der sich als Statthalter der Monarchie ausgegeben hat, damit das größte nationale Unglück verhindert wird.«

Für die Aktion ist der 31 Jahre alte ehemalige Freikorps-Kämpfer Neunzert der geeignete Mann. Der Nationalsozialist arbeitet in der Oberleitung des Kampfbundes als Referent für Spionage und Landesverrat, hat sich im Bergen und Verstecken von Waffen der Einwohnerwehr bewährt, die damit dem Zugriff der »Ententekommission« der Siegermächte entzogen wurden, und mit Fememorden einige Verräter von Waffenverstecken beseitigt. Nicht zuletzt ist er ein Trink- und Jagdkumpan des ehemaligen Kronprinzen Rupprecht, zu dem ihn Hitler jetzt nach Berchtesgaden schickt.

Offenbar ist der »nicht zu bremsende Dummkopf« von dem Gedanken inspiriert, es mit einem Königsputsch zu versuchen, wenn er schon allein nicht zum Ziel gelangt. Der Gedanke an einen Umsturz unter Beteiligung eines Monarchen ist in Europa zurzeit populär. Vorexerziert haben es Mussolini in Italien, Primo de Rivera in Spanien und – in eingeschränkter Form – Horthy in Ungarn.

Neunzerts Aufbruch nach Berchtesgaden verzögert sich. Er

ist ein erfahrener Autofahrer, aber das hilft hier nichts, weil er kein Fahrzeug auftreiben kann. Also muss er seine dringende Mission an diesem nasskalten Morgen vom »Bürgerbräukeller« aus zu Fuß antreten und am Münchener Ostbahnhof auf eine Zugverbindung nach Berchtesgaden warten. Schließlich nimmt er den Schnellzug um 8.35 Uhr, trifft wegen einer Verspätung aber erst um 13.30 Uhr in Berchtesgaden ein. Er wird im Schloss vom Chef des Hauses Wittelsbach herzlich empfangen. Rupprecht stellt als Bedingung einer möglichen Vermittlung, Hitler müsse sich bei von Kahr entschuldigen und sich der legalen Macht unterstellen. Neunzert solle unverzüglich nach München zurückfahren und Hitler informieren. Dann solle er von Kahr aufsuchen und ihm mitteilen, dass das Schießen von Nationalen auf Nationale unter allen Umständen unterbleiben müsse. Kahr müsse zudem alles aufbieten, damit gegen Hitler, falls dieser auf den Vorschlag einginge, kein Verfahren wegen Hochverrats eingeleitet würde. Doch als Neunzert Schloss Berchtesgaden verlässt, ist es schon zu spät. Während des eineinhalbstündigen Gesprächs zu Füßen des Obersalzbergs ist der Putsch in München im Kugelhagel der Polizei zusammengebrochen.

Am Morgen des 9. November hängt eine riesige schwarz-weiß-rote Fahne vor dem Neuen Rathaus in München, und Flugblätter werden verteilt: »Proklamation an das deutsche Volk! Die Regierung der Novemberverbrecher in Berlin ist heute für abgesetzt erklärt worden. Eine provisorische deutsche Nationalregierung ist gebildet worden, diese besteht aus General Ludendorff, Adolf Hitler, General von Lossow, Oberst von Seißer.« Redner der NSDAP verkünden in der Stadt den Sieg der Bewegung.

Das ist eine verwegene Behauptung. Der dilettantisch vorbereitete Putsch droht für Hitler zum Desaster zu werden. Noch in der Nacht hat von Kahr die von ihm, Lossow und Seißer »mit vorgehaltener Pistole abgepressten Erklärungen« im Rundfunk für null und nichtig erklärt und Reichspräsident Ebert im gesamten Reich den »zivilen« durch einen »militärischen« Ausnahmezustand ersetzt. Um vor ihren Anhängern nicht das Gesicht zu verlieren, wagen Hitler und Ludendorff am nächsten Tag einen letzten Versuch, mit einem Demonstrationszug durch München die Bevölkerung auf ihre Seite zu ziehen, in der Stadt die Führung an sich zu reißen und mit den an den Grenzen zu Sachsen und Thüringen stehenden Wehrverbänden den Marsch auf Berlin zu beginnen. Um 12.00 Uhr setzt sich der Zug mit 2000 Putschisten – einer von ihnen ist Gerhard Roßbach, dem die Justiz in Leipzig mangels Fluchtgefahr zur Flucht verholfen hat – unter Ludendorffs und Hitlers Führung vom »Bürgerbräukeller« aus in Bewegung.

Das Kommando hat Ludendorff. Zu seiner Rechten geht Göring, zu seiner Linken Hitler. Die Putschisten gehen in Zehner- bis Sechzehnerketten voran, singen »Die Wacht am Rhein« und »O Deutschland hoch in Ehren«, marschieren in Richtung Feldherrnhalle und durchbrechen eine Absperrkette der Polizei. Es kommt zu einem Handgemenge. Im kurzen Feuergefecht sterben vier Polizisten, ein unbeteiligter Zuschauer und 15 Putschisten. Adolf Hitler wird verletzt – Schulterzerrung, Bruch des linken Oberarmknochens –, flüchtet als einer der Ersten und wird vom Chef des Sanitätswesens der SA im Auto mit Chauffeur und Sanitäter Richtung Uffing am Staffelsee gefahren. Doch bleibt der Wagen mit Motorschaden liegen, zu Fuß gelangen sie zum Haus Helene Hanfstaengls, der Frau Ernst »Putzi« Hanfstaengls, Sohn eines vermögenden Münchner Kunsthändlers und Harvard-Absolvent, der mit zur Feldherrnhalle marschiert ist. Hitler wird zwei Tage später verhaftet. Hermann Göring wird von einer Kugel in der Leistengegend getroffen und findet Zuflucht im Haus eines jüdischen Möbelhändlers. Wenig später setzt sich der Fliegerheld des

Weltkriegs nach Österreich ab, wo er seine Verletzung vor allem mit Morphium therapiert.

Unter den toten Putschisten ist auch der 50 Jahre alte Theodor von der Pfordten, Oberlandesgerichtsrat am Bayerischen Obersten Landesgericht. In seiner Manteltasche wird eine »Notverfassung« gefunden, die anscheinend als provisorische Reichsverfassung der von Hitler und Ludendorff geplanten »Nationalen Diktatur« gedacht war. Sie sieht unter anderem vor: Auflösung aller parlamentarischen Körperschaften, Verbot von Streikaktivitäten, Entlassung jüdischer Beamter, Erlaubnis zur Einziehung jüdischen Vermögens sowie die Anweisung, »sicherheitsgefährliche Personen und unnütze Esser« in Sammellager oder zu Zwangsarbeiten zu überführen. Für den Fall der Zuwiderhandlung drohen fast alle Paragraphen die von Standgerichten zu verhängende Todesstrafe an. Von der Pfordten war einer der Autoren der Verfassung. Sie wird ihn überleben.

Hitlers Putschversuch war dilettantisch, sein Ergebnis ist nicht nur für ihn ein Desaster: Noch am 9. November verbietet von Kahr die NSDAP und die am Putsch beteiligten Bünde »Oberland« und »Reichskriegsflagge«. Um den Zorn der Rechten zu dämpfen, verbietet er in den folgenden Tagen auch die KPD und sämtliche Zeitungen und Zeitschriften von KPD und SPD im rechtsrheinischen Bayern, nicht also in der bayerischen Pfalz. Doch die Reputation von Kahrs und seiner Verbündeten wie Hermann Ehrhardt im rechten Lager ist angeschlagen, der Massenrückhalt bröckelt. Die 7. Reichswehrdivision, die von Kahr auf Bayern und seine Regierung hatte vereidigen lassen, hat sich in großen Teilen den Putschisten verweigert und nähert sich wieder der Reichswehr an. Die Putschpläne von Kahrs sind auf absehbare Zeit erledigt. Nicht nur der nach Einschätzung Eugeni Xammars »nicht zu bremsende Dummkopf« Hitler wird am 9. November gebremst, die Rechten sind insgesamt erheblich geschwächt. Aber Hitler wird aus dem Fiasko lernen und nie wieder einen gewaltsamen Umsturz versuchen. Künftig wird er strikt darauf achten, den Schein der Legalität zu wahren.

Am Ende seines Interviews mit Adolf Hitler kündigt Eugeni Xammar den Lesern des »Veu de Catalunya« an, sich in den nächsten Ausgaben nicht mehr mit den »erheiternden« Ansichten Hitlers über das Judenproblem zu befassen, sondern über dessen wirtschaftliche und politische Ideen zu schreiben. Dazu kommt es nicht. Wegen seines Artikels über Hitler trennt sich die Zeitung von ihrem Korrespondenten. Die spanische Diktatur hat Xammar das Treffen mit Hitler ermöglicht, und sie bringt ihn um seine Stelle in der Zeitung. Künftig schreibt Xammar als Berlin-Korrespondent der Tageszeitung »La Republicat«.

Einen Tag nach Hitlers gescheitertem Putschversuch gelingt dem früheren Kronprinzen Wilhelm, was sein Vater seit fünf Jahren erfolglos versucht. Er verlässt am 10. November sein holländisches Exil auf der Insel Wieringen, kehrt nach Deutschland zurück, hinterlässt dem abgedankten Kaiser aber einen Abschiedsbrief: »Lieber Papa, … gewiss wirst Du Dich mit mir freuen, dass ich nun endlich zu Frau und Kindern zurückkehren kann.« Da irrt Wilhelm. Sein Vater, der angeblich nichts von den Reiseplänen seines ältesten Sohnes ahnte, ist empört. Zu Recht nimmt er an, dass die Aktion mit Zustimmung Stresemanns von langer Hand vorbereitet wurde.

Nach den morgendlichen Sägearbeiten auf dem Holzplatz sagt er seinem Adjutanten Ilsemann: »Sind denn die Herren seiner Umgebung alle von Gott verlassen? Ein so ernster Mann wie Oberst Ehrhardt, wie kann er zu solcher Dummheit seine Genehmigung geben?« Vielleicht war die Rückkehr seines Sohnes nach Deutschland aber gar nicht so dumm – bestimmt jedenfalls nicht aus Sicht der Reichsregierung. Der alte Wilhelm vermutet richtig, dass die »Rechtskreise«, die Stresemann hassen, wütend sein werden, dass »mein Junge die Rückkehr durch die Gnade dieses Herrn« erreicht hat: »Wie schrecklich auch diese Unwürde bei dem zukünftigen Träger der Kaiserkrone!« Der künftige Träger der Kaiserkrone? Der entscheidende Punkt, schreibt der kluge Ilsemann, weshalb der alte Wilhelm die Abreise des jungen so restlos verurteile, sei dessen Befürchtung, der Kronprinz komme ihm bei der Jagd nach der Kaiserkrone jetzt zuvor: »Solange der Kronprinz auf Wieringen war, bestand dafür keine Gefahr.« Für den Fall, dass Wilhelm selbst den Kaiserthron wieder besteigen solle, hat er jedenfalls einen Plan, den er in diesen Tagen – nicht zum ersten Mal – Ilsemann anvertraut. Die Frage, ob er dann zuerst den inneren oder den äußeren Feind Deutschlands bekämpfen werde, ist für ihn entschieden: »Erst das Schwert gegen die Sozis, dann gegen die Franzosen.«

Bericht der Polizeiverwaltung Oranienburg vom 10. November 1923 an den Regierungspräsidenten in Potsdam über Teuerungsunruhen:

»Betrifft: Lebensmittelkrawalle

Die Ursache der hiesigen Lebensmittelkrawalle war die sprunghafte Steigerung sämtlicher Lebensmittelpreise, die am Mittwoch, dem 7. November, nachmittags nach dem Bekanntwerden des neuen Dollarkurses von 630 (Milliarden) eintrat, und derzufolge die meisten Lebensmittelhändler unter Berufung auf eine Verfügung des Präsidenten des Landespreispolizeiamtes, wonach sie berechtigt seien, ihre Preise nach Bekanntgabe des jeweiligen Dollarkurses nachmittags zu erhöhen, entsprechend der 50 Prozent Kurssteigerung des 7. November ihre Preise um durchschnittlich 50 Prozent höher angesetzt hatten, z. B. bei

Margarine, die früh 8085 Milliarden gekostet hatte, nachmittags ca. 110 120 Milliarden kosten sollte.

Ab nachmittags 5 Uhr kam es daher nach Schluss der Fabrikarbeiter auf der Hauptstraße – Bernauer Straße – zu größeren Ansammlungen und gewaltsamem Eindringen größerer Trupps in die Lebensmittelgeschäfte von Thams & Garfs, Nordstern, Waehr, Kerkow und Untersänger Nachf. in der Breiten Straße. In diesen Geschäften ist unter teilweiser Bedrohung der Geschäftsführer von der Menge die Herabsetzung der Preise auf die Vormittagspreise erzwungen [worden], und auch bei Thams & Garfs ist es zu mehreren Diebstählen gekommen …

Der unterzeichnete Bürgermeister hat noch am Abend des 7. November mit dem Vorstand der Bäckerinnung verhandelt und von diesem die Zusage erhalten, dass der Brotpreis, der am 7. November 80 Milliarden betrug, trotz der am 7. November eingetretenen Dollarsteigerung auch am 8. November auf 80 Milliarden unbedingt gehalten werden sollte, und, falls weitere Erhöhungen sich nicht vermeiden lassen sollten, diese nur in Höhe des jeweiligen Berliner Brotpreises und dann nach Möglichkeit noch um 5 Prozent niedriger Platz greifen sollten, wie dies von den Bäckern in einer am 22. Oktober stattgefundenen Sitzung der Preisprüfungsstelle zugesagt worden war; entsprechend den Verhandlungen vom 7. November abends ist dann auch das Brot am 8. November für 80 Milliarden und am 9. November mit 100 Milliarden verkauft worden, obwohl der Berliner Preis bereits 105 Milliarden betrug.«

Dr. Joseph Goebbels geht ins Theater und erlebt eine Enttäuschung. Im Schauspielhaus sieht er zwei kleine Stücke des Komödienschreibers Curt Goetz, »Lohengrin« und »Der Lampenschirm«, gepresst voll mit Witz, Bosheit, Sarkasmus und Ironie. »Alles in allem jüdische Mache, die den Untergang glossiert«, notiert Dr. Goebbels in seinem Tagebuch, »der biedere Spießer sitzt dabei und lacht sich selber aus. Der Jude versteht's und hat recht, und man möchte ihn doch in die Fresse schlagen.« An dem Abend erkennt Dr. Goebbels, dass der jüdische Witz boshaft ist und wehtut, typischer Ausdruck des niederreißenden, dekompositorischen Elements des Judentums: »Von Humor liegt im Juden auch nicht die Spur.« Die Aufführung hätte Dr. Goebbels ohne Zweifel besser gefallen, wenn er erfahren hätte, dass Curt Goetz kein Jude ist.

Den Verdacht, er schreibe zu witzig, um kein Jude zu sein, wird Goetz übrigens nicht mehr los. Später schreibt ein Kritiker in einer Münchner Zeitung: »Aus jeder Zeile dieses Stückes von Curt Goetz ist ersichtlich, was für ein gemeiner Jude der Autor ist.« Curt Goetz erwidert: »Sehr geehrter Herr! Ich bin zwar kein Jude, wenn ich aber daran denke, dass Sie auch keiner sind, möchte ich lieber einer sein.«

Apropos Humor. Am 12. November kommt in Brandenburg an der Havel Vicco von Bülow zur Welt, der als »Loriot« in Deutschland berühmt werden wird. Er wird nicht nur einer der vielseitigsten deutschen Humoristen, ihm gelingt auch das scheinbar Unmögliche: Er bringt die Deutschen dazu, über sich selbst zu lachen.

Marguerite singt jetzt in der »Rampe« Rosa Valettis. Ihr Vertrag mit Trude Hesterbergs »Wilder Bühne« lief nur vom 1. bis 31. Oktober, dann war Schluss, trotz des Triumphs der »Linie der Mode«. Das Leben meint es derzeit gut mit Marguerite. Zum einen sind auch ihre Auftritte bei der Valetti ein großer Erfolg, zum anderen hat sie die Hesterberg gerade noch rechtzeitig verlassen. Am 16. November brennt die »Wilde Bühne« ab. Marcellus Schiffer notiert ungerührt einen Kurzschluss, aber es stellt sich heraus, dass ein provisorisch angebrachter

Ventilator über Nacht heiß gelaufen ist, nachdem die Mitarbeiter vergessen hatten, den Haupthebel für den elektrischen Strom auszuschalten.

Die Hesterberg ahnt nichts davon. Sie gastiert derzeit in der Züricher »Bonbonniere«. Eines Abends sitzt ihr Berliner Kollege vom Kabarett »Rakete« in der Vorstellung, ein zumeist gut gelaunter Mensch, jetzt aber mit Trauermiene. Nach der Vorstellung begrüßt er die Hesterberg mit den Worten: »Na siehste, jetzt hast du den Salat! Ich habe dir immer angeboten, mit mir zusammenzugehen, aber du wolltest ja nicht! Nun bist du also in jeder Beziehung abgebrannt, und das tut mir aufrichtig leid!« – »Was ist abgebrannt?«, fragt sie irritiert. »Na, deine ›Wilde Bühne‹«. Als er ihr totenblasses Gesicht sieht, sagt er verlegen: »Ich soll doch nicht etwa annehmen, dass du das nicht gewusst hast?« Die Hesterberg fühlt sich, als sei ihr ein Blitz ins Herz gefahren. Ein Anruf in Berlin bestätigt den Totalverlust. Alles ist verbrannt – die Noten, die Unterlagen, die Kulissen, der Vorhang, die Plakate an den Wänden, die Fotos und Programme, sogar das alte Klavier, auf dem Friedrich Hollaender und Mischa Spoliansky den Vortrag ihrer Kompositionen begleitet hatten. Alles dahin, klagt Trude Hesterberg, und die Mitglieder ihres Ensembles verstreut in alle Winde und in neuen Engagements. Niemand hat den Mut gefunden, sie in Zürich vom Untergang der »Wilden Bühne« zu unterrichten. Wenn sie wenigstens versichert wäre. Aber welchen Sinn, fragt sich Trude Hesterberg, hätte eine Versicherung während der Inflation.

Das interessiert Marcellus Schiffer nicht. Ihn interessiert, dass die Hesterberg ihn wieder einmal nicht ordentlich bezahlen will. Er hat ihr für eine Operette eine Soloeinlage geschrieben, drei Tage vor der Premiere bis nachts um fünf unter Aufbietung aller seiner Nerven. Ein Riesenerfolg. Aber als er sich mit der Direktion nicht auf die Gage einigen kann und deshalb die Eigentümerin einschaltet, schreit sie ihn an, er sei unverschämt und könne sie »den Aasch« lecken. Schiffer verspricht sich, er werde ihr den Dacapo-Vers, um den sie ihn wegen des großen Erfolgs gebeten hat, »auf den Aasch« schreiben, den sie ihm zur Benutzung angeboten hat. Wenn ihn die alte Hure noch einmal nötig haben wird, dann soll sie erleben, was er ihr für Preise macht.

Was bedeuten 100 000 Mark, wenn der Kurs für einen Dollar bei 4,2 Billionen Papiermark liegt und die Reichsbank als höchsten Wert einen Geldschein über 100 Billionen Mark (100 000 000 000 000) drucken lässt? Für den Zahlungsverkehr werden riesige Mengen an Scheinen benötigt. Im November arbeiten bis zu 133 Fremdfirmen mit 1783 Druckmaschinen für die Reichsdruckerei Tag und Nacht. 30 Papierfabriken produzieren das benötigte Banknotenpapier. Allein für die Herstellung der insgesamt etwa zehn Milliarden staatlich ausgegebenen Inflationsscheine (10 000 000 000 Stück) werden 30 000 Menschen beschäftigt. Dennoch reichen die vorhandenen Zahlungsmittel nicht. Deshalb geben mehr als 5800 Städte, Gemeinden und Firmen eigene Notgeldscheine heraus. Die Bevölkerung nimmt alles als Zahlungsmittel an, was wie Geld aussieht oder irgendwie »wertbeständig« wirkt. Insgesamt werden mehr als 700 Trillionen Mark (700 000 000 000 000 000 000) als Notgeld und rund 524 Trillionen Mark (524 000 000 000 000 000 000) von der Reichsbank ausgegeben.

Was also bedeuten im November noch 100 000 Mark? Am 28. November sind sie der Anlass für ein grundstürzendes Urteil des Reichsgerichts. Geklagt hat ein Hypothekengläubiger. Sein Schuldner hat darauf bestanden, die Hypothek auf ein Grundstück im ehemaligen Deutsch-Südwestafrika in Höhe von 100 000 Mark in Papiergeld zurückzuzahlen, die für den

Gläubiger nicht einmal mehr den Wert von Pfennigen haben. Der Gläubiger hat das zurückgewiesen und eine Anpassung an die veränderte wirtschaftliche Lage verlangt.

Doch beruhen alle währungsrechtlichen Bestimmungen auf dem Grundsatz »Mark gleich Mark«, wonach Kredite, die in höherwertigem Geld aufgenommen worden sind, mit entwertetem Geld zurückgezahlt werden können. Die Veränderung dieser Regelungen wäre Sache des Gesetzgebers, trotz der Dringlichkeit des Problems hat er aber aus naheliegenden Gründen bisher nichts unternommen: Er ist der größte Profiteur des Problems. Die gesamten Kriegsschulden des Staates sind Mitte November von 164 Milliarden Mark auf 16,4 Pfennige geschrumpft. An seiner Stelle handelt nun das Reichsgericht und erklärt die vom Grundsatz »Mark gleich Mark« geprägten Bestimmungen für obsolet. Sie beruhten »auf der zur Zeit ihres Erlasses bei dem gesunden Zustande der deutschen Volkswirtschaft durchaus begründeten Auffassung«, dass der Geldwert stabil sei: »An eine wesentliche Entwertung des Papiergeldes, noch dazu an eine derart hohe, wie sie sich nach dem unglücklichen Ausgange des Weltkriegs und nach dem Umsturz immer mehr Wirklichkeit geworden ist, hat also der Gesetzgeber beim Erlass der Vorschrift nicht gedacht.« Nach dieser grundsätzlichen Entscheidung führt kein Weg an einer Aufwertung der Forderungen durch den Gesetzgeber vorbei.

Wie abzusehen, kommt es darüber schon in wenigen Monaten zum Konflikt. Als Gerüchte kursieren, der Staat plane nur eine geringfügige Aufwertung, erklärt der Vorstand des Richtervereins beim Reichsgericht im Januar nächsten Jahres, er erwarte, dass die Entscheidung des Reichsgerichts »nicht durch einen Machtspruch des Gesetzgebers umgestoßen wird«. Im Juli 1925 wird das Problem im Aufwertungsgesetz geregelt, das unter anderem die getilgten Hypotheken und Grundpfandrechte mit 25 Prozent der alten Schuld bewertet, die von den Inflationsgewinnern aufzubringen sind. Das Reichsgericht wendet das Gesetz allerdings nicht ohne Weiteres an, sondern prüft, ob die Regelung verfassungsgemäß sei. Zwar kommt das Reichsgericht zum Ergebnis, ein Verfassungsverstoß liege nicht vor. Aber diese Normenkontrolle sieht die Weimarer Verfassung überhaupt nicht vor, erst Jahrzehnte später wird das Grundgesetz die Befugnis, Gesetze auf ihre Verfassungsmäßigkeit zu überprüfen, dem Bundesverfassungsgericht zuweisen. Die Aufwertungsrechtsprechung des Reichsgerichts kann also als Vorläufer der modernen Verfassungsgerichtsbarkeit betrachtet werden.

Aus naheliegendem Grund noch ein Blick in die ehemalige Kolonie Deutsch-Südwestafrika. In diesen Wochen melden vereinzelt deutschsprachige Zeitungen Tod und Beisetzung Samuel Mahareros, Chef des Volkes der Herero, das die Deutschen vor fast 20 Jahren im ersten Völkermord des Jahrhunderts beinahe ausgerottet hatten. Nachdem die deutsche Schutztruppe 1904 die Herero geschlagen hatte, waren die Afrikaner in die Omaheke-Wüste geflohen, Generalleutnant Lothar von Trotha hatte ihre Vernichtung befohlen: »Innerhalb der deutschen Grenze wird jeder Herero mit oder ohne Gewehr, mit oder ohne Vieh erschossen, ich nehme keine Weiber und keine Kinder mehr auf, treibe sie zu ihrem Volke zurück oder lasse auch auf sie schießen.« Von den 80 000 Herero hatten 15 000 überlebt.

Aber das Verbrechen liegt so lange zurück, dass eine Zeitung in diesem Herbst die zwölfzeilige Nachricht vom Tod Samuel Mahareros mit der Frage beginnt: »Wer erinnert sich noch an Maharero, den Herero-Häuptling, der sich 1904 gegen die deutsche Herrschaft empörte?« Größeres Interesse darf Maharero offenbar nicht mehr erwarten, die knappen Berichte über sein Ableben sind nicht um Aktualität bemüht: Maharero ist am 14. März gestorben und am 23. August beigesetzt worden. Immerhin widmet ihm der berühmte Schnurrenerzähler Roda Roda, von seiner Amerikareise im Frühjahr mopsfidel und um etliche Anekdoten reicher zurückgekehrt, eine lustige Geschichte. Jüngst habe er in München einen alten Freund aus Südwest getroffen, der habe ihm Folgendes von der Beisetzung Mahareros berichtet, die er mitangesehen hat: »Die Hereros … waren in mächtigen Haufen erschienen, um die Leiche des Großkapitäns im Vaterlande zu begrüßen. Die Empfangsfeier musste von den Behörden verboten werden. Die Hereros, einst Deutschlands geschworene Feinde, trugen nämlich wie ein Mann schwarz-weiß-rote Armbinden, schwarz-weiß-rote Kokarden – voraus eine schwarz-weiß-rote Fahne. Erst als die verpönten Zeichen beseitigt waren, erlaubte die Behörde die festliche Bestattung.«

Die Pointe Roda Rodas patriotischer Anekdote – auch wenn die Deutschen die Herero fast ausgerottet haben, gehört die Liebe der Herero doch ihnen, nicht den Briten – hat ihrerseits eine Pointe: Die Geschichte ist erfunden. Der älteste Sohn des Toten, Friedrich Maharero, war zur Beisetzung seines Vaters aus dem Exil in seine Heimat zurückgekehrt und hatte die Teilnahme von Deutschen – mit Ausnahme eines Missionars – verboten. Auch hatten die Behörden keineswegs die Empfangsfeier untersagt. Und schon gar nicht bestimmten schwarz-weiß-rote Fahnen, Armbinden und Kokarden das Bild. Friedrich ließ den Sarg des Vaters mit einem Union Jack drapieren.

Der Landwirt Franz Josef Heinz aus der Ortschaft Orbis, genannt Heinz-Orbis, wird die Ausrufung der »Autonomen Pfalz im Verband der Rheinischen Republik« in Speyer am 12. November nur um wenige Wochen überleben. Anfang des Monats ist

Heinz-Orbis an die Spitze der Separatisten getreten, die die Pfalz aus dem Deutschen Reich herauslösen, von Bayern abkoppeln und in die Rheinische Republik integrieren wollen, einen neuen, an Frankreich angelehnten Pufferstaat. Obwohl schlecht ausgerüstet, ist es seinem Pfälzischen Corps in den vergangenen Tagen – mit taktischer und logistischer Unterstützung französischer Truppen – gelungen, in einigen Orten öffentliche Gebäude zu besetzen, am 10. November sind sie in Speyer eingerückt und haben das Dienstgebäude der Kreisregierung eingenommen.

Der Putsch ist im Interesse Frankreichs. Dessen Delegierten in Speyer, General Adalbert François Alexandre de Metz, ist es im Oktober nicht gelungen, den pfälzischen Kreistag zur Trennung der Pfalz von Bayern und vom Reich zu bewegen. Heinz-Orbis hingegen, der bisweilen als Baron Heinz von Orbis auftritt, hat sich nicht lange bitten lassen. Die bayerische Regierung darf keinen Widerstand der Bevölkerung gegen die Separatisten erwarten: Als Sammelbecken der Rechtsextremisten ist Bayern in der Pfalz nicht sehr beliebt, der Hitler-Putsch hat die Zweifel an der demokratischen Zuverlässigkeit des Staates vertieft.

Aber auch Heinz-Orbis' Regierung in Speyer ist nicht populär. Nach den Belastungen durch die Ruhrbesatzung, durch die Geldentwertung und die exzessiv gestiegene Arbeitslosigkeit sind die Menschen erschöpft und ohne Interesse an einem Separatistenstaat, zumal mit Unterstützung Frankreichs. Innerhalb weniger Tage kommt die Verwaltung in der Pfalz fast zum Stillstand. Die Beamten verweigern ihren Dienst, die Mitglieder der neuen Regierung haben keine Verwaltungserfahrung. So beschränkt sich ihre Arbeit darauf, widerspenstige Beamte zu verhaften oder auszuweisen, öffentliche Kassen zu beschlagnahmen und von den Gemeinden Loyalitätserklärungen zu verlangen.

Wenige Tage nach Ausrufung der »Autonomen Pfalz« erleiden die rheinischen Gesinnungsgenossen, die am 21. Oktober in Koblenz die »Rheinische Republik« ausgerufen haben, eine schwere Niederlage. Nach zahllosen Plünderungen setzt sich die Bevölkerung zur Wehr und tötet in der »Schlacht am Ägidienberg« im Siebengebirge 14 Separatisten. In wenigen Wochen wird die »Rheinische Republik« Geschichte sein. Die Lebenserwartung der »Autonomen Pfalz« ist nicht viel höher.

Zum Jahreswechsel werden einige Herren in einer Münchener Amtsstube der bayerischen Staatsregierung ein Attentat vorbereiten. Seine Finanzierung ist kein Problem. Sie übernimmt das »Pfalzkommissariat« der bayerischen Regierung. Auch die Attentäter sind schnell gefunden. Es sind Männer des noch immer vom Reichsgericht gesuchten Hermann Ehrhardt und aus den Reihen des seit dem Hitler-Putsch verbotenen »Bund Oberland«. Am 9. Januar 1924 sitzt Heinz-Orbis, wie stets ohne besonderen Schutz, zusammen mit ein paar Männern im gut besuchten »Wittelsbacher Hof« in Speyer. Um 21.30 Uhr stehen plötzlich vier junge bewaffnete Männer an seinem Tisch: »Hände hoch! Es gilt den Separatisten!«

Die Schüsse töten Heinz-Orbis und zwei der bei ihm sitzenden Männer, einer überlebt verletzt. Auf dem Rückzug geraten die Angreifer vor dem Wirtshaus in eine Schießerei mit einem zufällig vorbeigehenden Autonomisten, der zwei von ihnen erschießt. Die Überlebenden setzen mit einem Ruderboot über den Rhein, von bayerischen Offiziellen am anderen Ufer erwartet. Sie entkommen unverletzt. Strafverfolgung haben sie nicht zu befürchten. Gut einen Monat nach der Ermordung Heinz-Orbis' ist es auch mit der »Autonomen Pfalz« vorbei. Am 17. Februar stellt die »Autonome Regierung« jegliche Regierungs- und Verwaltungstätigkeit ein, und die bayerische Kreisregierung übernimmt wieder die Geschäfte.

Franz Kafkas neue Wohnung ist nur zwei Straßen von der alten entfernt, in Steglitz natürlich, in der Grunewaldstraße 13. Zwei schön eingerichtete Zimmer in einer kleinen Villa, schreibt er erfreut seinen Eltern, mit Zentralheizung und elektrischem Licht. Zwar ist die Miete genauso hoch wie für die alte Wohnung, aber gesicherter gegen Steigerungen und sonstige Übervorteilungen. Am 15. November zieht Kafka um. Er verlässt am Morgen ein letztes Mal wie gewöhnlich die Wohnung in der Miquelstraße, und abends betritt er entspannt die zwei Zimmer in der Grunewaldstraße, von Dora gemütlich eingerichtet. »Was die Übersiedlung betrifft, kann ich nicht sagen, dass sie mich sehr angestrengt hat«, wird er später seiner Schwester Ottla erzählen.

Tatsächlich hat er einen angenehmen Tag verbracht. Morgens ist er mit der Straßenbahn ins Scheunenviertel gefahren, um an der »Hochschule für die Wissenschaft des Judentums« eine Vorlesung zu besuchen. Danach schlendert er die Friedrichstraße entlang, in Richtung eines der beiden vegetarischen Lokale, die er und Dora häufig besuchen. Nach dem Essen will er gleich nach Steglitz fahren und noch ein wenig an der Übersiedlung teilnehmen. Doch wird er aufgehalten. Ein Bekannter aus Müritz spricht ihn an und lädt ihn zum Mittagessen bei seinen Eltern ein. Kafka zögert, denn er will möglichst bald in die neue Wohnung, aber dann kann er der Aussicht auf ein Essen im Frieden und dem Glanz einer wohlhabenden Familie nicht widerstehen. Immerhin bedeutet die Einladung, wie er Ottla ohne Übertreibung erklärt, ein Billionengeschenk. Kafka wird erst um sechs Uhr seine neue Wohnung in der Grunewaldstraße betreten, und dank Dora ist der Umzug längst beendet. Hätte Kafka im vegetarischen Restaurant in der Dorotheenstraße zu Mittag gegessen, wäre sein Blick wieder einmal auf ein Schild auf der gegenüberliegenden Seite über der Tür eines Ladenbesitzers gefallen: »H. Unger.« Als Kafka das Schild das erste Mal bemerkte, hatte er leise und mit einem vagen Lächeln zu Dora gesagt: »Hunger«.

Zwischen Bremerhaven und New York liegen 3261 Seemeilen, eine zehntägige Reise an Bord des Dampfers »München« und die Hoffnung der 17 Jahre alten Martha Hüner auf ein besseres Leben. An einem Sommerabend hat die junge Haushaltshilfe aus Geestemünde bei Bremerhaven, Tochter eines Friedhofsgärtners, ihrer Mutter eröffnet: »Ich möchte auch in die USA.« Zwei Tanten leben dort mit ihren Familien seit Jahrzehnten, haben sie gelockt, die Armut in Deutschland gegen den Wohlstand in Amerika einzutauschen, und angeboten, die Passage zu bezahlen, die Aufnahme in der Familie sei selbstverständlich, eine Arbeitsstelle kein Problem. Allerdings müsse sie zuvor einmal in der Woche Englischunterricht nehmen, zusammen mit anderen jungen Auswanderern.

Mit dem geringen Lohn, den Martha als Haushaltshilfe in der Familie eines Zimmermannmeisters verdient, unterstützt sie ihre Eltern und ihre beiden kleinen Schwestern. Der Rest reicht nicht einmal für das Stück Seife im Schaufenster des Friseurladens, an dem sie täglich vorbeigeht: »Mehr als Seife – ein Schönheitsmittel«. Schon seit Beginn des Jahres hatte Martha gesammelt, was ihr über die USA in die Hände kam: Zeitungsartikel, Dollarkurse, Meldungen der Reedereien und die Abfahrtszeiten der Dampfer. Als sie sich im Sommer zur Auswanderung entschlossen hatte, musste sie ihren Vater nicht lange um seine Zustimmung bitten – einen Teil des Geldes, das sie in Amerika verdiene, werde sie nach Deutschland schicken. »Verseuk dien Glück!«, hatte der Vater gesagt, und Martha hatte Tante Käthe in New York-Hoboken geschrieben, Geld für die Überfahrt und die von der US-Regierung verlangte Bürgschaft erbeten. Mitte November war in Geestemünde ein dicker Brief aus Amerika eingetroffen: Bürgschaftspapier, Fahrkarte für den

30. November 1923 mit der »München« und ein Scheck von 200 Dollar für die Kosten während der Überfahrt und als Kleidergeld. Martha hatte sich ihren ersten Mantel und ihren ersten Hut samt Handtasche gekauft.

Am 30. November legt die »München« in Schneegestöber von der Kaje im Kaiserhafen ab. In Marthas Koffer hat ihre Mutter als Talisman ein Schmuckstück gelegt, ihr Vater eine vom elterlichen Bauernhof mitgenommene Pferdebürste: »De nimm du man mit. Ick krieg in Bremerhaben doch keen Pferd mehr. Gewiss heiratst du in Amerika 'n Cowboy.« Wie versprochen, schreibt Martha noch während der Reise ihren Eltern. Jedem Brief wird sie in den nächsten Jahren mindestens eine Dollarnote beilegen und vom Leben in ihrer neuen Welt berichten, von der herzlichen Aufnahme in Tante Käthes Familie, von der Stelle als Kindermädchen im Haus eines amerikanischen Diplomaten, die sie im März 1924 antritt, von ihrer Hochzeit Ende 1925 mit dem Bäcker Willy Seegers, der Hameln schon 1911 verlassen hatte, vom »Schwarzen Freitag« 1929, an dem ihr erster Besuch in der Heimat scheitert, von der Eröffnung ihrer Bäckerei 1932 in Weehawken (New Jersey).

Martha wird niemals den Kontakt zu Deutschland verlieren. Aber das Versprechen, das sie ihrer Mutter im Sommer 1923 gegeben hat, wird sie nicht halten. »Nur für drei Jahre«, hatte sie die Mutter zu beruhigen versucht, »bitte, Mutter, nur für drei Jahre« werde sie nach Amerika gehen. Zwar wird sie später immer wieder Geestemünde besuchen und auch ihre todkranke Mutter pflegen, die an Heiligabend 1949 stirbt. Aber für immer zurückkehren wird Martha erst nach 63 Jahren, ein Jahr vor ihrem eigenen Tod im Juli 1987.

Die Operette »Marietta« liefert die Vorlage für das makabre Haarmann-Lied:
»Warte, warte nur ein Weilchen, / bald kommt Haarmann auch zu dir…«

Der dürftig kostümierte Weihnachtsmann vor dem Roten Rathaus in Berlin hat ihn schon, aber die Aussichten der Deutschen, schon bald wieder auf den grünen Zweig zu kommen, sind am Ende des Jahres bescheiden.

Mit den Stimmen der oppositionellen SPD nimmt der Reichstag das Ermächtigungsgesetz zur Behebung der Not von Volk und Reich an. Die Reichsregierung kann aufgrund dieses Gesetzes zur Überwindung der Krise bis Februar 1924 eine Reihe von Finanz-, Währungs-, Wirtschafts- und Sozialverordnungen erlassen. Das gilt vor allem für die Verordnung über die Arbeitszeit, die den Achtstundentag als gesetzliche Regelarbeitszeit zwar anerkennt, aber durch zahlreiche Ausnahmeregelungen de facto zur Ausnahme erklärt. Die Arbeitszeit in Schwerindustrie und Bergbau wird erheblich verlängert, durchschnittlich auf neun bis zehn Stunden. Der Reichsrat befürwortet gegen die Stimmen Bayerns den größtmöglichen Beamtenabbau in den Ländern und Gemeinden. Die Reichsregierung setzt die Arbeitszeit der Beamten auf mindestens 54 Wochenstunden fest. Die Arbeitslosigkeit erreicht mit 3,5 Millionen Arbeitslosen und 2,34 Millionen Kurzarbeitern ihren bisher höchsten Stand. Der Durchschnittslohn eines Maurers liegt knapp über dem Existenzminimum. Die Reichsbediensteten erhalten für die zweite Monatshälfte vorerst nur die Hälfte ihrer Bezüge. Die Kohlenpreise werden in zwei Stufen um durchschnittlich zehn bis 17 Prozent gesenkt. Die Kruppwerke in Rheinhausen entlassen Arbeiter, die die Zehn-Stunden-Schicht verweigern. Die Betriebe müssen schließen. Im gesamten Jahr waren von 1878 Streiks in 21 500 Betrieben 1,75 Millionen Arbeiter betroffen. Der Reichsverkehrsminister schließt mit den Besatzungsmächten im Ruhr- und Rheingebiet ein Abkommen, das zur Normalisierung des Eisenbahnverkehrs führt. Ein Brot kostet 399 000 000 000 Mark.

Gorki hat Freiburg verlassen, doch bei seinen Sowjetfreunden ist er nicht gesichtet worden. Er will in den Süden, nach Italien, aber die faschistische Regierung verzögert die Visaerteilung. So ist er, tutta famiglia samt Büchern, Katzenjungen, Hunden und Papieren, via Berlin erst einmal nach Marienbad gereist, erleichtert, Deutschland hinter sich gelassen zu haben. Es sei dort für ihn, schreibt er, unerträglich geworden. Die Kultur sei ein erstaunlich zerbrechliches und feines Ding, und unheimlich sei es zu beobachten, wie schnell sie sogar einem so disziplinierten und gedrillten Volk wie den Deutschen verlorengehe. Die Deutschen seien seltsam, ihre seelische Armut und Grobheit erstaunlich. Ihre politische Situation sei unglaublich mühsam, ihre Geduld jedoch absolut bewundernswert. Endlich erteilt Mussolinis Bürokratie Gorki doch noch die Reiseerlaubnis und stellt die benötigten Visa aus. Den »Sturmvogel der Revolution« zieht es nach Sorrent. Er wird dort die nächsten neun Jahre verbringen. Nur gut, dass Egon Erwin Kisch nichts davon ahnt.

Edwin Powell Hubble wird Zeuge der Hyperinflation im Weltall. Der 34 Jahre alte amerikanische Astronom beweist in der Nacht des 7. Dezember 1923, dass der Andromedanebel außerhalb der Milchstraße liegt, das Universum also nicht nur aus unserer Galaxis besteht. Bisher galt, dass das Universum identisch mit der Milchstraße ist, die immerhin einen Durchmesser von 100 000 Lichtjahren hat. Hubble hat es genauer wissen wollen und mit seinem Teleskop am Mount-Wilson-Observatorium in Pasadena/Kalifornien im Andromedanebel nach leuchtenden Riesensternen, sogenannten Cepheiden, gesucht, die den Astronomen als Entfernungsmesser dienen. Er findet einen von ihnen auf einer seiner zahllosen Fotoplatten, die er vom Andromedanebel gemacht hat, und stellt fest, dass der Cepheide eine Million Lichtjahre entfernt sein muss, also eindeutig jenseits der Milchstraße liegt.

Der Antwort, die Hubble in dieser Nacht findet, folgen wie ein Kometenschweif zahllose weitere Fragen: Wie groß ist das Universum, hat es einen Anfang und ein Ende, wie viele Galaxien gibt es und wie viele Sterne? Die Antworten, die Hubble in sechs Jahren auf einige dieser Fragen liefert, werden ihn noch berühmter machen, als Begründer der Urknalltheorie. In einer Formel beschreibt er, dass und wie schnell sich das Weltall ausdehnt. Der Kosmos muss also früher näher beisammen gewesen sein. Dank Hubble und des später nach ihm benannten Weltraumteleskops ist heute das Alter des Universums bekannt – etwa 13,7 Milliarden Jahre. Die Zahl der Galaxien wird auf eine Billion geschätzt. Wenn jede Galaxie im Durchschnitt 150 Milliarden Sterne enthält, ergibt das 150 000 000 000 000 000 000 000 Sterne, in Worten einhundertfünfzig Trilliarden. Hubble ist der Mann, der dem Universum seine Größe und seine Geschichte gibt und dem Wort Unendlichkeit eine neue Bedeutung.

Immer diese Übertreibungen. Hätte Bert Brecht einen Mörder auf die Bühne gestellt, einen Lyriker, einen Varietéschauspieler – das hätte doch wohl für einen Abend genügt. Aber es musste auch ein Karussellbesitzer sein, Holzfäller, Liebhaber einer Millionärin, Zuchthäusler und Zutreiber – alle in einer einzigen Figur, in »Baal«, der am 8. Dezember im »Alten Theater« in Leipzig seine Uraufführung bekommt. Das Stück hat keine Handlung, es ist eine Orgie des Saufens, des Brüllens, des

Tobens, pathetisch gekotzter Weltekel in 24 Szenen, zuletzt krepiert Baal, der »wilde Viechskerl«, der säuft, hurt, lügt, die Frauen betrügt und die Freunde hintergeht, auf der Bühne, von einer Gruppe Holzfäller verhöhnt: »Eine Ratte verreckt.« Brecht sagt über seinen Baal: »Er ist asozial, aber in einer asozialen Gesellschaft.«

Doch die Leipziger Gesellschaft versteht es nicht, versteht nicht Brecht und nicht Baal. So wie die Stadt an diesem Abend im Schnee ertrinkt, droht die Inszenierung im Tumult zu versinken. Der junge Schauspieler Rudolf Fernau steht auf der Bühne und beobachtet, wie sich der Theatersaal in einen Hexenkessel verwandelt, aus dem auch Bravos aufsteigen, vor allem aber Buhs und wütendes Geschrei. Als am Ende Brecht selbst die Bühne betritt, fast ängstlich, an der Hand des Intendanten, kennen Jubel und Wut keine Grenzen, die feindlichen Fraktionen drohen handgreiflich zu werden. Fernau hört, zwei Kontrahenten seien spurlos in einem Schneehaufen verschwunden. Einen größeren Theaterskandal hat die Stadt Leipzig noch nicht erlebt. Als Fernau sich am nächsten Vormittag im Hotel »Fürstenhof« nach Brecht erkundigt, bekommt er die Auskunft, der Gast sei abgereist, vor Mitternacht mit unbekanntem Ziel. Auch »Baal« verschwindet. Nach einer Aufführung setzt die Intendanz das Stück auf Intervention des Oberbürgermeisters ab.

Am Morgen des 13. Dezember beginnt unter Ausschluss der Öffentlichkeit vor dem Reichsgericht Leipzig der Landesverratsprozess gegen Heinrich Wandt, im Januar von deutschen Polizeibeamten in der französischen Besatzungszone aus Düsseldorf entführt und ins Untersuchungsgefängnis nach Potsdam verschleppt. Auf dem Weg zur Verhandlung sagt Wandt dem Beamten der Oberreichsstaatsanwaltschaft, der ihn zum Reichsgericht geleitet, er erwarte einen Freispruch. Der Beamte schüttelt den Kopf, und Wandt fragt ihn: »Wie, Sie meinen, dass das Gericht einen Unschuldigen verurteilen wird?« – »Verurteilt werden sie eigentlich alle«, erwidert der Beamte, »ja, wissen Sie, mit diesem Reichsgericht ist es wie mit der Hölle, von der Dante schrieb: ›Ihr, die ihr hier eintretet, lasst alle Hoffnung fahren.‹« Einige Stunden später muss Wandt die zeitlose Aktualität des Zitats anerkennen: »Wer als Angeklagter die Schwelle des Reichsgerichts überschreitet und nicht Angehöriger einer Rechtspartei ist, der tut gut daran, sich das Zitat aus Dante ins Gedächtnis zurückzurufen.« Der fünfte Strafsenat des Reichsgerichts hat ihn wegen »diplomatischen Landesverrats« zu sechs Jahren Zuchthaus und zehn Jahren Ehrverlust verurteilt.

Das Gericht hält Wandt für überführt, das Vernehmungsprotokoll des flämischen Kriegsgefangenen Adiel Debeukelaere, 1918 erstellt durch deutsche Nachrichtenoffiziere, einem belgischen Schriftsteller zur Publikation übergeben zu haben. In dem Dokument wird Debeukelaere als Obmann der aktivistischen flämischen Frontpartei bezeichnet, seine Gewinnung für die deutsche Seite als wichtig angesehen. In der angeblich durch Wandt besorgten Veröffentlichung des Schriftstücks erblickt das Gericht »diplomatischen Landesverrat«.

Doch es scheint, als habe sich das Gericht gar nicht um die Überführung des Angeklagten bemüht, sondern um die Bestätigung des Dante-Zitats. Landesverrat liegt nach § 92 Reichsstrafgesetzbuch RStGB nur vor, wenn das veröffentlichte Schriftstück geheim war und seine Geheimhaltung im Interesse des Deutschen Reiches geboten erschien. Der vom Reichsgericht als Sachverständiger vernommene bekannte Staatsrechtslehrer Walther Schücking hat aber die Notwendigkeit der Geheimhaltung des Schriftstücks im Interesse des Reichs verneint. Auch hat Wandts Verteidiger in der Verhandlung erklärt, die maßgebende Stelle, das Auswärtige Amt, habe ausdrücklich bescheinigt, dass das Dokument Debeukelaeres kein Staatsgeheimnis sei. Das dem Gericht überreichte Gutachten wurde von Reichsaußenminister

Stresemann unterzeichnet. Der belgische Schriftsteller war bereit, eidlich zu bezeugen, dass das Dokument von ihm bereits Ende Juli 1920 veröffentlicht worden ist, also lange bevor Wandt das Schriftstück gekannt hat. Der Schriftsteller war auch bereit zu beeiden, dass er das Dokument überhaupt nicht von Wandt erhalten hat. Dieser Beweis wurde vom Verteidiger während der Verhandlung angeboten. Das Reichsgericht aber hat das Angebot ohne Begründung abgelehnt.

Wandt bleibt noch drei Wochen in Leipzig. Dann wird er – gefesselt mit einer anderthalb Meter langen Eisenkette – im Zug über Berlin nach Küstrin überführt. Die Fahrt geht über die vereiste Oder. Als Wandt mit seinen Bewachern am Abend die Festung erreicht, ist alles zu seinem Empfang bereitet. Der Oberwachtmeister wünscht ihm eine gute Nacht, die Tür seiner Zelle fällt ins Schloss, und Wandt verschwindet, wie er schreibt, »hinter den Mauern der deutschen Bastille«.

Er wird vor dem vierten Senat des Reichsgerichts einen Wiederaufnahmeantrag stellen. Darin weist sein Verteidiger nach, dass das Dokument Debeukelaere in Belgien bereits bekannt und veröffentlicht war, bevor Wandt es zu Gesicht bekam. Das Reichsgericht weiß sich jedoch zu helfen. Es begründet die Ablehnung des Wiederaufnahmeantrags damit, dass Teile des Dokuments im Ausland nicht bekannt gewesen und erst durch Wandt der Öffentlichkeit zugänglich gemacht worden seien. Diese noch »geheimen« Teile des Dokuments sind: Aktenzeichen, Stempel, Datum und Unterschrift.

Zumindest einer der Richter des vierten Senats dürfte ohnehin keinen Zweifel an der rechtsstaatlichen Sorgfalt der Kollegen des fünften Senats gehabt haben: Er war selbst Mitglied des Senats, also an der Verurteilung Wandts beteiligt. In der Entscheidung über den Wiederaufnahmeantrag wird auch bekannt, mit welchen Überlegungen die Richter des fünften Senats die Notwendigkeit begründet haben, das Dokument zum Staatsgeheimnis zu erklären: »Maßgebend ist, dass durch den Verrat des Schriftstücks zugleich die belgischen Persönlichkeiten verraten worden sind, mit denen die deutsche Regierung während des Krieges in Verbindung getreten war. Sollte unsre Regierung einmal in die Lage kommen, für ihre Zwecke der Hilfe jener Männer sich von Neuem bedienen zu müssen, was bei einer Veränderung der gegenwärtigen politischen Lage leicht eintreten könnte, so würde ihr das durch den Verrat bedeutend erschwert sein.« Das bedeutet: Sollte das Deutsche Reich demnächst wieder einmal in Belgien einfallen, bedarf es der Hilfe flämischer Aktivisten. Das ist außenpolitisch vorausschauend. Aber wenn in siebzehn Jahren, in den Morgenstunden des 10. Mai 1940, die deutsche Wehrmacht Belgien überfallen wird (»Fall Gelb«), ist sie auf die Unterstützung der Aktivisten nicht angewiesen.

Heinrich Wandt wird im Februar 1926 begnadigt, wegen der »Beunruhigung«, die sein Fall in Belgien hervorgerufen hat.

Zu Weihnachten verlangt das Publikum Erbauliches, heiteren Gesang und Happy End. Das liefert die amüsante Operette »Marietta« – Musik Walter Kollo (Vater), Text Willi Kollo (Sohn) –, die am 22. Dezember im Berliner »Metropol-Theater« uraufgeführt wird. Ein voller Erfolg, vor allem ein Lied trifft den Nerv der Zeit und wird im nächsten Jahr zum Schlager der Saison:

»Warte, warte nur ein Weilchen, / bald kommt auch das Glück zu dir! / Mit den ersten blauen Veilchen / klopft es leis' an deine Tür.«

Ein noch größerer Erfolg wird die Parodie auf das harmlose Lied, die im Sommer die Deutschen trällern werden. Der Prozess gegen den Serienmörder Fritz Haarmann, der am 22. Juni nächsten Jahres verhaftet und am 19. Dezember wegen Mordes an 24 Jungen und jungen Männern zum Tod verurteilt wird, macht den »Werwolf von Hannover«, den »Vampir«, den »Schlächter« berühmt, aber die makabre Parodie wird Haarmann, der am 15. April 1925 mit dem Fallbeil im Gerichtsgefängnis in Hannover enthauptet wird, unsterblich machen:

»Warte, warte nur ein Weilchen, / bald kommt Haarmann auch zu dir, / mit dem kleinen Hackebeilchen, / macht er Schabefleisch aus dir. / Aus den Augen macht er Sülze, / aus dem Hintern macht er Speck, / aus den Därmen macht er Würste / und den Rest, den schmeißt er weg.«

Gut zwei Wochen vor der Uraufführung »Marietta« in Berlin, am 6. Dezember, ist in Hannover der 19-jährige Handlungsgehilfe Adolf Hennies verschwunden. Sein alter Mantel ist das Einzige, was von ihm wieder auftauchen wird. Die Polizei beschlagnahmt ihn einige Monate später bei einer Durchsuchung der Wohnung von Haarmanns Komplizen Hans Grans und dessen Freund Hugo Wittkowski. Grans behauptet, er habe den Mantel von Haarmann auf Abzahlung gekauft und schulde ihm noch einen Teil des Kaufpreises. Haarmann gibt an, Grans und Wittkowski seien zu ihm gekommen und hätten ihn gebeten: »Lass uns zu heut Abend dein Zimmer. Wir haben eine Besprechung.« Er habe zugestimmt und sei abends, »wie ich immer tat«, in den »schwulen Kessel« gegangen, einen Treffpunkt von Homosexuellen, dort einige Stunden geblieben und dann zum Bahnhof.

Als er gegen Morgen nach Hause gekommen sei, habe im Zimmer ein Toter gelegen, ganz entkleidet. Grans und Wittkowski hätten gerade die Kleider zusammengeschnürt. Er habe gefragt: »Was ist das?« Sie hätten geantwortet: »Einer von den deinen.« Er habe gedacht: »Er hat am Halse keine Wunde. Die meinen haben Lutschflecke.« Sie aber seien bei ihrer Behauptung geblieben und fortgelaufen. Nur der Mantel sei zurückgeblieben; den habe Grans am folgenden Tag geholt und dafür acht Mark hingelegt. Er habe Mühe gehabt, die Leiche zu zerlegen und fortzuschaffen: »Ich weiß nicht, wer es war. Aber es war der, dem dieser Mantel dort gehört hat.« Haarmann beschuldigt Grans, der Mörder Hennies' zu sein. Da ihm der Mord nicht nachgewiesen werden kann, wird Haarmann in diesem Fall freigesprochen.

Heiligabend in Paris, Réveillon! Die Nacht, schwärmt Yvan Goll, deutsch-französischer Schriftsteller mit Wohnsitz Paris, ist die größte, die tollste, die hellste des Jahres. Seit Monaten sind in allen Restaurants die Tische vorbestellt, bis fünf Uhr früh sind alle Läden offen. Die Gänseleberpasteten aus Straßburg sind ausverkauft. Die Perlencolliers verschwinden aus den Auslagen der Juweliere wie tauender Schnee, und auf den Straßen verteilen Familien unter sich die Austern, die Hummer, die Hühner, die Fasane. Und an jeder Straßenecke wird getanzt. »Friede auf Erden«, werden die Glocken zu Mitternacht läuten. Aber damit es ein echter Friede werde, lässt Goll die Glocken wispern, werden die Geschworenen nicht Blut vergießen, sondern den Schnee des Vergessens darüberbreiten.

So geschieht es. Am 24. Dezember breitet das Geschworenengericht den Schnee des Vergessens über die Ermordung Marius Plateaus, des Generaldirektors der rechtsextremen Organisation »Ligue d'Action Française« am 22. Januar dieses Jahres, und spricht die 21 Jahre alte Anarchistin Germaine Berton, die den Mord an Plateau gestanden und verteidigt hat, vom Vorwurf des Mordes frei. Berton hatte in der Verhandlung zugegeben, Plateau aus Rache für die Ermordung des sozialistischen und pazifistischen Politikers Jean Jaurès im Juli 1914 und aus Wut über die Besetzung des Ruhrgebiets durch französische Truppen erschossen zu haben. Die Kommunisten, die Anarchisten und die französischen Surrealisten hatten Germaine Berton im Prozess unterstützt, nach dem Freispruch übergeben André Breton, Louis Aragon und Max Morise ihr einen Korb Rosen und Nelken mit der Widmung: »À Germaine Berton, qui a fait ce que nous n'avons su faire.« (»Für Germaine Berton, die das tat, was wir nicht zu tun gewagt haben.«)

Schön und gut, aber warum der Freispruch? Einige Journalisten vermuten, das Urteil sei eine Reaktion auf den Freispruch für den Mörder Jean Jaurès': »Bedenkt man, dass Villain, der Mörder Jaurès', seinerzeit frei den Gerichtssaal verließ, so muss man wohl an eine ausgleichende Gerechtigkeit glauben.« Vielleicht spielte auch die Befürchtung der Regierung eine Rolle, eine Verurteilung Germaine Bertons werde zu einem weiteren Erstarken des militanten Anarchismus führen. Der Surrealist Yvan Goll setzt ganz auf die Romantik: »Die Extreme Frankreichs wurden handgemein. Die Royalisten einerseits – ihnen gegenüber die Partei des Herzens, der Freiheit, des Menschlichen, das die Zivilisation hervorgebracht hat. In diesen Augenblicken ist der schöne Sopran von Notre Dame la France erklungen, und wir, die es erlebten, erbebten im Innersten und liebten, liebten dieses Land.«

Heiligabend im Gefängnis Landsberg. Gut sechs Wochen sind seit dem gescheiterten Putsch Adolf Hitlers vergangen, der seitdem – in der ersten Zeit von Selbstmordabsichten geplagt – in der Festung Landsberg am Lech auf seinen Prozess wegen Hochverrats wartet. Auch ihn erwartet an diesem Tag eine Bescherung, zugleich ein Beweis unverbrüchlicher Freundschaft. Siegfried Wagner, Sohn des von Hitler verehrten Komponisten Richard Wagner, hatte den Marsch auf die Feldherrnhalle gemeinsam mit seiner Frau Winifred zufällig miterlebt und seiner Enttäuschung über das Eingreifen der Polizei lebhaften Ausdruck verliehen: »So ein schändlicher Verrat ist noch nie geschehen! Gegen solche Gemeinheit ist allerdings ein so reiner Mensch wie Hitler und Ludendorff nicht gefeit. Der Deutsche kann so etwas nicht fassen! – Und diese Zwietracht in den Reihen der Nationalen. Es ist zum Verzweifeln. Eitelkeit, Bockbeinigkeit, nur nie Eintracht. Da hat's der Jud und der Pfaff leicht.«

Beim Stoßseufzer des Ehepaars Wagner ist es nicht geblieben. Anfang Dezember hatten die Wagners einen Antrag aus Bayreuth an die bayerische Staatsregierung mitunterschrieben, in dem die Entlassung Hitlers gefordert wurde, wenige Tage später hatte Winifred Wagner Hitler einen Gedichtband übersandt. Aber zu Heiligabend hat sie sich etwas Besonderes ausgedacht. Sie schickt Hitler eine »Kiste mit Liebesgaben«, gesammelt unter den Nationalsozialisten in Bayreuth, und als besondere Überraschung Papier und Tinte für das Schreiben des ersten Teils von »Mein Kampf«.

Wertlose russische Rubel, wertlose österreichische Kronen, wertlose deutsche Mark. Ernest Hemingway beobachtet im Dezember den Versuch eines Marktschreiers gegenüber der Osgoode Hall in Toronto, bunte Sorten unters Volk zu bringen. Der Marktschreier steht vor einer Seifenkiste mit Umschlägen voll ausländischem Geld. Und vor der Seifenkiste stehen Arbeitslose, vertreten sich im Schlamm die Beine und hören dem Scharlatan zu. Er ist ein Schwindler, ein Unmensch ist er nicht: »Falls einer der Gentlemen momentan seine Cents zusammenhalten muss, so trete ich zurück. Wenn er aber bereit ist, etwas anzulegen, so bietet sich ihm hier eine Chance, reich zu werden, für sein ganzes Leben.« Für eine Viertelmillion russischer Rubel nur ein Vierteldollar, ganze fünfundzwanzig kanadische Cents – und »Gentlemen, Russland erholt sich. Russland ist im Kommen. Jeden Tag ist Russlands Geld mehr wert.«

Die Rubel, Kronen und Mark, notiert Hemingway, sind das Papier nicht wert, auf dem sie gedruckt sind, und in diesem Bezirk von Toronto treten sie zum letzten Mal als ernsthaftes

Geld auf. Der Devisenhändler bückt sich und greift nach einem Briefumschlag voll Tausend-Mark-Scheinen, Vorkriegsgeld, »schön gedruckt«, schreibt der junge Reporter, »in Deutschland im Umlauf, bis in diesem Frühjahr die Kurse abstürzten, von 20 000 Mark für den Dollar die ganze Schlittenfahrt hinunter«. Der Marktschreier schwenkt die echten deutschen Vorkriegs-Mark-Scheine: »Hier habe ich etwas ganz Besonderes, Gentlemen, diese Scheine verkaufe ich das Stück für einen Dollar. Sie standen fünfzig Cents, jetzt habe ich den Preis erhöht.« Als in der vorigen Woche die New Yorker Banken die Annahme einstellten, war eine Billion Mark noch fünfzehn Cent wert.

Ein hagerer Mann, der bereits einen Quarter in Europa angelegt hat, erkundigt sich: »Warum sind sie besser als die anderen Markscheine, die Sie verkauft haben?« – »Sie sind alle notiert«, erwidert der Schwindler in vertraulichem Ton, »im Friedensvertrag von Versailles. Jeder einzelne dieser Scheine ist im Friedensvertrag notiert. Deutschland muss sie innerhalb von dreißig Jahren zum vollen Kurs einlösen.« Die meisten Männer sehen für Hemingway aus, als wäre ihnen auch die allerkleinste Summe in kanadischer Währung willkommen. Aber sie hören zu, und jede Offerte findet, wenn der Schwindler nur lange genug geschwätzt hat, ihren Mann, der seinen Quarter oder Dollar bezahlt und nun hofft, schnell reich zu werden.

Marcellus Schiffer ist das Herz so schwer von der Welt, aber da ist keiner, dem er das richtig sagen kann. Vielleicht ist es aber gut, schreibt er in seinem Tagebuch, dass er es keinem sagen kann: »Denn wozu auch?« Weil Marcellus Schiffer nicht nur Melancholiker ist, sondern ein Dichter, schreibt er also, was er am Ende des Jahres 1923 zu sagen hat, in seinem Tagebuch ein Gedicht:

»Warum bin ich so traurig? / Warum ist mir so mies? / Worauf warte ich – worauf laur' ich? / Warum ist mir so sauer und süß? / Warum zerspringt fast mein Herze / vor Freude und vor Apathie? / Doch wen frage ich eigentlich und wozu auch? / Denn Antwort bekomme ich nie! / Allerdings / sprach die Sphinx.«

Marcellus Schiffers letzter Tagebucheintrag für 1923, natürlich ein melancholischer Stoßseufzer: »Noch und noch ein Jahr«.

Franz Kafka und Dora Diamant bleiben nicht einmal sechs Monate. Das Fieber sinkt, aber es verschwindet nicht. Immerhin wiederholt sich nicht der Anfall von Schüttelfrost, den Franz Kafka an Weihnachten erlitten hat. Der Arzt, den Dora hatte kommen lassen, hatte dem Sterbenskranken außer der Empfehlung, das Bett zu hüten, nur eine horrende Rechnung hinterlassen. Zwar kann Kafka inzwischen wieder aufstehen, allerdings nur stundenweise. Der anhaltende starke Frost ist kaum zu ertragen, denn die Zentralheizung funktioniert unzureichend, so bleibt Kafka halbe Tage im Bett. Und fast täglich hat er jetzt erhöhte Temperatur. Auch sein Husten kehrt zurück, er quält nicht nur Kafka, sondern nachts auch dessen Vermieterin, die Wand an Wand mit ihm einzuschlafen versucht. Aber das Essen, das Dora zu Silvester bereitet, ist ausgezeichnet. Wegen des Brennstoffmangels findet sich für den Küchenherd kein Methanol, doch Dora versteht sich auf das Improvisieren. »Meine Ernährung«, schreibt Kafka seiner Schwester Ottla, »ist weiter glänzend und mannigfaltig.« Obwohl es keinen Spiritus gebe, habe er sich beim Essen fast verbrüht: »Es war auf Kerzenstümpfen gewärmt.«

In wenigen Wochen muss Kafka Berlin verlassen. Sein Gesundheitszustand hat sich verschlechtert. Ein letzter Besuch in Prag. In einem Wiener Sanatorium stirbt Franz Kafka im Juni an Kehlkopf-Tuberkulose in den Armen Doras. Von einem seiner letzten Erlebnisse in Berlin hat er seiner ältesten Schwester Elli kürzlich in einem Brief erzählt. Natürlich spielt es in Steglitz, im geliebten Botanischen Garten: »Letzthin hatte ich ein Liebesabenteuer. Ich saß in der Sonne im Botanischen Garten ... als eine Mädchenschule vorüberkam. Unter den Mädchen war eine hübsche lange blonde, jungenhafte, die mich kokett anlächelte, das Mäulchen aufstülpte und mir irgendetwas zurief. Ich lächelte natürlich überfreundlich zurück, auch als sie sich später mit ihren Freundinnen noch öfters nach mir umdrehte. Bis mir allmählich aufging, was sie mir eigentlich gesagt hatte. ›Jud‹ hatte sie mir gesagt.«

Die nationalistische Presse beschwert sich zwar über die Unsittlichkeit der Werke George Grosz', tatsächlich aber empört sie die Kunst des »Rassejuden«.

Die Nackttänzerin Anita Berber ist die Königin des Berliner Nachtlebens, gefeiert als Hohepriesterin der Perversion.

Josephine Baker (1906–1975) wurde in der zweiten Hälfte der Zwanzigerjahre als Tänzerin und Sängerin in Europa berühmt. Die Afroamerikanerin aus St. Louis, nichteheliche Tochter einer Waschfrau, begann ihre Karriere in Paris mit Auftritten in der »Revue Nègre« im Jahr 1925, ihre exotische Nacktheit und die Mischung aus tänzerischer Wildheit und Kontrolle begeisterten das Publikum. Baker etablierte den »jazz hot«, eröffnete 1926 ihren eigenen Nachtclub »Chez Joséphine«, ihre Auftritte in den Folies Bergère, wo sie ihren Bananentanz, den »danse sauvage«, in einem Röckchen aus 16 Bananen aufführte, machten sie weltberühmt. 1927 gastierte sie mit ihrer »Charleston Jazzband« in Berlin. Sie verdiente mehr Geld als jede andere Entertainerin in Europa. 1929 erteilte ihr die Stadt München wegen einer erwarteten »Verletzung des öffentlichen Anstands« ein Auftrittsverbot. Baker kehrte 1936 in die USA zurück, wurde dort aber rassistisch angefeindet, kündigte alle Verträge und kam zurück nach Paris. Nach der Besetzung Frankreichs durch die Wehrmacht 1940 arbeitete sie für die Résistance. Auf ihrer Amerikatournee im Jahr 1951 verlangte Baker, die Rassentrennung in ihrem Publikum aufzuheben, und erreichte die Öffnung einiger Einrichtungen für Afro-Amerikaner. Sie unterstützte die US-amerikanische Bürgerrechtsbewegung und protestierte gegen den Rassismus auf sehr originelle Weise: Josephine Baker adoptierte zwölf Waisenkinder unterschiedlicher Hautfarben.

Vicki Baum (1888–1960) war eine österreichische Harfenistin und eine der erfolgreichsten Schriftstellerinnen der Weimarer Republik. Von 1926 bis 1932 arbeitete sie als Redakteurin für die »Berliner Illustrirte Zeitung«, »Die Dame« und »Uhu« im Berliner Ullstein-Verlag. Mit ihren Romanen »Stud. Chem. Helene Willfüer« (1928) – der das neue Selbstbewusstsein und Lebensgefühl der »modernen« Frau in der Weimarer Republik beschreibt – und »Menschen im Hotel« (1929) wurde sie schlagartig bekannt. Die Literaturkritik befand die Romane als trivial, doch fanden sie ein breites, vor allem weibliches Publikum. Baums Gesamtwerk umfasst 37 Romane sowie zahlreiche Bühnenstücke, Zeitungsartikel, Drehbücher und Novellen. Die Theateradaption ihres Bestsellers »Menschen im Hotel« – 1930 von Max Reinhardt in Berlin uraufgeführt – eroberte die Bühnen Europas und Nordamerikas. Die Verfilmung »Grand Hotel« mit Greta Garbo und Joan Crawford erhielt 1931 den Oscar in der Kategorie »Bester Film«. Die Tochter eines jüdischen Beamten wurde nach der Machtübernahme der Nationalsozialisten als »jüdische Asphaltliteratin« diskriminiert und 1938 ausgebürgert, ihre Bücher wurden verbrannt. Bereits 1932 war Baum nach Kalifornien übergesiedelt. Sie starb 1960 in Los Angeles.

Für einige Jahre war **Anita Berber** (1899–1928) berühmt und berüchtigt, aber unsterblich gemacht hat sie 1925 Otto Dix, der sie, nach einem Wort der Autorin Ricarda Herbrand, »so alt malte, wie sie nie wurde: ausgezehrt, eingefallen, faltig, der Mund blutrot, der Teint blass und die Augen todesdunkel«. Berber hat nach 1923 noch einige Tourneen durch Deutschland und Europa gemacht, immer wieder überschattet von Skandalen. 1927 verließ sie Deutschland nach dem Bruch mit ihrem Vater und begann eine längere Tournee durch den Nahen Osten. Im Juni 1928 brach sie in Damaskus auf der Bühne zusammen. Geschwächt durch langjährigen Drogenkonsum erkrankte sie unheilbar an

Tuberkulose. Am 10. November 1928 starb Anita Berber im Alter von 29 Jahren im Berliner Bethanien-Krankenhaus.

Elisabeth Bergner, ursprünglich Elisabeth Ettel (1897–1986), war die Femme fatale der Berliner Bühnen der Zwanzigerjahre. Die Ursachen der außerordentlichen Wirkung, die die österreichische Schauspielerin auf das Publikum hatte, hat der Kritiker und Herausgeber Kurt Pinthus (1886–1975), einer der wichtigsten Vermittler des literarischen Expressionismus, so beschrieben: »Sie ist die liebreizendste und grausigste Schauspielerin, die kindlichste und raffinierteste, die knabenhafteste und weiblichste, die keuscheste und verderbteste.« Als Juden mussten sie und ihr späterer Ehemann, der Regisseur Paul Czinner, nach der Machtergreifung der Nationalsozialisten Deutschland verlassen. In ihrem Londoner Exil drehte sie unter der Regie Czinners schon 1934 den Film »Katharina die Große«, der in Deutschland verboten wurde. 1940 emigrierte das Ehepaar nach Hollywood, wo die Bergner den Schwerpunkt ihrer Arbeit wieder auf die Bühne verlegte. Erst 1954 spielte sie wieder in Berlin. Bis ins hohe Alter arbeitete sie für Hörfunk und Fernsehen in Großbritannien und Deutschland.

Edward Bernays (1891–1995) hat seine Kenntnisse auf dem Gebiet der Propaganda nicht nur der kommerziellen Werbung zur Verfügung gestellt. Im US-Präsidentschaftswahlkampf 1924 hatte er wesentlichen Anteil am Erfolg Calvin Coolidges, der als spröde galt und entsprechend Probleme hatte, sich den Wählern als Sympathieträger zu empfehlen (sein Spitzname war »Silent Cal«). Bernays organisierte eine Einladung einiger US-Entertainer ins Weiße Haus und ließ die Presse über das Event mit »Cool Coolidge« ausführlich berichten. Seinen dramatischsten Erfolg auf dem Gebiet der politischen Manipulation feierte Bernays 1954 mit dem Sturz des demokratisch gewählten Präsidenten von Guatemala, Jacobo Arbenz, durch dessen geplante Landreform der US-Lebensmittelkonzern United Fruit Company (heute Chiquita Brands International) seine Interessen gefährdet sah. Mithilfe Bernays' gelang es dem Direktor des Unternehmens, Arbenz in der Öffentlichkeit als Handlanger Moskaus zu diffamieren. Die CIA bildete eine »Befreiungsarmee« von ungefähr 400 Kämpfern in Nicaragua aus und versorgte sie mit Waffen. Diese drang am 18. Juni 1954 über Honduras in Guatemala ein und brachte die Regierung Arbenz zu Fall. Der Putsch war der Auftakt von vier Jahrzehnten repressiver Gewaltherrschaft verschiedener sich gegenseitig ablösender Militärdiktaturen. Den Putsch und die Manipulation Bernays' hat der peruanische Schriftsteller Mario Vargas Llosa in seinem 2020 erschienenen Roman »Harte Jahre« literarisch verarbeitet.

Im Prozess zum Parchimer Fememord kam **Martin Bormann** (1900–1945) mit nur einem Jahr Gefängnis davon, weil sein Komplize Rudolf Höß (siehe dort) die Hauptschuld auf sich genommen hatte. Ein ergebener Erfüllungsgehilfe Hitlers, machte Bormann in der NSDAP schnell Karriere. 1933 wurde ihm die Verwaltung von Hitlers Privatvermögen übertragen. Durch die Bewirtschaftung und Verwaltung des »Berghofs« und Hitlers gesamtem Besitz auf dem Obersalzberg erhielt er Zugang zu dessen engerem Kreis. Bormann übernahm 1941 die »Parteikanzlei« mit den Befugnissen eines Reichsministers. 1942 unterzeichnete er einen Erlass, der die endgültige Beseitigung der Juden aus den Gebieten Deutschlands nicht mehr durch Vertreibung, sondern durch Anwendung rücksichtsloser Gewalt in den Sonderlagern des Ostens anordnete. 1943 stieg er als »Sekretär des Führers« faktisch zum Stellvertreter Hitlers auf. Anfang Mai 1945 unternahm Bormann einen Ausbruchsversuch aus Berlin und blieb verschollen. Er wurde in Abwesenheit 1946 vom Internationalen Militärgerichtshof in Nürnberg zum Tode verurteilt. 1972 wurden bei Bauarbeiten in Berlin die Leichen Bormanns und des Leibarztes Hitlers entdeckt. Bormann und der Arzt hatten sich bei ihrem Fluchtversuch mithilfe von Giftkapseln getötet.

In den Zwanzigerjahren verlor der Spekulant und Bankier **Siegmund Bosel** (1893–1942 oder 1945) fast sein gesamtes Vermögen durch Fehlspekulationen und durch Prozesse infolge eines Bankenskandals. Nach dem »Anschluss« Österreichs im März 1938 wurde Bosel aus »rassischen« Gründen verfolgt. Zu seinem Tod gibt es unterschiedliche Angaben. Nach der amtlichen Darstellung starb Bosel am 8. Mai 1945, glaubwürdigen Zeugenaussagen zufolge wurde er bei der Deportation österreichischer Juden nach Riga von dem SS-Führer Alois Brunner bereits im Februar 1942 ermordet.

Bertolt Brecht (1898–1956) wurde mit seinem »epischen Theater« einer der einflussreichsten deutschen Dramatiker des 20. Jahrhunderts. Einen Tag nach dem Reichstagsbrand verließ der von den Nationalsozialisten verfolgte Kommunist Deutschland und emigrierte über Prag nach Wien, in die Schweiz und schließlich nach Dänemark. 1935 wurde ihm die deutsche Staatsbürgerschaft aberkannt. Wegen der Kriegsgefahr übersiedelte er 1939 nach Schweden, ein Jahr später nach Finnland. Dort entstand 1941 das Parabelstück »Der aufhaltsame Aufstieg des Arturo Ui«, im April dieses Jahres war die Uraufführung von »Mutter Courage und ihre Kinder« in Zürich mit Therese Giehse in der Hauptrolle. In demselben Jahr übersiedelte Brecht in die USA. Einen Tag nach seinem Verhör vor dem Ausschuss für unamerikanische Umtriebe im Oktober 1947 verließ Brecht die USA und kehrte nach Europa zurück. Mit seiner Frau Helene Weigel gründete Brecht 1949 in Berlin (Ost) das Berliner

Ensemble, das zu einer der bekanntesten Bühnen Deutschlands wurde.

Dora Diamant (1898–1952), jiddisch Dora Dymant, zog nach Kafkas Tod wieder nach Berlin. Von 1926 bis 1930 arbeitete sie als Schauspielerin in Düsseldorf, kehrte erneut nach Berlin zurück, wurde Mitglied der KPD, heiratete Lutz Lask, einen Redakteur der »Roten Fahne«, 1934 kam die gemeinsame Tochter Franziska Marianne zur Welt. Schon 1933 hatte die Gestapo die Briefe Kafkas an Dora Diamant und eine unbekannte Anzahl seiner Notizhefte in ihrer Wohnung konfisziert. Briefe und Hefte sind bis heute verschwunden. Dora Diamant floh mit Mann und Schwiegereltern vor den Nazis in die Sowjetunion, Lutz Lask wurde während der stalinistischen Säuberungen inhaftiert, Dora Diamant gelang mit ihrer Tochter die weitere Flucht nach Großbritannien. Hier starb sie 1952 an Nierenversagen. Erst ein Jahr später, nach Stalins Tod, wurde ihr Mann aus der sowjetischen Lagerhaft entlassen.

Marlene Dietrich, ursprünglich Marie Magdalene Dietrich (1901–1992), wurde zur größten deutschen Film- und Stilikone des 20. Jahrhunderts. Mit der Hauptrolle der Varietésängerin Lola Lola im Film »Der blaue Engel« unter der Regie Josef von Sternbergs wurde sie 1930 international bekannt. Im selben Jahr folgte sie Sternberg nach Hollywood, drehte an der Seite berühmter US-Kollegen einige erfolgreiche Filme – zunächst unter der Regie Sternbergs, später auch mit den Regisseuren Billy Wilder, Ernst Lubitsch und Alfred Hitchcock – und wurde in nur wenigen Jahren zur Hollywood-Diva und zum Sexsymbol. Das Angebot von Goebbels, gegen hohe Gagen und mit freier Wahl des Drehbuchs nach Deutschland zurückzukommen, lehnte sie ab. Im Juni 1939 nahm sie die US-amerikanische Staatsbürgerschaft an und trat ab 1943 vor amerikanischen

Truppen in Nordafrika, in Italien und in Frankreich auf. Das haben ihr viele Deutsche lange Zeit verübelt. Als Marlene Dietrich – weltweit als Star verehrt – 1960 auf einer Europatournee in Deutschland gastierte, wurde sie zwar stürmisch gefeiert, aber noch immer galt sie in Teilen der Bevölkerung und in manchen Zeitungsredaktionen als »Vaterlandsverräterin«. Seit den Siebzigerjahren lebte sie zurückgezogen in ihrem Pariser Appartement in der Avenue Montaigne 12, wo sie ihr Bett in den letzten elf Jahren bis zu ihrem Tod nicht mehr verließ. Die Stadt Berlin hat lange gebraucht, um sich mit Marlene Dietrich auszusöhnen. Als 1996 eine Straße nach ihr benannt werden sollte, entbrannte wiederum die Debatte um die vermeintliche »Vaterlandsverräterin«. Zu ihrem 100. Geburtstag entschuldigte sich das Land Berlin offiziell postum für die Anfeindungen. Am 16. Mai 2002 wurde Marlene Dietrich zur Ehrenbürgerin Berlins ernannt.

Mit Erscheinen seines Romans »Berlin Alexanderplatz« im Jahr 1929 wurde **Alfred Döblin** (1878–1957) zu einem der populärsten Autoren der Weimarer Republik. Schon seit 1918 galt der Kassenarzt für Nervenkrankheiten als führender Vertreter des literarischen Expressionismus. Von den Nationalsozialisten als »Asphaltliterat« verschrien und als Jude bedroht, emigrierte Döblin 1933, einen Tag nach dem Reichstagsbrand, über Zürich nach Paris, nahm 1936 die französische Staatsbürgerschaft an und konvertierte 1941 zum katholischen Glauben. 1946 kehrte Döblin als Oberst und Literaturinspekteur der französischen Militärregierung nach Deutschland zurück. Der Versuch, in Nachkriegsdeutschland seine literarische Karriere fortzusetzen, scheiterte. Getroffen von der »Verdrängung von Schuldgefühlen« in der bundesdeutschen Gesellschaft, ging Döblin 1953 nach Frankreich zurück.

Drei Jahre nach der gemeinsamen USA-Reise mit seiner Frau **Tilla Durieux**, ursprünglich Ottilie Godeffroy (1880–1971), starb **Paul Cassirer** 1926 an den Folgen eines Suizidversuchs, den er während einer von Durieux beantragten Scheidungsverhandlung begangen hatte. Durieux blieb in den Zwanzigerjahren eine der erfolgreichsten Bühnenschauspielerinnen. 1933 verließ sie Deutschland zusammen mit ihrem jüdischen Ehemann Ludwig Katzenellenbogen und emigrierte 1938 mit ihm nach Kroatien, wo eine entfernte Verwandte lebte. 1941 wurde ihr Mann von der Gestapo verhaftet und ins KZ Sachsenhausen verschleppt. Er starb 1944 in Berlin. Durieux unterstützte jugoslawische Widerstandsgruppen, arbeitete als Näherin und als Regieassistentin in einem staatlichen Puppentheater in Zagreb. Jahre nach dem Krieg gab sie in der Bundesrepublik wieder Rollengastspiele, wirkte in Hörspielen und Filmen mit. Sie wurde gefeiert und geehrt, bekam das Bundesverdienstkreuz erster Klasse, wurde Mitglied der Akademie der Künste und zur Berliner Staatsschauspielerin ernannt. Sie starb am 21. Februar 1971, an dem Tag, an dem Paul Cassirer 100 Jahre alt geworden wäre.

Friedrich Ebert (1871–1925) war von 1913 bis 1919 Vorsitzender der Sozialdemokratischen Partei Deutschlands und von 1919 bis zu seinem Tod 1925 erster Reichspräsident der Weimarer Republik. Er unterstützte 1919 das gewaltsame Vorgehen des Reichswehrministers Gustav Noske gegen streikende, demonstrierende und revoltierende Arbeiter. Im Dezember 1924 verhalf das Amtsgericht Magdeburg dem republikfeindlichen Lager zu einem Triumph. Es entschied, Ebert habe mit seiner Beteiligung am Januarstreik 1918 im strafrechtlichen Sinne Landesverrat begangen. Erst posthum wurde Ebert 1931 durch das Reichsgericht rehabilitiert. Ebert starb im Februar 1925 mit 54 Jahren an den Folgen einer Bauchfellentzündung. Er hatte den chirurgischen Eingriff mit Rücksicht auf den laufenden Prozess verzögert.

Die Karriere des Rechtsextremisten **Hermann Ehrhardt** (1881–1971) hatte mit dem gescheiterten November-Putsch ihren Zenit überschritten. Die Rechtsradikalen verziehen ihm nicht, dass er sich gegen Hitler gestellt hatte. Im Juni 1933 aber teilte die Reichsführung SS mit, er habe sich zur NSDAP bekannt und seine Einheit dem Reichsführer SS unterstellt. Zwar wurde Ehrhardt noch zum SS-Gruppenführer befördert, doch schon bald darauf verfügte SS-Reichsführer Heinrich Himmler die Auflösung der »Brigade Ehrhardt im Verband der SS«. Wie viele andere alte Gegner Hitlers sollte Ehrhardt im Zuge der Niederschlagung des sogenannten Röhm-Putsches im Juni/Juli 1934 ermordet werden. Er floh zunächst in die Schweiz, später nach Österreich auf sein herrschaftliches Gut in Brunn am Wald im Bezirk Krems an der Donau. Dort lebte er mit seiner Frau – Margarethe Viktoria Prinzessin zu Hohenlohe-Öhringen (1894–1976) – und zwei Kindern friedlich und unbehelligt von der Justiz als Landwirt bis an das Ende seiner Tage.

Es hat noch Jahre gedauert, bis **Hans Fallada** (1893–1947), ursprünglich Rudolf Wilhelm Friedrich Ditzen, einem breiten Publikum bekannt geworden ist. 1926 wurde er erneut zu einer Freiheitsstrafe – diesmal wegen Betrugs – verurteilt, 1931 erschien sein erster großer Roman, »Bauern, Bomben und Bonzen«. Er betrachtet, wie die meisten Romane Falladas, das Leben des von der Weltwirtschaftskrise Ende der Zwanzigerjahre geplagten Kleinbürgertums. Zu Weltruhm brachte es Fallada mit seinem Roman »Kleiner Mann, was nun?« über das Schicksal eines kleinen Angestellten, der in der Wirtschaftskrise den Abstieg in Arbeitslosigkeit und Armut erlebt. Falladas Werk wurde von den Nationalsozialisten zwiespältig aufgenommen, verboten wurde es nicht. Er veröffentlichte 1938 »Der eiserne Gustav«, allerdings mit von Goebbels erzwungenen Änderungen, nach denen der Schluss auf eine Bekehrung der Hauptfiguren zum Nationalsozialismus hinauslief. 1962 wurde der Roman in der DDR in neuer Form publiziert, zwar ohne den »Nazi-Schwanz«, nun allerdings mit anderen ideologischen Eingriffen. In der Originalfassung ist der Roman erst 2019 erschienen. In den späten Vierzigerjahren fand Fallada, der sich in der NS-Zeit vor allem auf harmlose Unterhaltungsliteratur verlegt hatte, mit dem Widerstandsroman »Jeder stirbt für sich allein« zu seinem früheren Stil zurück. Das Werk erschien, ebenfalls von der Zensur verstümmelt, 1947 in der Sowjetischen Besatzungszone, in der ungekürzten Originalfassung erst 2011. Mit 53 Jahren starb Fallada am 5. Februar 1947 an den Folgen seines Morphiumkonsums.

Joseph Goebbels (1897–1945) begann seine Karriere in der NSDAP im Jahr 1924 in Mönchengladbach mit Gründung einer Ortsgruppe der Nationalsozialistischen Freiheitsbewegung Großdeutschlands, einer Tarnorganisation der seit dem Hitler-Putsch verbotenen NSDAP. Im Herbst 1926 ernannte ihn Hitler zum Gauleiter von Berlin-Brandenburg. Goebbels trennte sich in dieser Zeit nach fünfjähriger Beziehung von Else Janke, Tochter einer jüdischen Mutter und eines christlichen Vaters. Nach der nationalsozialistischen Machtübernahme 1933 wurde er Leiter des neu errichteten »Reichsministeriums für Volksaufklärung und Propaganda« und hatte infolge der »Gleichschaltung« die fast uneingeschränkte Kontrolle über sämtliche Bereiche des kulturellen Lebens und der Medien. 1937 zwang er Hugenberg zum Verkauf der Universum-Film AG (Ufa) und brachte damit eine der größten Filmgesellschaften in Staatsbesitz. Am 9. November 1938 gab Goebbels in einer Rede vor der Parteiführung das Startsignal für die Gewalttätigkeiten an der jüdischen Bevölkerung in der Pogromnacht, 1943 rief er in einer Rede im Berliner »Sportpalast« zum »totalen Krieg« auf. Im April 1945 begab sich der berüchtigte Demagoge mit seiner

Familie in den Bunker unter der Reichskanzlei, um an der Seite Hitlers zu sein. Dort beging das Ehepaar Goebbels nach der Ermordung seiner sechs Kinder am 1. Mai 1945 Selbstmord.

Curt Goetz (1888–1960), einer der brillantesten Komödienschreiber seiner Zeit, ging 1939 nach Hollywood. Vom Zweiten Weltkrieg überrascht, blieb er mit seiner Ehefrau, der Schauspielerin Valérie von Martens, in den USA. Nach dem Greta-Garbo-Film »Die Frau mit den zwei Gesichtern« bot Metro-Goldwyn-Mayer dem deutsch-schweizerischen Schriftsteller einen Fünfjahresvertrag an. Goetz lehnte ab, kaufte mit seiner Frau bei Los Angeles eine Farm und verlegte sich auf die Hühnerzucht. Nach dem Krieg kehrte das Ehepaar in die Schweiz zurück, 1951 kam Goetz' Stück »Das Haus in Montevideo« und 1953 »Hokuspokus« mit großem Erfolg in die Kinos. Sein »Frauenarzt Dr. Praetorius« war eine der ersten Filme, die nach dem Zweiten Weltkrieg in Deutschland produziert wurden. 1958 wurde Goetz Mitglied der Berliner Akademie der Künste.

Der deutsch-französische Schriftsteller **Yvan Goll** (1891–1950), zeit seines Lebens Pazifist und überzeugter Europäer, floh Anfang des Zweiten Weltkrieges 1939 mit seiner Frau Claire – Schriftstellerin, Pazifistin und jüdischer Herkunft wie ihr Mann – ins New Yorker Exil. 1947 kehrten sie nach Frankreich zurück. Die Frage nach seiner Identität hat Yvan Goll mit der Bemerkung beantwortet: »Durch Schicksal Jude, durch Zufall in Frankreich geboren, durch ein Stempelpapier als Deutscher bezeichnet.«

In die Sowjetunion ist **Maxim Gorki** (1868–1936), ursprünglich Alexei Maximowitsch Peschkow, erst 1931 zurückgekehrt. Dort geriet er in den Bann Stalins, erkannte nur Aufbauerfolge und verschloss die Augen vor dem blutigen Preis, mit dem diese bezahlt wurden. In den letzten Jahren seines Lebens durfte er das Land nicht mehr verlassen und lebte unter ständiger Observation in einem goldenen Käfig. Nach einem Besuch in Gorkis Haus notierte Klaus Mann 1934: »Der Dichter, der die extreme Armut, das düsterste Elend gekannt und geschildert hatte, residierte in fürstlichem Luxus; die Damen seiner Familie empfingen uns in Pariser Toiletten; das Mahl an seinem Tisch war von asiatischer Üppigkeit. [...] Dann gab es sehr viel Wodka und Kaviar.« Ob Gorki 1936 ermordet worden ist oder eines natürlichen Todes starb, wurde nie zweifelsfrei geklärt.

Der Maler und Karikaturist **George Grosz** (1893–1959), ursprünglich Georg Ehrenfried Groß, war zusammen mit Otto Dix und Max Beckmann einer der bekanntesten Künstler der Neuen Sachlichkeit. Seinen Namen änderte der Maler, der im Ersten Weltkrieg kurzzeitig als Freiwilliger gedient hatte, aus Protest gegen Krieg und Nationalismus, da diese es ihm unmöglich machten, weiterhin einen deutschen Namen zu tragen. Er war vor allem für seine sozialkritischen Arbeiten bekannt, mit seinen satirischen Illustrationen des großstädtischen Lebens nahm Grosz insbesondere die Politik und die zeitgenössische Kultur ins Visier. Kurz vor der Machtergreifung der Nationalsozialisten wanderte Grosz in die Vereinigten Staaten aus und lehrte an der Art Students League of New York, einer Kunstschule in Manhattan. 1938 wurde er US-amerikanischer Staatsbürger. George Grosz starb mit 65 Jahren am 6. Juli 1959, wenige Wochen nach seiner Rückkehr nach Berlin.

Fritz Haarmann (1879–1925) wurde am 19. Dezember 1924 wegen Mordes an 24 Jungen und jungen Männern im Alter von zehn bis 22 Jahren vom Schwurgericht Hannover zum Tode verurteilt und am 15. April 1925 mit dem Fallbeil hingerichtet.

Sein Kopf wurde im Institut für Rechtsmedizin der medizinischen Fakultät der Universität Göttingen als Präparat aufbewahrt, erst 2014 eingeäschert und anonym bestattet.

Als junger Mann hat der promovierte Jurist Raimund Pretzel im Sommer 1938 Deutschland verlassen, als **Sebastian Haffner** (1907–1999), britischer Staatsbürger und Korrespondent des »Observer« ist er 1954 aus der Emigration nach Berlin zurückgekehrt. »Sebastian« nannte er sich in Verehrung für Bach, »Haffner« nach der gleichnamigen Symphonie von Mozart. Er gehörte in den Siebzigerjahren zu den einflussreichsten Kolumnisten in Deutschland. In zahllosen Dokumentarfilmen, Zeitungskolumnen und Büchern deutete er das 20. Jahrhundert. Sein Lebensthema war Adolf Hitler (1978 erschienen seine »Anmerkungen zu Hitler«), das zweite große Thema Preußen. Seine schon 1939 geschriebene »Geschichte eines Deutschen – Erinnerungen 1914–1933« erschien posthum.

Maximilian Harden, eigentlich Witkowski (1861–1927), war Gründer (1892), Herausgeber und Chefredakteur der politischen Wochenzeitschrift »Die Zukunft«, eines der wichtigsten publizistischen Organe im Kaiserreich. Harden war auch international bekannt als scharfer Kritiker der Politik Wilhelms II., nach dem Ersten Weltkrieg wurde er ein fast ebenso scharfer Kritiker der Weimarer Republik, allerdings mit nachlassender Bedeutung. Harden stellte seine Zeitschrift 1922 ein und zog sich aus dem politischen Leben zurück. 1923 übersiedelte er in die Schweiz.

Die geringe Sympathie, die **Ernest Hemingway** (1899–1961) für die Deutschen empfand, lässt sich leicht erklären: Er war im Ersten Weltkrieg in Italien schwer verletzt worden. Der 18-jährige Amerikaner hatte ein halbes Jahr im Krankenhaus gelegen.

Als er Deutschland bereiste, arbeitete er – seit 1921 – in Paris als Europa-Korrespondent des »Toronto Star«. Erst Jahre später gelang ihm der Durchbruch als Schriftsteller. Er wurde einer der berühmtesten Autoren des 20. Jahrhunderts, sein Markenzeichen war der Lebensüberdruss der sogenannten Lost Generation, dem er – mit einfachen Sätzen und kargem Stil – Ausdruck verlieh. Seine Erzählungen und Romane beschäftigen sich vor allem mit Tapferkeit, Treue, Krieg und Männlichkeit oder dem Verhältnis zwischen Männern und Frauen. Sein berühmtestes Buch »Der alte Mann und das Meer« beschäftigt sich allerdings mit dem Verhältnis zwischen einem Mann und einem Fisch.

Als Fußballspieler war **Josef »Sepp« Herberger** (1897–1977) schon lange vor dem Zweiten Weltkrieg in Deutschland bekannt, aber berühmt wurde er erst als Trainer der bundesdeutschen Nationalmannschaft mit dem Gewinn der Weltmeisterschaft 1954. Später wurden Vorwürfe laut, das sogenannte »Wunder von Bern« habe auf sehr irdischen Gründen beruht: Mehrere deutsche Spieler sollen sich während des Turniers keineswegs, wie behauptet, mit Vitamin C aufgemuntert haben, vielmehr soll ihnen das Aufputschmittel »Pervitin« intravenös verabreicht worden sein, eine Droge, die schon 1940 den Wehrmachtssoldaten beim Einmarsch in Frankreich Beine gemacht hatte. Dem Ruhm Herbergers tat das keinen Abbruch.

George Herbert, 5. Earl of Carnarvon (1866–1923), Finanzier der Ausgrabung des Pharao Tutanchamun im Tal der Könige, ist mit seinem überraschenden Tod unsterblich geworden. Berichte über den Fluch des Pharao kursierten schon vor dem Ableben Carnarvons, erst danach aber wurde er zum Stoff für Filme und Romane.

Trude Hesterberg (1892–1967) war eine deutsche Bühnen- und Filmschauspielerin, Kabarettistin, Chansonsängerin, Soubrette und Operettensängerin sowie Gründerin und Leiterin des Kabaretts »Wilde Bühne« im Souterrain des »Theaters des Westens«. Es war eines der ersten politisch-literarischen Kabaretts. Neben Marcellus Schiffer schrieben für das Kabarett unter anderem Kurt Tucholsky, Erich Kästner, Walter Mehring und Klabund, die Stars aber waren die Frauen, außer Margo Lion unter anderen Kate Kühl, Blandine Ebinger und Marlene Dietrich.

Der Hochverratsprozess gegen **Adolf Hitler** (1889–1945) und neun weitere Angeklagte war eine Farce. Er hätte vor dem Reichsgericht in Leipzig geführt werden müssen, fand aber vor dem bayerischen Volksgericht beim Landgericht München I statt, eine Rechtsbeugung, die die bayerische Regierung bewusst in Kauf genommen hat. Die Verhandlung unter Vorsitz des rechtsnationalen Richters Georg Neithardt begann am 26. Februar 1924 und endete am 1. April mit einer erneuten Rechtsbeugung: Hitler und drei Mitangeklagte wurden zur Mindeststrafe von fünf Jahren Festungshaft neben einer Geldbuße von 200 Goldmark verurteilt. Die obligatorische Ausweisung des Österreichers Hitler nach § 9 Absatz 2 des Republikschutzgesetzes wurde unter Verweis darauf, dass Hitler sich als Deutscher betrachte und viereinhalb Jahre im deutschen Heer Kriegsdienst geleistet und sich durch Tapferkeit ausgezeichnet habe, nicht angewandt. Schon am 20. Dezember 1924 wurde Hitler aus der Haft in Landsberg entlassen. Spätestens im Juni 1924 hatte er mit der Niederschrift des ersten, stark autobiographisch geprägten Teils von »Mein Kampf« begonnen. Im Herbst war das Manuskript weit gediehen, aber noch nicht abgeschlossen. Noch in Landsberg begann Hitler mit der Niederschrift des zweiten Teils, doch ist er in der Haft über Anfänge nicht hinausgekommen. Die bayerische Justiz verhinderte die Vollendung mit der rapiden Freilassung Hitlers.

Im März 1924 wurde **Rudolf Höß** (1901–1947) wegen seiner Beteiligung am Parchimer Fememord zu einer zehnjährigen Haftstrafe verurteilt, aber bereits vier Jahre später aufgrund eines Amnestiegesetzes entlassen. Seit 1933 Mitglied der SS, war Höß – nach Zwischenstationen in den Konzentrationslagern Dachau und Sachsenhausen – 1940 Kommandant des KZ Auschwitz. Höß wurde als Kriegsverbrecher 1947 zum Tod durch den Strang verurteilt und in Auschwitz gehängt.

1929 entdeckte **Edwin Powell Hubble** (1889–1953) durch Aufspaltung des Lichtes weit entfernter Galaxien in die Spektralfarben eine Farbverschiebung in Richtung zum Rot, was einer Verlängerung der Wellenlänge dieses Lichtes entspricht. Solche Rotverschiebungen von Lichtspektren entstehen durch ständige Vergrößerung des Abstandes von Lichtquelle und Beobachter. Aus dieser Spektrallinienverschiebung schloss er auf ein sich ausdehnendes Weltall. Hubbles Ergebnisse bildeten die Basis für die Urknalltheorie. Seine Forschungsergebnisse veränderten das Weltbild grundlegend. Nach ihm wurde das US-amerikanische Weltraumteleskop benannt.

Alfred Hugenberg (1865–1951) war Montan-, Rüstungs- und Medienunternehmer und trug mit der nationalistischen und antidemokratischen Propaganda seines Medienkonzerns wesentlich zur Zerstörung der Weimarer Republik bei. Seit 1920 war er Reichstagsabgeordneter der Deutschnationalen Volkspartei (DNVP), das Mandat behielt er auch nach Auflösung seiner Partei (1933) als Gast der NSDAP. Mit Bildung der Harzburger Front 1931 wollte Hugenberg unter Einschluss der NSDAP die nationalistischen Kräfte gegen das Kabinett Brüning bündeln. Seine

Ziele waren eine republikfeindliche Politik unter Einbindung des Nationalsozialismus. Im Januar 1933 wurde er im Kabinett Hitler Minister für Wirtschaft, Landwirtschaft und Ernährung, trat jedoch bereits nach einem halben Jahr zurück. In den folgenden Jahren zwangen die Nationalsozialisten Hugenberg zum Verkauf seines Pressekonzerns (1933–1935), der Ufa (1937) und des Scherl-Verlages (1944). Allerdings erhielt er umfangreiche Entschädigungen. Nach dem Krieg wurde er zunächst als »Minderbelasteter«, nach mehreren Berufungsverfahren als »Entlasteter« eingestuft.

Gustav Ritter von Kahr (1862–1934) wurde 1917 Regierungspräsident von Oberbayern, 1920 bayerischer Ministerpräsident. Aus Protest gegen die Entwaffnung der ihn unterstützenden »Einwohnerwehren« trat von Kahr 1921 zurück. Im September 1923 wurde er vom bayerischen Staatsministerium zum Generalstaatskommissar ernannt. Entgegen der Erwartung der Aufständischen schloss er sich aber dem Hitler-Putsch im November 1923 nicht an. Wenig später zog sich von Kahr von den politischen Ämtern zurück und war von 1924 bis 1930 Präsident des Bayerischen Verwaltungsgerichtshofes. Am 30. Juni 1934 wurde von Kahr im Zusammenhang mit dem sogenannten Röhm-Putsch von Angehörigen der SS im Konzentrationslager Dachau ermordet.

Bis heute ist der Titel des Buches, das 1925 erschien, das Synonym seines Autors **Egon Erwin Kisch** (1885–1948), ursprünglich Egon Kisch: »Der rasende Reporter«. Die Reportagensammlung – journalistischer Ertrag zahlreicher Reisen – machte Kisch, der 1923 von Prag nach Berlin umgezogen war, berühmt. In Prag hatte er als Lokalreporter gearbeitet, in Wien war er Kommunist geworden, von Berlin aus bereiste er die Welt. Hatte er noch im »Rasenden Reporter« über seinen Beruf geschrieben: »Der Reporter hat keine Tendenz, hat nicht zu rechtfertigen und hat keinen Standpunkt«, stellte er nun die Parteilichkeit der Reportage in den Vordergrund und betrachtete sie als revolutionäres Kampfmittel. Nach dem Reichstagsbrand im Februar 1933 wurde er verhaftet, aufgrund einer Intervention der Tschechoslowakei aber abgeschoben und ging nach Paris ins Exil. Ein Jahr später hatte er auf seiner Reise zum Weltkongress gegen Krieg und Faschismus nach Melbourne mit einem spektakulären Sprung vom Schiff seine Einreise nach Australien erzwungen. Während des Zweiten Weltkriegs war er von Paris ins Exil nach Mexiko gegangen und erst 1946 nach Prag zurückgekehrt.

Davos war ein Schicksalsort im Leben **Klabunds** (1890–1928), der im bürgerlichen Leben Alfred Henschke hieß. Sein Alter Ego als Klabund hatte er sich mit 23 Jahren zugelegt, eine Anspielung auf Klabautermann und Vagabund, aber es klingt auch nach Klage und nach Moribundus. Denn es hatte sich herausgestellt, dass seine Lungenkrankheit, die Tuberkulose, unheilbar war, der Autor in einigen Jahren daran sterben würde. In der kurzen Zeit, die ihm blieb, wurde Klabund der produktivste Autor seiner Zeit, seine in Kabaretts wie »Schall und Rauch« vorgetragenen, an den Bänkelgesang angelehnten Lieder und Gedichte waren sehr populär. 1928 erkrankte Klabund an einer Lungenentzündung und reiste in Begleitung seiner zweiten Frau, der Schauspielerin Carola Neher, zur Behandlung nach Davos, wo ihn der Tod einholte. Die Grabrede in Klabunds Geburtsort Crossen an der Oder hielt sein Freund Gottfried Benn.

Den Ruf als Vaterlandsverräterin, der **Annette Kolb** (1870–1967) sowohl in Deutschland als auch in Frankreich begleitete, ist sie erst spät losgeworden. Zeit ihres Lebens trat die deutsch-französische Autorin für die Verständigung ihrer Heimatländer ein, zweimal – 1916 und 1933 – hat sie sich ins Exil gerettet. Die Zwanzigerjahre waren ihre produktivste Zeit, sie fand Anerkennung nicht nur unter Kollegen und Kolleginnen, auch bei ihrer wachsenden Leserschaft. 1933 floh sie ins französische Exil – ihre Bücher wurden in Deutschland verbrannt –, 1941 mit 71 Jahren ging sie nach New York. Nach dem Zweiten Weltkrieg, als die deutsch-französische Aussöhnung auf der politischen Tagesordnung stand, wurde sie mit Preisen und Ehrungen überhäuft, eine Auswahl: 1951 Aufnahme in die Bayerische Akademie der Schönen Künste und Mitglied der Deutschen Akademie für Sprache und Dichtung, 1955 Goethe-Preis der Stadt Frankfurt und Ehrenbürgerschaft der Gemeinde Badenweiler, 1961 Ritter der französischen Ehrenlegion, 1966 Großes Verdienstkreuz des Verdienstordens der Bundesrepublik Deutschland mit Stern.

Zu Lebzeiten blieb der Österreicherin **Maria Lazar** (1895–1948) der Durchbruch als Schriftstellerin versagt. Zwar waren ihre Romane »Der Fall Rist« (1930) und »Veritas verhext die Stadt« (1931) recht erfolgreich. Aber schon bald machten die Nationalsozialisten der jüdischen Autorin die Arbeit unmöglich. Im Sommer 1933 folgte sie zusammen mit Bert Brecht und Helene Weigel einer Einladung der Schriftstellerin Karin Michaëlis und ging ins Exil auf die dänische Insel Thurø. Ein erster Exilroman mit dem Titel »Leben verboten« erschien 1934 in London unter dem englischen Titel »No right to live«. 1937 erschien ein Kapitel des satirischen Romans »Die Eingeborenen von Maria Blut« in der in Moskau erscheinenden Exilzeitschrift »Das Wort«, die von Brecht, Lion Feuchtwanger und Willi Bredel herausgegeben wurde. Es war Lazars Hauptwerk über die Nazidämmerung in Österreichs Provinz. 1939 ging sie ins schwedische Exil, wo sie sich 1948 krebskrank das Leben nahm.

Die »giraffenhaft geschmeidige« **Margo Lion** (1899–1989) war einer der Stars des Kabaretts der Roaring Twenties und ihre Karriere von langer Dauer. 1928 wurde sie an der Seite von Marlene Dietrich mit dem zweideutigen Song »Wenn die beste Freundin mit der besten Freundin« zum Tagesgespräch in Berlin, zwischen 1926 und 1932 wirkte sie in zehn Spielfilmen mit. Nach dem Tod ihres Mannes Marcellus Schiffer und der Machtübernahme der Nationalsozialisten ging sie zurück nach Paris, arbeitete in französischen Filmen mit und reüssierte als Brecht-Interpretin. Nach dem Zweiten Weltkrieg setzte sie ihre Karriere im Film und auf der Bühne fort. Berlin hat sie – sehr viel später – wiedergesehen: 1977 gastierte sie im Rahmen der Berliner Festwochen im »Renaissance-Theater«, wie früher begleitet von Mischa Spoliansky am Klavier.

Trotz erdrückender Beweislage wurde **Erich Friedrich Wilhelm Ludendorff** (1865–1937) im Hochverratsprozess zum Hitler-Putsch unter Hinweis auf seine vermeintlichen Verdienste im Weltkrieg freigesprochen. Von 1924 bis 1928 saß er als Abgeordneter der Nationalsozialistischen Freiheitspartei – eine nach dem Verbot der NSDAP entstandene Listenverbindung von NSDAP und Deutschvölkischer Freiheitspartei (DVFP) – im Reichstag. 1925 scheiterte Ludendorff bei der Wahl des Reichspräsidenten im ersten Wahlgang mit 1,1 Prozent der Stimmen. Nachdem Hitler seine Anhänger aufgefordert hatte, im zweiten Wahlgang für Hindenburg zu stimmen, trat Ludendorff nicht mehr an. Eine Folge war, dass Hitler der unumstrittene Führer der Rechtsextremisten wurde, eine andere, dass Ludendorff sich aus der Parteipolitik zurückzog und als Vortragsredner Verschwörungstheorien verbreitete, in denen er das »Wirken überstaatlicher Mächte« – insbesondere des »Weltjudentums« – für die Demütigung Deutschlands verantwortlich machte. Nach der Machtergreifung der Nationalsozialisten warf er ausgerechnet Hitler vor, zu wenig gegen die angebliche Bedrohung durch das Weltjudentum zu unternehmen. Selbst erfahrene Paranoiker der NSDAP diagnostizierten bei Ludendorff daraufhin Paranoia. Als er im Dezember 1937 an Leberkrebs starb, verabschiedete ihn die NSDAP gegen seinen ausdrücklichen Willen mit einem Staatsakt.

Nicht nur **Samuel Maharero** (1856–1923) wurde in Deutschland schnell und gründlich vergessen, auch der Völkermord an den Herero und Nama wurde lange Zeit verdrängt. Erst im Jahr 2021 anerkannte die Bundesregierung den Krieg deutscher Kolonialtruppen gegen die Herero und Nama als Genozid, übernahm die »politisch-moralische Verantwortung« und kündigte die Zahlung eines Milliardenbetrags an.

Frankreich blieb die geistige Wahlheimat **Heinrich Manns** (1871–1950). Nach der Machtübernahme der Nationalsozialisten wurde es zu seinem Zufluchtsort. »Der blaue Engel«, die Verfilmung seines 1905 erschienenen Romans »Professor Unrat«, hatte ihn 1930 weltberühmt gemacht, auch in Frankreich war »L'Ange bleu« ein überwältigender Publikumserfolg und Manns Name der breiten Öffentlichkeit bekannt. Nachdem er als Präsident von den Nazis aus der Akademie der Künste ausgeschlossen worden und unmittelbar vor dem Reichstagsbrand im Februar 1933 nach Frankreich ins Exil gegangen war, schrieb er dort seine zwei schönsten Romane – über Jugend und Vollendung des französischen Königs Henri Quatre, eine Liebeserklärung an sein Traumland. Auch daraus wurde er 1940 vertrieben. Am 11. März 1950 starb Heinrich Mann in Santa Monica/Kalifornien, kurz vor der geplanten Rückkehr nach Deutschland, genauer gesagt nach Ost-Berlin. Dort hatte ihn die Deutsche Akademie der Künste 1949 zu ihrem Präsidenten gewählt.

Der »Zauberberg« erschien 1924, elf Jahre, nachdem **Thomas Mann** (1875–1955) mit der Niederschrift begonnen hatte. Den Anstoß zum Roman hatte 1912 ein dreiwöchiger Besuch Manns in Davos anlässlich eines Kuraufenthalts seiner Frau Katia gegeben. Nach dem Ausbruch des Krieges hatte Mann die Arbeit am Roman unterbrochen und erst 1920 wieder aufgenommen. Das Buch verkaufte sich gut– innerhalb von vier Jahren erreichte es eine Auflage von 100 000 Exemplaren –, stieß aber auch auf Protest. Nicht nur Gerhart Hauptmann war erbost, auch andere Zeitgenossen, die im Roman karikiert worden waren, reagierten verärgert. Einige Kollegen Manns – beispielsweise André Gide und Arthur Schnitzler – urteilten positiv, für Bertolt Brecht hingegen hatte sich Thomas Mann als »regierungstreuer Lohnschreiber der Bourgeoisie« entlarvt. Der Literaturnobelpreis wurde Thomas Mann 1929 ausdrücklich vor allem für die »Buddenbrooks« zugesprochen. 1933 kehrte Mann von einer Reise nicht nach Deutschland zurück, drei Jahre später wandte er sich in einem Artikel in der »Neuen Zürcher Zeitung« öffentlich gegen den Nationalsozialismus, wurde im selben Jahr ausgebürgert und tschechischer Staatsbürger. 1938 emigrierte Mann in die USA, wurde 1944 US-amerikanischer Staatsbürger und erklärte 1945 in einem offenen Brief, »Warum ich nicht nach Deutschland zurückkehre«. Zwar hat er Deutschland nach dem Krieg besucht, aber übergesiedelt ist er 1952 in die Schweiz.

Bereits bei Erscheinen seines Skandalromans »La Garçonne« im Jahr 1922 hatte sich **Victor Margueritte** (1866–1942) als Pazifist und engagierter Verfechter der Gleichberechtigung einen Namen gemacht. Der Roman, erster Teil der Trilogie »La femme en chemin«, wurde ein Welterfolg, sein Autor international populär – nicht jedoch bei seinen Kollegen. Im Sturm der Entrüstung, den »La Garçonne« entfesselte, sprang ihm nur Anatole France zur Seite.

Zu einem der bedeutendsten Schriftsteller des 20. Jahrhunderts wurde **Vladimir Nabokov** (1899–1977) erst Jahre, nachdem er Deutschland verlassen hatte. 15 Jahre hat er in Berlin gelebt, aber Sympathie für Deutschland nie empfunden, schon gar nicht für die Deutschen: »Das russische Berlin der Zwanzigerjahre war ein einziges möbliertes Zimmer, das von einer großen und stinkenden Deutschen (der gemeine Schweiß dieses misslungenen Volkes ist unvergessen) vermietet wurde.« Im US-amerikanischen Exil lehrte er einige Zeit an verschiedenen Universitäten, bis ihm der internationale Erfolg seines berühmtesten Romans »Lolita« neben Ruhm und Ehre die Möglichkeit verschaffte, ein Leben als freier Schriftsteller zu führen. 1961 siedelte Nabokov mit Véra in die Schweiz über und verbrachte den Rest seines Lebens im Palace-Hotel in Montreux.

Raymond Poincaré (1860–1934) war von 1912 bis 1913 und von 1922 bis 1924 französischer Ministerpräsident und Außenminister, von 1913 bis 1920 französischer Präsident, von 1926 bis 1929 erneut Ministerpräsident und (bis 1928) Finanzminister. Seine Unbeugsamkeit im Streit um die Reparationen machte ihn zum Feindbild der Deutschen. Er war verantwortlich für die Besetzung des Ruhrgebiets 1923.

Nach dem Tod Lenins wurde **Karl Radek** (1885–1940), in Lemberg geboren, seit 1907 in Deutschland, in der KPD von allen Parteiämtern ausgeschlossen. Obwohl er sich Stalin unterwarf, wurde er 1939 im Zuge der Schauprozesse zu zehn Jahren Lagerhaft verurteilt und starb vermutlich ein Jahr später.

Max Reinhardt (1873–1943) hat nicht nur mit Hugo von Hofmannsthal die Salzburger Festspiele gegründet (1920), er hat das Regietheater modernisiert, reformiert und revolutioniert wie niemand vor ihm. Schon zu Beginn der Zwanzigerjahre war er international als »Bühnenmagier« berühmt und präsentierte seine Großrauminszenierungen mit riesiger Bühnenmaschinerie mit zahlreichen Statisten auf Tourneen, die durch Europa und die USA führten. 1923 vergrößerte er sein Bühnenimperium – in Berlin unter anderem »Deutsches Theater«, »Volksbühne«, »Großes Schauspielhaus« – um das Wiener »Theater in der Josefstadt« und um die Schauspiel- und Regieschule in Wien (»Max-Reinhardt-Seminar«). 1937 verließ er mit seiner zweiten Frau – der erfolgreichen Schauspielerin Helene Thimig – Europa und gründete ein Jahr später in Hollywood die Theater- und Filmakademie »Max Reinhardt Workshop for Stage, Screen and Radio«. 1940 erhielten er und Thimig die amerikanische Staatsbürgerschaft. An seine früheren Erfolge konnte Reinhardt im Exil nicht anknüpfen. Er starb verarmt mit 70 Jahren in einem Hotelzimmer in New York an den Folgen mehrerer Schlaganfälle.

Der österreichische Schriftsteller **Alexander Roda Roda**, ursprünglich: Sándor Friedrich Rosenfeld (1872–1945), schon vor dem Krieg wegen diverser Verstöße gegen die Offiziersehre aus der K.-u.-k.-Armee entlassen, hatte in den Zwanzigerjahren großen Erfolg mit humoristischen Veröffentlichungen und als Kabarettist. Weil er mit einer Satire auf Hitler im »Berliner Tageblatt« aufgefallen war, musste Roda Roda bereits im Februar 1933 nach Graz emigrieren, nach dem Anschluss Österreichs in die Schweiz, von dort nach New York. Seine Schwester Gisela Januszewska, eine erfolgreiche Medizinerin, wurde 1943 von den Nationalsozialisten in Theresienstadt ermordet. Roda Roda verbrachte seine letzten Lebensjahre ohne literarischen Erfolg in den USA.

Der Name **Franz Roeckles** (1879–1953) ist bis heute mit der Frankfurter Westend-Synagoge verbunden, aber nicht weniger mit der »Rotter-Affäre«, in der der Liechtensteiner Architekt eine mörderische Rolle spielte. 1932 wurde er Mitglied der NSDAP. Im April 1933 beteiligte er sich an der geplanten Entführung Alfred Rotters und seiner Frau durch Liechtensteiner und deutsche Nationalsozialisten. Alfred und sein jüngerer Bruder Fritz waren als »Theaterkönige Berlins« bekannt – unter anderem waren sie die Direktoren des »Metropol-Theaters«, des »Theaters des Westens« und des »Lessingtheaters« –, aber bei der NSDAP als »jüdische Finanzhasardeure« verschrien. Die Brüder hatten vorsorglich die Staatsbürgerschaft Liechtensteins angenommen und sich dort niedergelassen. Roeckle und seine Komplizen wollten sie über die deutsche Grenze verschleppen. Dabei stürzten die jüdischen Eheleute Alfred und Gertrud Rotter von Felsen unterhalb des Ortes Gaflei zu Tode – oder sie wurden gestürzt. Roeckle wurde zu viermonatiger Haft verurteilt und lebte nach seiner Entlassung weiterhin in Frankfurt. 1943 kehrte er nach Vaduz zurück.

Nach dem gescheiterten Putschversuch Hitlers setzte sich **Gerhard Roßbach** (1893–1967) nach Österreich ab. Zwar wandte er sich von Hitler ab, blieb dem Rechtsextremismus aber verbunden. Im Zuge des sogenannten Röhm-Putschs – der Mordaktion Hitlers gegen Röhm und die gesamte Führungsebene der SA – im Juni 1934 wurden bei einer Durchsuchung in seiner Wohnung zahlreiche homoerotische Fotografien beschlagnahmt. Roßbach wurde vor die Alternative gestellt, sich zu erschießen oder sich amtlich für tot erklären zu lassen. Roßbach entschied sich für eine Anstellung bei der Iduna-Germania-Versicherung unter neuem Namen. So kam er durch den Krieg. Danach betätigte er sich in Bayreuth im Umkreis der Familie Wagner und beteiligte sich an der Organisation der Festspiele. 1949 gehörte er zu den Mitbegründern der Gesellschaft der Freunde von Bayreuth.

In den Zwanzigerjahren war **Joseph Roth** (1894–1939) nicht nur einer der bekanntesten deutschsprachigen Journalisten, als Romancier wurde der Sohn eines Holz- und Getreidehändlers aus dem galizischen Brody der präzise Chronist des Zerfalls der K.-u.-k.-Monarchie. 1925 wurde Roth Korrespondent der »Frankfurter Zeitung« in Paris, musste diese Position allerdings schon ein Jahr später an Friedrich Sieburg abtreten, wofür ihn die Zeitung mit einer Reportagereise in die Sowjetunion entschädigte. Seine Frau Friederike erkrankte 1928 an Schizophrenie (sie wurde von den Nationalsozialisten 1940 ermordet), in diese Zeit fällt vermutlich der Beginn der Alkoholabhängigkeit Roths. 1930 erschien sein erfolgreichstes Werk: »Hiob. Roman eines einfachen Mannes«, das von dem Juden Mendel Singer, der auf der Suche nach Gott ist, handelt, zwei Jahre später sein Meisterwerk »Radetzkymarsch«. Es erzählt anhand der Familiengeschichte der Trottas den Untergang des habsburgischen Reichs. Im Januar 1933 emigrierte er mit seiner damaligen Lebensgefährtin Andrea Manga Bell, der Tochter einer Hamburgerin und eines Kubaners, nach Paris und schrieb für Exilzeitungen und -zeitschriften. Am 23. Mai 1939 brach er im »Café Tournon« – Roths Stammkneipe und Domizil – zusammen, nachdem er die Nachricht vom Suizid Ernst Tollers erhalten hatte. Wenige Tage später starb er an einer doppelseitigen Lungenentzündung in einem Armenhospital. Es heißt, der abrupte Alkoholentzug habe den letalen Verlauf der Krankheit begünstigt.

In die Annalen des Kabaretts ist **Marcellus Schiffer** (1892–1932) als der große Unvollendete des lasterhaften Berlin der Zwanzigerjahre eingegangen. Er arbeitete als Chansonschreiber für Friedrich Hollaender und Rudolf Nelson, als Librettist für Paul Hindemith, mit dem er die Zeitoper »Neues vom Tage« entwarf, seine größten Erfolge aber feierte er mit dem russischen

Komponisten Mischa Spoliansky. Zusammen lieferten sie zuverlässig Hits wie die Revue »Alles Schwindel«, die Kabarettoper »Rufen Sie Herrn Plim!« oder Schlager wie »Heute Nacht oder nie«, den der berühmte polnische Opernsänger Jan Kiepura zum Welterfolg machte. Im August 1932 hat Marcellus Schiffer mit einer Überdosis Schlafmittel in seiner Wohnung am Rüdesheimer Platz in Berlin seinem Leben ein Ende gesetzt. Gestorben aber ist er, wie es in einem Nachruf hieß, an »verzweiflungsvollem Überdruss an der Welt und am Leben«.

Die ersten Jahre nach dem Zweiten Weltkrieg waren die große Zeit **Carlo Schmids,** ursprünglich Karl Johann Martin Heinrich Schmid (1896–1979), er galt als einer der brillantesten Politiker der jungen Bundesrepublik. Der Sozialdemokrat war maßgebliches Mitglied des Verfassungskonvents von Herrenchiemsee, der das spätere Grundgesetz für die Bundesrepublik Deutschland in die Wege leitete, Vorsitzender der SPD-Fraktion im Parlamentarischen Rat und dort Vorsitzender des verfassungspolitisch entscheidenden Hauptausschusses. Auf seine Initiative gelangten das konstruktive Misstrauensvotum, das Recht auf Kriegsdienstverweigerung und das Recht auf Asyl ins Grundgesetz. Bis zu seinem Tod trat Schmid für die deutsch-französische Aussöhnung ein und für die europäische Integration. Von 1963 bis 1966 war er Präsident der Versammlung der Westeuropäischen Union in Paris, von Ende 1966 bis 1969 Bundesminister für Angelegenheiten des Bundesrates. Die Annäherung Deutschlands und Frankreichs war für Schmid nicht nur eine politische Aufgabe, sondern auch eine ästhetische Herausforderung: Seine Übersetzung von Charles Baudelaires »Les Fleurs du Mal« (Die Blumen des Bösen) galt lange als unerreicht.

Der kleine Peregrin-Verlag, den **Tom Seidmann-Freud** (1892–1930), ursprünglich Martha Gertrud Freud, mit ihrem Mann

Jakob (Jankew) Seidmann gegründet hatte, war spezialisiert auf religiöse Themen vor allem für ostjüdische Zuwanderer. Der Verlag ging während der Weltwirtschaftskrise 1929 bankrott, Jakob Seidmann beging Suizid. Ihm folgte wenig später seine Frau: Sie starb an einer Überdosis Schlaftabletten. Ihre gemeinsame Tochter wurde 1938 mit einem Kindertransport nach Palästina gerettet. Tom Seidmann-Freuds Mutter wurde 1942 nach Treblinka deportiert und dort ermordet.

Bis zum Ende hat **Toni Sender** (1888–1964), ursprünglich Sidonie Zippora Sender, die Weimarer Republik verteidigt. 1933 floh sie – von den Nationalsozialisten als Jüdin und als Sozialistin mit einer Hetzkampagne bedroht – in die Tschechoslowakei, arbeitete im Widerstand gegen das nationalsozialistische Deutschland, wurde ein Jahr später ausgebürgert, ging nach Antwerpen und war auch dort im Widerstand. 1935 siedelte sie in die USA über. 1943 wurde sie amerikanische Staatsbürgerin. In New York engagierte sie sich in der UN-Menschenrechtskommission und in der Kommission der Vereinten Nationen zur Rechtsstellung der Frau.

Adolf Stein (1871–1945) hatte als Chef des Deutschen Pressedienstes in Hugenbergs Medienimperium die Schalthebel in der Hand, um rund 350 Provinzzeitungen täglich mit Nachrichten zu versorgen, und galt als Wortführer des rechten Lagers. Er gab auch eigene politische Schriften heraus, in denen er Hindenburg glorifizierte und demokratische Politiker diffamierte. Als »Rumpelstilzchen« veröffentlichte er von 1920 bis 1935 das »Berliner Allerlei«, die Plauderbriefe, die republikweit wöchentlich in etwa 30 Zeitungen, nach Jahresfrist abermals in Buchform erschienen. Er trieb seine Leser feuilletonistisch Adolf Hitler als Wähler zu. 1945 nahm sich Stein zusammen mit seiner Frau Käte das Leben.

Der Inflationskönig **Hugo Stinnes** (1870–1924) hat sein gewaltiges Reich nur noch wenige Monate regiert. Bald nach dem Ende der Inflation war es auch mit ihm vorbei: Im Frühjahr 1924 starb er an einem Gallenleiden. Bei seinem Tod war Stinnes mit 600 000 Beschäftigten der größte Arbeitgeber der Welt. Der Konzern hat das Ende seines Herrn nur kurze Zeit überdauert. Dessen Erben – er hinterließ seine Frau Claire und sieben Kinder – waren mit den Herausforderungen am Ende der Hyperinflation überfordert, konnten die Kredite nicht mehr bedienen und nur einen kleinen Teil des Vermögens retten. Auch dieser ging im Zweiten Weltkrieg verloren.

Gustav Stresemann (1878–1929) war der bedeutendste Politiker der Weimarer Republik. Unter seiner Regierung – einer Koalition aus DVP, SPD, Zentrum und DDP – wurde mit der Einführung der Rentenmark die Inflation beendet. Seine Verständigungspolitik gegenüber den Alliierten gipfelte 1925 in den Verträgen von Locarno, in denen Deutschland einerseits, Frankreich und Belgien andererseits auf eine gewaltsame Veränderung ihrer im Friedensvertrag von Versailles gezogenen Grenzen verzichteten, und in der Aufnahme Deutschlands in den Völkerbund 1926. Im selben Jahr wurde Stresemann mit seinem französischen Amtskollegen Aristide Briand mit dem Friedensnobelpreis ausgezeichnet. Nach Stresemanns Tod notierte Harry Graf Kessler in seinem Tagebuch: »Alle Pariser Morgenzeitungen bringen die Nachricht vom Tode Stresemanns in größter Aufmachung. Es ist fast so, als ob der größte französische Staatsmann gestorben wäre. Die Trauer ist allgemein und echt. Man empfindet, dass es doch schon ein europäisches Vaterland gibt. Die Franzosen empfinden Stresemann wie eine Art von europäischem Bismarck.«

Ernst Toller (1893–1939) war einer der bekanntesten und populärsten Vertreter des literarischen Expressionismus. Während seiner Haft im Festungsgefängnis Niederschönenfeld bei Rain (Lech) schrieb er nicht nur mehrere Dramen, auch die lyrische Gefängnisdichtung »Das Schwalbenbuch«, später das meistübersetzte Werk Tollers. Im Juli 1924 wurde er aus der Haft entlassen und – rechtswidrig – aus dem »Freistaat« Bayern ausgewiesen. Nach dem Reichstagsbrand am 27. Februar 1933 blieb Toller in der Schweiz, einige Monate später wurde er wegen seiner jüdischen Herkunft und seiner politischen Haltung ausgebürgert. Im selben Jahr erschien seine Autobiografie »Eine Jugend in Deutschland« im Amsterdamer Exilverlag Querido. In Deutschland wurden seine Bücher verbrannt. 1937 übersiedelte Toller in die USA. Der Pazifist und Moralist geriet in eine schwere psychische Krise, nicht zuletzt ausgelöst von den Erfolgen faschistischer Bewegungen, vor denen er bereits in den Zwanzigerjahren gewarnt hatte. Am 22. Mai 1939 nahm sich Ernst Toller in New York das Leben.

Kurt Tucholsky (1890–1935) war einer der bekanntesten politischen Publizisten der Weimarer Republik. Als Autor und zeitweiliger Mitherausgeber der »Weltbühne« trat der Pazifist, Antimilitarist und linke Demokrat mit pointierter Gesellschaftskritik hervor, als Satiriker, Kabarettautor, Lyriker, Romancier und Film- und Theaterkritiker wurde er gefeiert und – vor allem von den Nationalsozialisten – gehasst. Nach der Machtübernahme der Nationalsozialisten wurden seine Bücher verbrannt, er selbst wurde aus Deutschland ausgebürgert. Er starb im schwedischen Exil an den Folgen einer Überdosis Schlafmittel.

Hermann Ullstein (1875–1943) war der jüngste von fünf Söhnen des Verlagsgründers Leopold Ullstein. Er widmete sich dem Ausbau der Zeitschriften- und Buchabteilung und regte die Gründung mehrerer Zeitschriften (z. B. »Uhu«) an. 1934 erzwangen die Nationalsozialisten den Verkauf des Verlags (»Arisierung«), 1939 emigrierte Hermann Ullstein in die USA und ließ sich als Privatmann in New York City nieder. 1952 wurde das Unternehmen an die Familie Ullstein zurückgegeben. Hermann Ullsteins Sohn Frederick übernahm das Buchgeschäft und leitete den Verlag bis 1959.

Nach seiner Haftentlassung ist **Heinrich Wandt** (1890–1965) im Dunkel der Weltgeschichte verschwunden. Lange nach seinem Tod, in den Achtzigerjahren, wurde seine Witwe Alice Wandt bei einem Raubüberfall ermordet. Da der Nachlassverwalter keine Erben finden konnte, wurde die Wohnung des Ehepaars Wandt aufgelöst. Im Keller befand sich das über die Nazizeit gerettete Archiv von Heinrich Wandt hochgestapelt in Kisten. Es wurde auf dem West-Berliner Flohmarkt verkauft. Wandts Handbibliothek, seltene Dokumente des Ersten Weltkriegs, Korrespondenzen mit Erich Mühsam, Ernst Toller und anderen wurden so auf immer zerstreut.

Wilhelm II. (1859–1941) hat Deutschland nie mehr betreten. Er hoffte noch viele Jahre auf seine Rückkehr nach Deutschland, 1931/32 empfing er Hermann Göring, um sich von der NSDAP einschlägige Unterstützung zu sichern. Er gratulierte Hitler nach dem Sieg der Wehrmacht über Frankreich im Juni 1940: »Unter dem tiefergreifenden Eindruck der Waffenstreckung Frankreichs beglückwünsche ich Sie und die gesamte deutsche Wehrmacht zu dem von Gott geschenkten gewaltigen Sieg …« Als Wilhelm in Doorn starb, nahmen ehemalige Angehörige der alten Armee und Abordnungen der neuen Wehrmacht an der Trauerfeier teil, Trauerfeiern im Reich aber wurden von der NSDAP verboten. Bemerkenswert ist, wie engagiert der ehemalige **Kronprinz Wilhelm** Hitler bei dessen Aufstieg zum

Diktator unterstützte. Auch er hoffte, durch offene Unterstützung der NSDAP die Wiedererrichtung der Monarchie erreichen zu können, trat der NSDAP aber nicht bei. Hitler soll 1926 Wilhelm bei einem Besuch auf Schloss Cecilienhof in Begleitung Görings und Röhms versichert haben, politisch allein die Wiederherstellung der Monarchie und der Herrschaft des Hauses Hohenzollern zu verfolgen. Die Zusage hat Hitler bekanntlich nicht eingehalten. Wilhelm Prinz von Preußen starb standesgemäß 1951 im schwäbischen Hechingen.

Zwar war **Margarete Baronesse von Wrangell** (1877–1932) die erste ordentliche deutsche Professorin. Zur ersten Professorin wurde aber bereits 1910 Maria von Linden (1869–1936) in Bonn ernannt. Sie war nur »Titularprofessorin« – sie trug den Titel, Habilitation und Lehrbefugnis blieben ihr jedoch verwehrt. Maria von Linden entdeckte die antiseptische Wirkung von Kupfer. Diese Erkenntnis wurde später zur Herstellung von sterilem Verband- und Nahtmaterial genutzt.

Eugeni Xammar (1888–1973) berichtete von 1922 bis 1937 für katalanische und spanische Tageszeitungen aus Deutschland. Zu Beginn der Dreißigerjahre wurde Xammar zum Vizepräsidenten der Vereinigung der Auslandspresse gewählt und arbeitete zugleich als Presseattaché der Spanischen Botschaft. Mit der Machtübernahme Francos nach dem spanischen Bürgerkrieg (1936–1939) war es mit Xammars Karriere als Journalist vorbei – keine spanische Zeitung druckte die Artikel des überzeugten Demokraten. Xammar ging 1939 ins Exil, arbeitete für einige Zeit als Übersetzer bei den Vereinten Nationen in New York, später in derselben Funktion in Genf. Erst gegen Ende seines Lebens kehrte Xammar in seine katalanische Heimat zurück.

Ohne die Hinweise, Ratschläge, Ermunterungen und vor allem ohne die Geduld von Freunden und Kollegen hätte ich das Buch nicht schreiben können. Der Dank am Ende ist immer die schönste Aufgabe des Autors, in diesem Fall ist er ein besonderes Vergnügen. Die Ruhe, die die Pandemie erzwungen hat, war für mich nur deshalb kein Problem, weil ich ihr immer wieder in vielen hilfreichen, freundlichen und oft recht langen Gesprächen über Akteure des Jahres 1923 entkommen konnte.

An erster Stelle muss ich meinen langjährigen Freund Arno Widmann erwähnen, der meinen Blick auf Menschen lenkte, die für mich bis dahin im Dunkel der Geschichte standen. Katja Tichomirowa hat großzügig ihre Russland-Kenntnisse mit mir geteilt, Alexander Kluy wichtige Details zur Russland-Reise von George Grosz beigesteuert. Ohne den Hinweis Wolfgang Brauers wüsste ich nichts von Egon Erwin Kischs Besuch bei Gorki. Zu Recht hat Monika Czernin darauf bestanden, dass Nora Gräfin Kinsky zwar nicht so berühmt wie Sarah Bernhardt war, ihr Leben aber keineswegs weniger interessant. Die Bedeutung von Heinz-Orbis habe ich dank der Aufklärung durch den profunden Pfalz-Kenner und -Liebhaber Peter Riesbeck erfasst.

Dr. Sandra Danielczyk hat mir wichtige Dokumente über Margo Lion überlassen. Hilfreich waren auch die Auskünfte von Christina Felchenfeldt über die USA-Reise von Tilla Durieux und Paul Cassirer, von Hans Weichselbaum über die Grabstätte Georg Trakls und von Klaus Strütt über Alfred Kefer. Bei der

Recherche zu Marcellus Schiffer hat mich Antonia Blaseio nachhaltig unterstützt.

Dr. Karina Urbach hat mich ebenso freundlich wie beharrlich vor manchen Irrtümern bewahrt. Dr. Marita Hecker hat sich wieder einmal auch von der wiederholten Lektüre mancher Kapitel nicht abschrecken lassen. Dr. Stephan Malinowski verdanke ich einige wichtige Hinweise auf die Verhältnisse im Hause Hohenzollern.

Unverzichtbar ist der Dank an meine langjährige, engagierte Agentin Dr. Rebekka Göpfert.

Beim Verlag muss ich mich schon deshalb bedanken, weil er mir die Möglichkeit gegeben hat, wieder mit Stefan Ulrich Meyer, dem Cheflektor Sachbuch bei dtv, zusammenzuarbeiten. Es war ein großes Vergnügen.

Im Andenken an meine Lehrer Dr. Helmut Hellberg (Bonn) und Dr. Hermann Roitzheim (Bonn) – und an meine Mutter Olga Bommarius (Jahrgang 1923).

JANUAR

S. 11 *»Mit der Ruhrkrise …«* Die Angaben aller Monatseinführungen folgen: Manfred Overesch / Friedrich Wilhelm Saal, Die Weimarer Republik – Eine Tageschronik der Politik – Wirtschaft – Kultur, Augsburg 1992; Hanna Vollmer, Chronik 1923 – Bibliothek des 20. Jahrhunderts. Tag für Tag in Wort und Bild, Dortmund 1987

S. 14 *»Natürlich, die Deutschen! …«* Victor Margueritte, La Garçonne. Die Aussteigerin, Berlin 2020;
Julia Drost, La Garçonne. Wandlungen einer literarischen Figur, Göttingen 2003

S. 15 *»Aus dem Feuermeer …«* Margarita Woloschin, Die grüne Schlange. Lebenserinnerungen, Stuttgart 2009;
Ignaz Wrobel (i. e. Kurt Tucholsky), in: Die Weltbühne vom 3. Juli 1924, Nr. 27, S. 26

S. 16 *»Marcellus Schiffer kann …«* Marcellus Schiffer, Tagebuch 1923, Nachlass ADK;
Viktor Rotthaler (Hg.), Marcellus Schiffer, Heute nacht oder nie. Tagebücher, Erzählungen, Gedichte, Zeichnungen, Bonn 2003

S. 17 *»Zwar findet er …«* Ralf Georg Reuth, Goebbels, München / Zürich 1990

S. 19 *»Nicht ganz. Am …«* Joseph Roth, Werke I, Das journalistische Werk 1915–1923, Köln 2009, S. 909 ff.

S. 20 *»Warum die Aufregung? …«* Helga Neumann / Manfred Neumann, Maximilian Harden (1861–1927), Würzburg 2003

S. 21 *»Die Deutschen lesen …«* Sigurd von Ilsemann, Amerongen und Doorn (1918–1923), München 1967

S. 24 *»Adolf Stein wird …«* Gerd Stein: Adolf Stein alias Rumpelstilzchen. »Hugenbergs Landsknecht« – einer der wirkungsmächtigsten deutschen Journalisten des 20. Jahrhunderts, Berlin 2014;
Karlheinz Everts, Rumpelstilzchen's Page, http://www.karlheinz-everts.de/rumpel.htm

S. 25 *»Ihre Beamten sind …«* Eugeni Xammar, Das Schlangenei. Berichte aus dem Deutschland der Inflationsjahre 1922–1924, Berlin 2007, S. 15

S. 27 *»Es ist ein …«* Wolfgang Hütt (Hg.), Hintergrund. Mit dem Unzüchtigkeits- und Gotteslästerungsparagraphen gegen Kunst und Künstler 1900–1933, Berlin 1990, S. 216

S. 28 *»Er wird die …«* George Grosz, Ein kleines Ja und ein großes Nein. Sein Leben von ihm selbst erzählt, Hamburg 1955, S. 176;
Alexander Kluy, George Grosz: König ohne Land. Biografie, München 2017;
Wolfgang Hütt (Hg.), Hintergrund. Mit dem Unzüchtigkeits- und Gotteslästerungsparagraphen gegen Kunst und Künstler 1900–1933, Berlin 1990

S. 29 *»Allerdings hat Lenin …«* Egon Erwin Kisch: Mein Leben für die Zeitung. 1926–1947. Journalistische Texte 2, in: Gesammelte Werke in Einzelausgaben, Berlin / Weimar 1993, Band 10;
Wolfgang Brauer, Gorki in Saarow, in: Das Blättchen. Zweiwochenschrift für Politik, Kunst und Wirtschaft, 22. Jahrgang, Nummer 22, 28. Oktober 2019, https://das-blaettchen.de/2019/10/bemerkungen-257-50066.html;
Christa Ebert, Maxim Gorki in Saarow 1922/23 (Frankfurter Buntbücher 33), Frankfurt (Oder) / Berlin 2019

S. 31 *»Dann stockten die …«* Nathalie Boegel, Berlin – Hauptstadt des Verbrechens: Die dunkle Seite der Zwanziger, München 2018. S. 56–65

S. 33 *»Mit ihrem Tanz- …«* Thomas Bleitner, Frauen der 1920er Jahre, Glamour, Stil und Avantgarde, München 2019;
Neues Wiener Journal, 15. Januar 1923, S. 2;

Johannes Strempel, Anita Berber – Wie sündig das Berlin der Zwanziger Jahre wirklich war, in: https://www.geo.de/magazine/geo-epoche-kollektion/19744-rtkl-anita-berber-wie-suendig-das-berlin-der-zwanziger-jahre

S. 34 *»Als Joseph Roth …«* Joseph Roth, Abschied von Castans Panoptikum, Werkausgabe Band 1, Köln 1990, S. 737

S. 34 *»Apropos Vergehen. In …«* Monika Bargmann, Bibliograph der Liebe, https://www.researchgate.net/publication/315576281_Hugo_Hayn_Bibliograph_der_Liebe

S. 35 *»Weil Germaine Berton …«* https://www.cheminsdememoire.gouv.fr/de/raoul-villain;
Neues Wiener Tagblatt vom 28. Dezember 1923; Arbeiterwille (Graz) vom 29. Dezember 1923

S. 38 *»Warum hätte Sinn …«* Heinrich Wandt, Der Gefangene von Potsdam, Wien/Berlin 1927, S. 107 ff.

S. 39 *»Telegramm eines Korrespondenten …«* Berliner Tageblatt vom 28. Januar 1923

S. 40 *»In seinem Blutrausch …«* Ulrich Linse, Barfüßige Propheten, Erlöser der zwanziger Jahre, Berlin 1983, S. 156 ff.

S. 41 *»»Nachgiebigkeit der bayrischen …«* Berliner Tageblatt vom 28. Januar 1923

FEBRUAR

S. 49 *»Es ist Kleists …«* Rumpelstilzchen, Jahrgangsband 1922/1923, Und det jloobste?, 8. Februar, 22. Februar 1923, in: http://www.karlheinz-everts.de/rumpel22.htm

S. 50 *»Noch aber ist …«* Marlene Dietrich, Ich bin, Gott sei Dank, Berlinerin, Frankfurt am Main/Berlin 1987, S. 62 ff.

S. 50 *»Diese Nachricht hat …«* Berliner Börsen-Zeitung vom 2. Februar Nr. 55, S. 3;

Fritz Mauthner, Wörterbuch der Philosophie – Neue Beiträge zu einer Kritik der Sprache. 2., vermehrte Auflage in 3 Bänden 1923–1924

S. 52 *»Reinhold Habisch ist …«* Egon Erwin Kisch, Elliptische Tretmühle, S. 251 ff., in: Der rasende Reporter, Köln 1983

S. 52 *»Der 15 Jahre alte …«* Sebastian Haffner, Geschichte eines Deutschen – Die Erinnerungen 1914–1933, München 2000, S. 59 ff.

S. 54 *»Mit anderen Worten: …«* Hans Ostwald, Sittengeschichte der Inflation, Berlin 1931, S. 30 f., 193 ff.

S. 56 *»»Der junge Goedeschal« …«* Peter Walther, Hans Fallada – Die Biographie, Berlin 2017, S. 95–117

S. 57 *»Die Absage kostet …«* Karl Kraus, Die Fackel, Band 9, Nr. 613 bis 723, April 1923, S. 98 ff., München 1968–1976;
Jaromir Louzil, Karl Kraus und die Tschechoslowakei – Zur Rezeption der letzten Tage der Menschheit, in: http://jahrbuch-bruecken.de/cms/wp-content/uploads/2017/06/bruecken1985_86_36-45_Louzil.pdf

S. 59 *»Lazars Einspruch gegen …«* Maria Lazar in: Der Tag vom 18. Februar 1923;
Auskunft Hans Weichselbaums, Leiter der Georg Trakl Forschungs- und Gedenkstätte, gegenüber dem Autor am 10. Juli 2020;
Pester Lloyd vom 17. November 1914

S. 59 *»Wenn Wilhelm in …«* Sigurd von Ilsemann, Der Kaiser in Holland, S. 271;
Klaus Wiegrefe, Wie die Erben des Kaisers in den Niederlanden abblitzten, in: Der Spiegel vom 20. November 2020, abrufbar unter: https://www.spiegel.de/panorama/hohenzollern-forderten-haus-doorn-von-den-niederlanden-zurueck-scharf-aufs-silber-a-091ea822-b9ad-4534-be8b-b6b49ec15b6e

S. 61 *»So finden die …«* Thomas Mann, Der Zauberberg, Frankfurt am Main 1952, S. 229;

Heike B. Görtemaker, Ein deutsches Leben – Die Geschichte der Margret Boveri, München 2005, S. 29

S. 61 *»Schiffer hat ein …«* Rotthaler, Heute nacht oder nie, a. a. O., S. 119

MÄRZ

S. 68 *»Aber da ist …«* Roda Roda, Ein Frühling in Amerika, München 1924, S. 715;
Der Tag vom 28. März 1923

S. 69 *»Felix Salten ist …«* Felix Salten, Bambi. Eine Lebensgeschichte aus dem Walde, Berlin 1923

S. 71 *»Aber es ist …«* Kurt Tucholsky, Gesammelte Werke, Bd. 3, Reinbek bei Hamburg 1990, S. 296 ff.
Michael Hepp, Kurt Tucholsky – Biographische Annäherungen, Reinbek bei Hamburg 1999, S. 237 ff.

S. 73 *»Dass ihre Forschungsarbeiten …«* Ulrich Fellmeth, Margarete von Wrange (1877–1932), abrufbar unter: https://www.stadtlexikon-stuttgart.de/article/e840b34c-1b90-4b76-a0bd-02083e45ef3a/Margarete_von_Wrangell.html;
Felicitas von Aretin, Experimente von nationalem Interesse, in: Der Tagesspiegel vom 24. April 2018

S. 75 *»Kurz vor der …«* Ulrich Dietzel (Hg.), Briefwechsel Thomas Mann – Heinrich Mann 1900–1949, Berlin/Weimar 1977, S. 126 f.;
Dagmar von Gersdorff, Julia Mann – Die Mutter von Heinrich und Thomas Mann, Berlin 2020, S. 299 ff.

S. 78 *»Auf freiem Fuß …«* Karlheinz Everts, Rumpelstilzchen's Page, http://www.karlheinz-everts.de/rumpel.htm;
Bernhard Sauer, Gerhard Roßbach – Hitlers Vertreter für Berlin, Zur Frühgeschichte des Rechtsradikalismus in der Weimarer Republik, in: Zeitschrift für Geschichtswissenschaft 50. Jg. (2002) Heft 1, S. 5–21, http://www.bernhard-sauer-historiker.de/rossbach.pdf

Thomas Harding, Hanns und Rudolf – Der deutsche Jude und die Jagd nach dem Kommandanten von Auschwitz, S. 46 ff., München 2013

S. 79 *»Doch die größte …«* Prager Tagblatt, 27. März 1923; Berliner Tageblatt vom 27. März 1923; Berliner Börsen-Zeitung vom 27. März 1923

S. 80 *»Phantastische Selbstvermarktung also …«* Wovon man spricht, Beilage der Modernen Welt, Mai 1923

S. 81 *»Als der Untergang …«* Monika Czernin, »Ich habe zu kurz gelebt« – Die Geschichte der Nora Gräfin Kinsky, Berlin 2005;
Hans Graf Huyn (Hg.), Nora Gräfin Kinsky: Russisches Tagebuch. 1916–1918, Stuttgart 1976

S. 84 *»Ein besonderes Erlebnis …«* Tilla Durieux, Eine Tür steht offen, Berlin 1968, S. 235 ff.;
Bernd Graff, »Bei meiner Überfahrt vom Glück begünstigt«, Süddeutsche Zeitung vom 15. April 2012, abrufbar: https://www.sueddeutsche.de/kultur/briefe-eines-zeitzeugen-zum-untergang-der-titanic-bei-meiner-ueberfahrt-vom-glueck-beguenstigt-1.1331999
Heinrich Mann, Ein Zeitalter wird besichtigt, Berlin 1947, S. 260

S. 85 *»Wenn Weltekel und …«* Rotthaler, Heute nacht oder nie, a. a. O., S. 120 f.

APRIL

S. 95 *»Ich stelle Sie …«* Frances Clare Foster, The press of the Weimar Republic and its representation in German literature, Bristol 1996; Das Tage-Buch, Berlin 1923, 4. Jahrgang, 2. Halbjahr, S. 1034/1035

S. 96 *»In diesen Wochen …«* Rote Fahne vom 19. April 1923; Paul Ufermann, Könige der Inflation, Berlin 1924, S. 77 ff.

S. 98 *»Der unerwartete Tod …«* Neues Wiener Journal vom 7. März 1923; Neues Wiener Journal vom 24. Juni 1923;
Die Stunde vom 6. April 1923

S. 99 *»Unmittelbar nach der …«* Stefan Zwicker, »Nationale Märtyrer«, Albert Leo Schlageter und Julius Fucík – Heldenkult, Propaganda und Erinnerungskultur, Paderborn / München / Wien / Zürich 2006, S. 53–61; Heinrich August Winkler, Weimar – 1918–1933 – Die Geschichte der ersten deutschen Demokratie, München 2005, S. 194

S. 104 *»Man darf vermuten …«* Ulrich Chaussy / Christoph Püschner, Nachbar Hitler, Führerkult und Heimatzerstörung am Obersalzberg, Berlin 2017, S. 25 ff.;
Niels H. M. Albrecht, Die Macht einer Verleumdungskampagne – Antidemokratische Agitationen der Presse und Justiz gegen die Weimarer Republik und ihren ersten Reichspräsidenten Friedrich Ebert vom »Badebild« bis zum Magdeburger Prozess, Bremen 2002, abrufbar unter: http://elib.suub.uni-bremen.de/publications/dissertations/E-Diss358_albrecht.pdf, S. 246 ff.;
Paul Bruppacher, Adolf Hitler und die Geschichte der NSDAP – Eine Chronik, Norderstedt 2018, S. 132

S. 105 *»Die Zensur ist …«* Hütt, a. a. O., S. 227

S. 106 *»Wunschliste Max Reinhardts …«* Helene Reinhardt-Thimig, Wie Max Reinhardt lebte, Percha am Starnberger See 1973, S. 850

S. 107 *»Übermorgen ist Mai …«* Rotthaler, Heute nacht oder nie, a. a. O., S. 123 f.

MAI

S. 115 *»Er erinnert sich …«* Ernest Hemingway, 49 Depeschen – Reportagen 1920–1956, Reinbek 2006, S. 28 ff., 32 ff., 50 ff.

S. 116 *»Aber Adolf Stein …«* Gerd Stein, a. a. O., S. 165 ff.

S. 118 *»Am Morgen des …«* Stefan Zwicker, a. a. O., S. 61 ff.

S. 121 *»An dieser Stelle …«* Vladimir Nabokov, Erinnerung, sprich. Wiedersehen mit einer Autobiografie, Reinbek bei Hamburg 2018, S. 49; Dieter E. Zimmer, Nabokovs Berlin, Berlin 2001, S. 130

S. 122 *»Einen zwingenden Grund …«* Neues Wiener Journal vom 29. Mai 1923

S. 123 *»Am 17. Mai heiratet …«* Marlene Dietrich, Ich bin, Gott sei Dank, Berlinerin – Memoiren, S. 70;
Steven Bach, Marlene Dietrich – Live and Legend, Minnesota 2011, S. 62

S. 124 *»Wenn er es …«* Werner Mittenzwei, Das Leben des Bertolt Brecht oder Der Umgang mit den Welträtseln, Band 12, Berlin/Weimar 1987, S. 199 f.;
Berliner Tageblatt vom 20. Mai 1923

S. 125 *»Und während die …«* Jeanette Erazo Heufelder, Der argentinische Krösus – Kleine Wirtschaftsgeschichte der Frankfurter Schule, Berlin 2017, S. 39 ff.;
Sascha Roesler, Festung der Wissenschaft, in: Neue Züricher Zeitung vom 3. November 2012

S. 127 *»Toni Sender, Vertreterin …«* Gisela Brinker-Gabler (Hg.), Toni Sender, Autobiographie einer deutschen Rebellin, Frankfurt am Main 1981, S. 194

S. 127 *»Es ist unklar …«* Stefan Zwicker, »Nationale Märtyrer«, Albert Leo Schlageter und Julius Fucík – Heldenkult, Propaganda und Erinnerungskultur, Paderborn/München/Wien/Zürich 2006, S. ???
Thomas Harding, Hanns und Rudolf, München 2013, S. 54

S. 128 *»Fünf Tage lang …«* Rotthaler, Heute nacht oder nie, a. a. O., S. 216 f.

JUNI

S. 134 *»(Bautzen) Die Demonstrationen …«* Berliner Börsen-Zeitung vom 1. Juni 1923; Berliner Tageblatt vom 1. Juni 1923

S. 136 *»Es wäre interessant …«* Stefan Zweig, Die Welt von Gestern – Erinnerungen eines Europäers, Frankfurt am Main 1970, S. 356 f.

S. 138 *»Überhaupt die Deutschen …«* Klaus Hockenjos, Maxim Gorki in Günterstal, abrufbar unter: http://www.ortsverein-guenterstal.de/guenterstal/schicksale-ereignisse/maxim-gorki-in-guenterstal.html;
https://www.freiburg-schwarzwald.de/blog/maxim-gorki-lebte-1923-in-freiburg-guenterstal/

S. 140 *»Der Zug bringt …«* Christa Ebert, Maxim Gorki in Saarow, a. a. O., S. 17 ff.;
Klaus Hockenjos, Maxim Gorki in Günterstal, abrufbar unter: http://ortsverein-guenterstal.de/guenterstal/schicksale-ereignisse/maxim-gorki-in-guenterstal.html;
Stefan Zwicker, Nationale Märtyrer, a. a. O., S.69 ff.;
Berliner Börsen-Zeitung vom 11. Juni 1923

S. 140 *»Ausgerechnet ein Franzose …«* Detlef Borchers, Zahlen, bitte! Die 11 200 Meter des Hermann Oberth, abrufbar unter: https://www.heise.de/newsticker/meldung/Zahlen-bitte-Die-11-200-Meter-des-Hermann-Oberth-4454864.html; Artur P. Schmidt, Von Hermann Oberth zu Wernher von Braun – Eine kurze Geschichte des Weltraumflugs, abrufbar unter: https://www.heise.de/tp/features/Von-Hermann-Oberth-zu-Wernher-von-Braun-3446230.html

S. 143 *»Deutsche, denen es …«* Egon Erwin Kisch, Bei den Heizern des Riesendampfers, in: Der rasende Reporter, Köln 1983, S. 144 ff.; Bill Lee, Epidemie auf See: USS Leviathan 29.09.07.10.1918, in: Explorer Magazin, abrufbar unter: https://www.explorermagazin.de/boote/leviahist.htm
Dirk Hempel, Albert Ballin – Der Mann, der die Hapag prägte, abrufbar unter: https://www.ndr.de/geschichte/chronologie/Der-Mann-der-die-Hapag-war-Albert-Ballin,ballin116.html

S. 144 *»In einer Sitzung …«* »Vorwärts« vom 22. August 1923

S. 145 *»Die Annäherung an …«* Victor Serge, Erinnerungen eines Revolutionärs 1901–1941, Frankfurt am Main 1967, S. 191 ff.

S. 145 *»Marguerite hat Meier-»Rampe« …«* Rotthaler, a. a. O., S. 128

JULI

S. 151 *»Das Amtsgericht Bunzlau …«* Peter Walther, Hans Fallada, a. a. O., S. 117 ff.;
Hans Fallada, Strafgefangener, Zelle 32, Berlin 1999, Tagebuch vom 22. Juni 1924

S. 152 *»Ehrhardt ist weg …«* Berliner Tageblatt vom 21. Juli

S. 153 *»Eine Zeitung vermutet …«* Ernst Feder, Ehrhardts Flucht, in: Berliner Tageblatt vom 14. Juli 1923; Harald Sandner, Hitlers Herzog: Carl Eduard von Sachsen-Coburg und Gotha – Die Biographie, Düren 2011, S. 192

S. 156 *»Bisher hatte er …«* Ernst Klee, Das Personenlexikon zum Dritten Reich – wer war was vor und nach 1945, Frankfurt am Main 2015, S. 128; Karina Urbach, Hitlers heimliche Helfer – Der Adel im Dienst der Macht, Darmstadt 2019, S. 182 ff.

S. 159 *»Man kann sagen …«* Karl Heinrich Pohl, Gustav Stresemann – Biografie eines Grenzgängers, Göttingen 2015, S. 125 ff. Christian Bommarius, Der Fürstentrust, Berlin 2017, S. 121

S. 160 *»Vom Traumland erzählt …«* Barbara Murken, »… die Welt ist so uneben …« – Tom Seidmann-Freud (1892–1930): Leben und Werk einer großen Bilderbuch-Künstlerin, in: Luzifer-Amor, Zeitschrift zur Geschichte der Psychoanalyse, hrsg. von Michael Schröter, 17. Jg., Heft 33, 2004, S.73 ff.

S. 162 *»Mit der passenden …«* Philipp Schnee, PR-Erfinder Bernays – Der Überzeugungstäter, in: Der Spiegel vom 30. September 2009, abrufbar unter: https://www.spiegel.de/geschichte/pr-erfinder-bernays-a-948512.html; Manuel Gogos, Wie Edward Bernays Massen manipulierte – Der Vater der Propaganda, aufrufbar unter: https://www1.wdr.de/radio/wdr3/programm/sendungen/wdr3-kulturfeature/edward-bernays-100.html

S. 163 *»Dr. Joseph Goebbels …«* Ralf Georg Reuth, Goebbels, a. a. O., S. 63 f.

S. 165 *»Später, nach dem …«* Kathi Diamant, Dora Diamant – Kafkas letzte Liebe, Düsseldorf 2013, S. 28 ff.

S. 166 *»Das sportliche Hauptereignis …«* Deutsche Allgemeine Zeitung vom 15. Juli 1923; Berliner Tageblatt vom 15. Juli 1923; Chronik 1923, S. 121

S. 167 *»Die französischen Sozialisten …«* Toni Sender, a. a. O., S. 194 ff.

S. 168 *»Der Begriff »Raffke« …«* Berliner Tageblatt vom 1. August 1923

S. 168 *»Nach zwei Jahren …«* Rotthaler, a. a. O., S. 129 f.

AUGUST

S. 173 *»Der Barbier Heidenreich …«* Berliner Tageblatt vom 29. August 1923; Neues Wiener Journal vom 29. August 1923

S. 175 *»So glaubt Grosz …«* George Grosz, Ein kleines Ja und ein großes Nein, a. a. O., S. 123–128

S. 176 *»Wie konnte Carlo …«* Carlo Schmid, Erinnerungen, Bern/München/Wien 1979, S. 109 ff.;
Petra Weber, Carlo Schmid 1896–1979 – Eine Biographie, Frankfurt am Main 1998, S. 54 ff.

S. 178 *»Doch waren die …«* Livia Käthe Wittmann/Barbara Zibler, Melli Beese und die »Flügel am Horizont«. Die Geschichte der ersten deutschen Pilotin, Berlin 2009

S. 181 *»Döblin sieht, wie …«* Alfred Döblin, Ein Kerl muß eine Meinung haben – Berichte und Kritiken 1921–1924, Olten 1976, S. 199 ff.; Frederick Taylor, Inflation, a. a. O., S. 281, 287

S. 182 *»In einer Anzeige …«* Deutsche Allgemeine Zeitung vom 18. August 1923

S. 182 *»Alles in allem …«* Ralf Georg Reuth, Goebbels, a. a. O., S. 68 f.

S. 184 *»Er verabscheut die …«* Manfred Flügge, Traumland und Zuflucht – Heinrich Mann und Frankreich, Berlin 2013, S. 78 ff.

S. 188 *»Die Schlange im …«* Annette Kolb, Werke, Band 1, Europas unsterbliche Blamage, 1899–1921, Göttingen 2017, Briefe einer Deutsch-Französin, S. 398–409;
Cornelia Michél / Albert M. Debrunner (Hg.), Annette Kolb, »Ich hätte dir noch so viel zu erzählen« – Briefe an Schriftstellerinnen und Schriftsteller, Frankfurt am Main 2019, S. 61 ff.;
Klaus Strütt, Dr. rer.pol. Alfred Kefer 1874–1939, in: Jahrbuch 2017 der Stadt Schopfheim; der Text wurde dem Autor vom Verfasser zur Verfügung gestellt

S. 190 *»Die Meinungen über …«* Alexis Schwarzenbach, »Zur Lage in Deutschland«: Hitlers Rede vom 30. August 1923 in Zürich, in: Traverse – Zeitschrift für Geschichte, Band 13, 2006, abrufbar unter: https://www.e-periodica.ch/cntmng?pid=tra-001:2006:1::192;
Paul Bruppacher, Adolf Hitler und die Geschichte der NSDAP – Eine Chronik, Teil 1889–1937, S. 138

S. 190 *»Hätte sich Marcellus …«* Rotthaler, a. a. O., S. 129 f.

SEPTEMBER

S. 197 *»Der 50 Jahre alte …«* Noricus, Nürnberger Männleinlaufen, in: Weltbühne, XIX. Jahrgang (1923), 2. Band, S. 305 ff., abrufbar unter: https://archive.org/details/DieWeltbhne19-21923/page/n309/mode/2up?q=m%C3%A4nnleinlaufen;

Deutscher Tag, Nürnberg, 1./2. September 1923, in: Historisches Lexikon Bayerns, abrufbar unter: https://www.historisches-lexikon-bayerns.de/Lexikon/Deutscher_Tag,_N%C3%BCrnberg,_1./2._September_1923#Abordnungen_aus_ganz_Deutschland
Michael Diefenbacher/Rudolf Endres (Hg.), Stadtlexikon Nürnberg, Nürnberg 1999, abrufbar unter: http://online-service2.nuernberg.de/stadtarchiv/zeig.FAU?sid=824CAF5B6&dm=1&ind=1&ipos=Deutscher+Tag+1923

S. 199 *»Einen Tag vor …«* DAZ vom 12. Juli 1923;
Henning Köhler, Berlin in der Weimarer Republik, in: Wolfgang Ribbe (Hg.), Geschichte Berlins, II. Band, Von der Märzrevolution bis zur Gegenwart, München 1987, S. 839 f.;
Neues Wiener Tagblatt vom 16. September;
Berliner Tageblatt vom 2. September

S. 201 *»Und was ist …«* Prager Tagblatt vom 4. September, Neues 8-Uhr-Blatt vom 4. September;
Illustrierte Kronen-Zeitung vom 12. September

S. 202 *»Einige Wochen später …«* Elisabeth Bergner. Bewundert viel und viel gescholten, München 1978, S. 72 ff.;
Paul Raabe (Hg.), Klabund in Davos – Texte, Bilder, Dokumente, Zürich 1990, S. 129 ff.

S. 203 *»Und auch in …«* Klaus Hockenjos, Maxim Gorki in Günterstal, abrufbar unter: http://ortsverein-guenterstal.de/guenterstal/schicksale-ereignisse/maxim-gorki-in-guenterstal.html;
Freiburger Zeitung vom 18. September, abrufbar unter: https://fz.ub.uni-freiburg.de/show/fz.cgi?cmd=showpic&ausgabe=01&day=18r&year=1923&month=09&project=3&anzahl=4;
Badischer Beobachter vom 18. September, abrufbar unter: https://digital.blb-karlsruhe.de/blbz/zeitungen/periodical/zoom/2490946

S. 204 *»Von den Streiks …«* Albert Speer, Erinnerungen, Berlin 1969, S. 26

S. 205 *»Und dann sind …«* Frederick Taylor, Inflation, a. a. O., S. 272

S. 205 *»Aber wer kauft …«* Hermann Ullstein, Das Haus Ullstein, Berlin 2013, S. 179 ff.

S. 207 *»Sein neues Stück …«* Ernst Toller, Eine Jugend in Deutschland, Stuttgart 2011, S. 278;
Wolfgang Frühwald in: Ernst Toller, a. a. O., S. 372; Wolfgang Rothe, Toller, Reinbek bei Hamburg 1983, S. 73 ff.

S. 208 *»Die Ausgabe mit …«* Neues Wiener Journal vom 23. September 1923; Die Stunde vom 27. September 1923; Neues Wiener Tagblatt vom 27. September; Curt Riess, Das war ein Leben!, München / Wien 1986, S. 97 f.

S. 210 *»Geht er weiter …«* Reiner Stach, Kafka von Tag zu Tag – Dokumentation aller Briefe, Tagebücher und Ereignisse, Frankfurt am Main 2018, S. 548 ff.
Reiner Stach, Kafka – Die Jahre der Erkenntnis, Frankfurt am Main 2015, S. 553 ff.
Kathi Diamant, Dora Diamant – Kafkas letzte Liebe, Düsseldorf 2013, S. 66 ff.

S. 210 *»Marcellus Schiffer zweifelt …«* Rotthaler, aaO. S. 129

OKTOBER

S. 219 *»Die Regierung jedoch …«* Bernhard Sauer, Die »Schwarze Reichswehr« und der geplante »Marsch auf Berlin«, in: Berlin in Geschichte und Gegenwart. Jahrbuch des Landesarchivs Berlin 2008, abrufbar unter: http://www.bernhard-sauer-historiker.de/sauer_marsch_auf_berlin.pdf

S. 219 *»Wenige Tage nach …«* Deutsche Allgemeine Zeitung vom 9. Oktober 1923

S. 221 *»Wo ist eigentlich …«* Die Weltbühne, XIX. Jahrgang, 1923, 2. Band, S. 414, abrufbar unter: https://archive.org/details/DieWeltbhne19-21923/page/n1/mode/2up?q=ro%C3%9Fbach
Berliner Tageblatt vom 16. Oktober 1923

S. 221 *»In Doorn hat …«* Ilsemann, aaO., S. 287 f.; John Röhl, Wilhelm II, a. a. O., S. 1286 f.

S. 201 *»Auf seine Fürsorglichkeit …«* Neues Wiener Tagblatt vom 10. Oktober 1923; Neues Grazer Tagblatt vom 15. Oktober 1923; Der Tag vom 16. Oktober 1923; Nicole Nottelmann, Die Karrieren der Vicki Baum – Eine Biographie, Köln 2007, S. 91 f.

S. 224 *»Sie verbringen in …«* Wolfgang Leppmann, Gerhart Hauptmann – Eine Biographie, Frankfurt am Main / Berlin 1996, S. 333 ff.
Thomas Mann, Gesammelte Werke, Band 9, Frankfurt am Main 1960, S. 812–813
Thomas Mann, Der Zauberberg, Frankfurt am Main 1952, S. 755–756

S. 225 *»Das Chanson ist …«* Pressestimmen aus dem Nachlass von Heinz Greul, dem Verfasser überlassen von Sandra Danielszyk; Trude Hesterberg, Was ich noch sagen wollte …, Berlin 1971, S. 115 ff.

S. 227 *»Als Diva hatte …«* Curt Riess, Das war ein Leben! – Erinnerungen, München-Wien, 1986, S. 97 ff.

S. 228 *»Wir bitten, bei …«* Dokumente und Materialien zu den sozialen und politischen Verhältnissen in der Provinz Brandenburg von 1917–1923, ausgewählt von Rudolf Knaack und Otto Rückert, Potsdam 1968, S. 258

S. 229 *»Aber es bleibt …«* Victor Serge, a. a. O., S. 194 ff.

S. 230 *»Die Zeichen stehen …«* Harald Sandner, Hitlers Herzog, a. a. O., S. 192 f.

S. 231 *»Zwei Tage zuvor …«* Jürgen Leinemann, Sepp Herberger – Ein Leben, eine Legende, Berlin 1997, S. 67 f.;
Adrian Haus, Andantino von Fritz Kreisler – Das erste Musikstück im deutschen Rundfunk, abrufbar unter: https://www.dra.de/de/entdecken/der-klang-der-weimarer-zeit/andantino-von-fritz-kreisler-das-erste-musikstueck-im-deutschen-rundfunk/

S. 232 *»Und der österreichische …«* Christian Schär, Der Schlager und seine Tänze in Deutschland der 20er Jahre, Zürich 1990, S. 95;
Katja Iken, Gefeiert wie eine Göttin, begafft wie ein Tier, in: Der Spiegel vom 13. Januar 2016, abrufbar unter: https://www.spiegel.de/geschichte/josephine-baker-in-berlin-a-1070322.html

NOVEMBER

S. 238 *»Der etwa 45 Jahre …«* Theodor Lessing, Haarmann – Die Geschichte eines Werwolfs, Berlin 1925

S. 239 *»Nun ein Blick …«* Linke Poot, i. e. Alfred Döblin, Vorstoß nach dem Westen, in: Berliner Tageblatt vom 7. November 1923

S. 242 *»Am Abend des …«* Linke Poot, i. e. Alfred Döblin, Vorstoß nach dem Westen, in: Berliner Tageblatt vom 7. November 1923; Rainer Zilkenat, Das Pogrom am 5. und 6. November 1923, in: Das Scheunenviertel – Spuren eines verlorenen Berlins, Berlin 1999, S. 95 ff.; Eike Geisel (Hg.), Im Scheunenviertel – Bilder, Texte und Dokumente, Berlin 1981, S. 107;
Berliner Tageblatt vom 7. November;
Alfred Döblin, Ein Kerl muß eine Meinung haben, a. a. O., S. 220 ff.

S. 243 *»Joseph Roth ist …«* Joseph Roth, Das Spinnennetz, in: Joseph Roth, Werke 4, Romane und Erzählungen, 1916–1929, Köln 1989, S. 63 ff.

S. 251 *»Am Ende seines …«* Eugeni Xammar, Das Schlangenei, a. a. O., S. 145ff.; Paul Bruppacher, Adolf Hitler, a. a. O., S. 147 f.; Wolfgang Reinicke, »Denn wenn es einmal zu spät ist …« Der Hitler-Ludendorff-Putsch vom 8./9. November 1923 aus jüdisch-bayerischer Perspektive, in: Medaon, Magazin für jüdisches Leben in Forschung und Bildung, Nr. 12 (2018), abrufbar unter: https://www.medaon.de/de/artikel/denn-wenn-es-einmal-zu-spaet-ist-der-hitler-ludendorff-putsch-vom-8-9-november-1923-aus-juedisch-bayerischer-perspektive/;
Heinrich August Winkler, Weimar 1918–1933, a. a. O., S. 235 f.;
Harald Sandner, Hitlers Herzog, a. a. O., S. 19;

Carlos Collado Seidel, In geheimer Mission für Hitler und die bayerische Staatsregierung – Der politische Abenteurer Max Neunzert zwischen Fememorden, Hitler-Putsch und Berlin-Krise, in: Vierteljahrshefte für Zeitgeschichte (VfZ) 50, 2002, Heft 2, S. 201–236, abrufbar unter: https://www.ifz-muenchen.de/heftarchiv/2002_2_3_seidel.pdf

S. 252 *»Nach den morgendlichen …«* Ilsemann, a. a. O., S. 301 ff.; Stephan Malinowski, Die Hohenzollern und die Nazis: Geschichte einer Kollaboration, Berlin 2021

S. 253 *»Der unterzeichnete Bürgermeister …«* Knaack/Rückert, Dokumente und Materialien, a. a. O., S. 265 ff.

S. 254 *»Den Verdacht, er …«* Die Tagebücher des Joseph Goebbels, Teil I Aufzeichnungen 1923–1941, Band 1/I Oktober 1923 – November 1925, Eintrag vom 14. November 1923, S. 50;
Curt Goetz/Valérie von Martens, Die Verwandlung des Peterhans von Binningen, Stuttgart 1962

S. 256 *»Das interessiert Marcellus …«* Hesterberg, Was ich noch sagen wollte, a. a. O., S. 126 ff.; Rotthaler, Heute nacht oder nie, a. a. O., S. 133

S. 258 *»Wie abzusehen, kommt …«* Capital vom 14. Oktober 2014, abrufbar unter: https://www.capital.de/immobilien/zwoelf-mythen-rund-ums-eigenheim-2298

S. 258 *»Wie abzusehen, kommt …«* Dieter Grimm, Das Reichsgericht in Wendezeiten, in: NJW 1997, S. 2724 f.;
Entscheidungssammlung des Reichsgerichts in Zivilsachen (RGZ) 107, 78 (88) vom 28. November 1923; https://www.bundesarchiv.de/akten-reichskanzlei/1919–1933/0001/ma1/ma11p/kap1_2/para2_49.html);
https://www.capital.de/immobilien/zwoelf-mythen-rund-ums-eigenheim-2298

S. 259 *»Die Pointe Roda …«* Vorarlberger Landeszeitung vom 24. Oktober 1923

BArch R 1001/2089, abrufbar unter: https://www.bundesarchiv.de/DE/Content/Virtuelle-Ausstellungen/Der-Krieg-Gegen-Die-Herero-1904/der-krieg-gegen-die-herero-1904.html
Die Deutsche Colonial-Ausstellung von 1896 im Treptower Park, in: Afrika in Berlin – Ein Stadtspaziergang des Deutschen Historischen Museums, abrufbar unter: https://www.dhm.de/archiv/ausstellungen/namibia/stadtspaziergang/treptow.htm
Roda Roda, Die Pietät der Hereros, in: (Linzer) Tages-Post vom 23. Februar 1924

S. 261 *»Die Schüsse töten …«* Gerhard Gräber/Matthias Spindler, Friedensrepublik Heinz & Kunz, in: Die Zeit vom 29. März 1991; Autonome Pfalz, 1923/1924, in: Historisches Lexikon Bayerns, abrufbar unter: https://www.historisches-lexikon-bayerns.de/Lexikon/Autonome_Pfalz,_1923/24

S. 263 *»Tatsächlich hat er …«* Kathi Diamant, Kafkas letzte Liebe, a. a. O., S. 93 f.

S. 264 *»Martha wird niemals …«* Hannah Wolff, Martha – Geschichte einer Auswanderung, Bremen 2018;
Manfred Ernst, Nachruf auf Hanna Wolff, abrufbar unter: https://archive.vn/20130211185314/http://www.nw-verlag.de/shop/shop_content.php?coID=126)

DEZEMBER

S. 269 *»Gorki hat Freiburg …«* Klaus Hockenjos, Gorki in Günterstal, a. a. O., abrufbar unter: http://ortsverein-guenterstal.de/guenterstal/schicksale-ereignisse/maxim-gorki-in-guenterstal.html

S. 270 *»Der Antwort, die …«* Florian Hildebrand, Hubble beweist Welten jenseits Milchstraße, abrufbar unter: https://www.br.de/radio/bayern2/sendungen/kalenderblatt/0712-Hubble100.html;
Ronald S. Brashear, Joel A. Gwinn und Donald E. Osterbrock, Edwin Hubble und die Expansion des Universums, in: Spektrum.de vom

1. September 1993, abrufbar unter: https://www.spektrum.de/magazin/edwin-hubble-und-die-expansion-des-universums/821083

S. 271 *»Doch die Leipziger …«* Werner Mittenzwei, Das Leben des Bertolt Brecht oder Der Umgang mit den Welträtseln, Band 1–2, Berlin/Weimar 1987, S. 200 ff.;
Kindlers Literatur-Lexikon, 25 Bände, Bd. 4, München 1974, S. 1313 f.;
Rudolf Fernau, Als Lied begann's – Lebenstagebuch eines Schauspielers, Frankfurt am Main/Berlin/Wien 1972, S. 110 f.

S. 274 *»Heinrich Wandt wird …«* Heinrich Wandt, Erotik und Spionage in der Etappe Gent, a. a. O., S. 200 ff.;
Felix Fechenbach, Der Fall Wandt, in: Felix Fechenbach Lesebuch, hrsg. von Frank Meier, Köln 2009, S. 45 ff., abrufbar unter: https://www.lwl.org/literaturkommission-download/Bibliothek_Westfalica/Fechenbach_Lesebuch.pdf)

S. 276 *»Als er gegen …«* Theodor Lessing, Haarmann, a. a. O., abrufbar unter: https://www.projekt-gutenberg.org/lessingt/haarmann/haarmann.html

S. 277 *»Schön und gut …«* Yvan Goll, Germaine Berton – Die rote Jungfrau, Göttingen 2017;
Yvan Goll, Prozess Germaine Goll, in: Yvan Goll, Germaine Berton – Die rote Jungfrau, a. a. O.;
Barbara Glauert-Hesse, Nachwort, in: Yvan Goll, Germaine Berton – Die rote Jungfrau, a. a. O., S. 75 ff.;
Arbeiterwille vom 29. Dezember 1923

S. 278 *»Beim Stoßseufzer des …«* Brigitte Hamann, Winifred Wagner oder Hitlers Bayreuth, München 2002, S. 90;
Paul Bruppacher, Adolf Hitler …, a. a. O., S. 149 ff.

S. 279 *»Ein hagerer Mann …«* Ernest Hemingway, 49 Depeschen, a. a. O., S. 85 ff.

S. 280 *»Marcellus Schiffers letzter …«* Rotthaler, Heute nacht oder nie, a. a. O., S. 134

S. 281 *»In wenigen Wochen …«* Reiner Stach, Kafka – Jahre der Erkenntnis, a. a. O., S. 578 ff., S. 588;
Kathi Diamant, Dora Diamant …, a. a. O., S. 107, S. 157

BILDNACHWEIS

Januar: S. 9 © akg-images, S. 10 © Bundesarchiv

Februar: S. 43 © akg-images, S. 44 © akg-images

März: S. 63 © Marcellus-Schiffer-Margo-Lion-Archiv, S. 64 © Bundesarchiv, Karl Rickelt

April: S. 87 © Saint-Roman, S. 88 © Bundesarchiv, Georg Pahl

Mai: S. 109 © akg-images, S. 110 © bpk, Bayerische Staatsbibliothek, Heinrich Hoffmann

Juni: S. 129 © akg-images, S. 130 © Thomas-Mann-Archiv

Juli: S. 147 © akg-images / Archiv K. Wagenbach, S. 147 © akg-images / Archiv K. Wagenbach, S. 148 © Bundesarchiv, Georg Pahl

August: S. 169 © akg-images, S. 170 © Bundesarchiv

September: S. 191 © Bundesarchiv, S. 192 © bpk, Bayerische Staatsbibliothek, Heinrich Hoffmann

Oktober: S. 211 © akg-images, S. 212 © ullstein bild / ullstein bild via Getty Images

November: S. 233 © akg-images / TT News Agency / SVT, S. 234 © Bundesarchiv

Dezember: S. 265 © akg-images / Sammlung Evelin Förster, S. 266 © Bundesarchiv, Georg Pahl

Was weiter geschah: S. 283 © akg-images, © George Grosz / VG Bild-Kunst, George Grosz, Ecce Homo, S. 284 © INTERFOTO / Austrian National Library / D'Ora-Benda, Atelier

J

K